ABITUR 2008

Prüfungsaufgaben
mit Lösungen

Biologie
Gymnasium
Baden-Württemberg
2004–2007

STARK

ISBN 978-3-89449-576-3

© 2003 by Stark Verlagsgesellschaft mbH & Co. KG
D-85318 Freising · Postfach 1852 · Tel. (0 81 61) 17 90
5. ergänzte Auflage 2007
Nachdruck verboten!

Inhalt

Stichwortverzeichnis
Thematisches Verzeichnis

Hinweise und Tipps für die Abitur-Prüfung im Fach Biologie

1	Hinweise zum Lehrplan	I
2	Hinweise zur schriftlichen Prüfung	III
2.1	Ablauf der schriftlichen Prüfung	III
2.2	Prüfungsthemen	III
2.3	Kompetenzen	III
2.4	Fragetechnik/Operatoren	IV
3	Tipps zum Ablauf der schriftlichen Prüfung	VII
3.1	Auswahlzeit	VII
3.2	Bearbeitung der ausgewählten Aufgaben	VII
4	Die mündliche Abitur-Prüfung	VIII
4.1	Allgemeines zur mündlichen Prüfung	VIII
4.2	Prüfungsthemen	VIII
4.3	Ablauf der mündlichen Prüfung	IX
4.4	Tipps für den Ablauf der mündlichen Prüfung	IX
5	Hinweise zur Benutzung dieses Buches	X

Übungsaufgaben zu den Lehrplaneinheiten

Lehrplaneinheit: Von der Zelle zum Organ/Moleküle des Lebens
Aufgaben ... 1
Lösungen ... 15

Lehrplaneinheit: Aufnahme, Weitergabe und Verarbeitung von Informationen
Aufgaben ... 43
Lösungen ... 51

Lehrplaneinheit: Evolution
Aufgaben ... 64
Lösungen ... 72

Lehrplaneinheit: Angewandte Biologie
Aufgaben ... 85
Lösungen ... 87

Fortsetzung siehe nächste Seite

Übungsaufgaben für die schriftliche Prüfung

Aufgabe 1	Genregulation, Enzymaktivität	93
Aufgabe 2	Gelelektrophorese, Gendiagnose, Restriktionsenzyme	99
Aufgabe 3	zelluläre Immunanatwort	105
Aufgabe 4	angewandte Immunologie: ELISA-Test, Zelldifferenzierung	111
Aufgabe 5	Immunbiologie, Großhirn	115

Abiturprüfung 2004

Aufgabe I	Sinneszellen, Nerven, Enzyme	2004-1
Aufgabe II	Evolution	2004-6
Aufgabe III	Immunbiologie, Molekulargenetik	2004-13
Aufgabe IV	Cytologie, Enzymatik/ATP, Molekulargenetik	2004-19

Abiturprüfung 2005

Aufgabe I	Immunreaktion, Gentherapie, Gendiagnose	2005-1
Aufgabe II	Erregungsübertragung, Allergie	2005-6
Aufgabe III	Enzyme, Transportmechanismen, Gentechnik	2005-11
Aufgabe IV	Sinneszellen, Rindenfelder, Synthetische Evolutionstheorie	2005-17

Abiturprüfung 2006

Aufgabe I	Enzymatik, Zytologie	2006-1
Aufgabe II	Nervenphysiologie, Genregulation	2006-7
Aufgabe III	Evolution, Verwandtschaftsanalyse	2006-14
Aufgabe IV	Proteinbau, DNA-Sequenzierung, Gentherapie	2006-21

Abiturprüfung 2007

Aufgabe I	Proteine, Enzyme, Molekulargenetik	2007-1
Aufgabe II	Nervenphysiologie, Evolution	2007-7
Aufgabe III	Molekulargenetik, Genregulation, Enzyme	2007-14
Aufgabe IV	Zytologie, Gentechnik, Immunbiologie	2007-20

Autor:

Werner Lingg

Stichwortverzeichnis

Adaptive Radiation 2004-9; 2006-19
Adenosintriphosphat (ATP) 30; 2004-21 f.
Adrenalin 89
AIDS 2004-16
aktives Zentrum 17; 2004-4
Aktivierung, allosterische 2004-4
Allergie 2005-7
allosterisches Zentrum 33
Aminosäuren 31
Analogie 2004-9
anaphylaktischer Schock 2005-10
Aneuploidie 26
Antigene 52
Antikörper 15
Antimatschtomate 14
Art 2005-8

B-Lymphozyten 52
Bakterien 52
Bakterienzelle 39, 60
Belegzelle 2007-20
Biomembran 6; 2006-4
Bipedie 2004-11
Blutdruck 2005-8
Brückentier 2006-19

cDNA 92
codogener Strang 3; 2006-27

Deletion 25 f.
Dictyosom 28; 2004-21; 2006-4
Diffusion, selektive 29; 2006-4
Dipeptid 10
DNA
– Aufbau 2, 5 ,11; 2004-17; 2007-16
– Hybridisierung 2004-11 f.; 2006-20
– Klonierung 92
– Replikation 6, 25
Doppelhelix 19
Doppellipid-Schicht 2006-4
Dunkeladaptation 56

Ebola-Virus 49
Einnischung 74; 2004-9; 2006-18
Elektrozyte 2007-7
ELISA-Test 114; 2007-24

Endoplasmatisches Retikulum 15; 2004-21
Endorphine 14, 46
Endosymbionten-Hypothese 67, 77, 83
energetische Kopplung 2004-21 f.;
 2007-6
Enzymaktivierung 2004-4 f.
Enzymaktivität 10 f.; 2004-22 f.; 2005-4
Enzymhemmung 2006-5
Enzym-Substrat-Komplex 34
EPSP 2006-11
Erregungsleitungsgeschwindigkeit
 2007-11
Erregungsübertragung 2005-9; 2006-10
Eukaryoten 15
Euploidie 26
Evolutionsmechanismen 2004-9 f.,
 2005-21

Fluid-mosaic-Modell 2006-4
Fortpflanzung
– sexuell 2006-6
– vegetativ 2006-6

Gedächtniszellen 52
Gehirn 2005-18
Gelelektrophorese 91; 2005-5; 2006-25 f.
Genaktivität, differenzielle 2004-12
Gendiagnose 2005-5
Gendrift 76; 2004-10; 2005-21; 2006-18
genetischer Block 23
genetischer Code 2004-24
Gen-Impfstoff 63
Genmutationen 6, 27, 39; 2004-18, 24;
 2006-25
Genommutation 27
Genpool 27; 2004-10; 2005-20; 2006-18
Genregulation 95, 97; 2006-12; 2007-17
Gensonden 22; 2005-5
Gentherapie
– Keimbahn 105; 2006-28
– somatische 105; 2005-5
Genwirkkette 2, 22
Grippeviren 108
GUTHRIE-Test 24

Helicobacter pylori 2007-20
Hemmung
– allosterische 32, 96
– Endprodukt~ 96
HERSHEY und CHASE 11
Heterozygotentest 24
Histamin 2005-9
Hitzedenaturierung 33; 2004-23
HIV 2004-16
Hominide 81
Homologie 2004-9
Hybrid-DNA 2004-12; 2006-20

Immunisierung 53
Immunantwort
– humorale 2004-16; 2005-3
– zelluläre 2004-16; 2005-3
intrazelluläre Ableitung 55
Insekten 2004-21
Ionenpumpe 2004-22
Isolation 77; 2004-9; 2005-21; 2006-18
IVF 2006-30

JACOB-Monod 95; 2006-12

K^+-Kanäle 2006-10
Katzenschrei-Syndrom 27
Kompartimentierung 8, 30; 2006-4
Konvergenz 73; 2004-9
Krebszelle 2007-18

Lamarck 81; 2005-20
Laktase 2005-11
Laktose 2005-11
Liposom 2006-28

Magensäure 2007-22
Makrophagen 52; 2004-16
Mastzellen 2005-10
Meiose 15
Mikrovilli 2004-3
Mitochondrien 8, 30, 82
MHC-Komplex 2004-16
mRNA-Synthese 13
Mucoviscidose 26; 2006-25 f.
Mutagene 26
Mutation 2004-9 f.; 2005-21; 2006-18
– Basenaustausch-~ 25; 2004-24; 2007-5
– Keimbahn-~ 27
– Punkt~ 5; 2004-12;
– Raster~ 25; 2004-18
– somatische 27
– ~sauslöser 2004-24

Nährböden 2005-16
Neuron 2004-3; 2006-7
Nitrosamin 2007-14
Nukleotid 2004-17; 2007-16

– Analogon 2004-17 f.; 2006-25
Oberflächenvergrößerung 8, 30; 2004-3
ökologische Nische 67, 78; 2004-9;
  2005-21; 2006-18
Operon-Modell 95; 2006-12

PCR-Methode 93
Peptidbindung 34; 2006-25
Pflanzenzelle 2006-4
pH-Abhängigkeit 2, 16; 2005-14
Phenylalanin 4; 2006-27
Phenylketonurie 4
Phospholipidmoleküle 7
PID 2006-28
Plasmazellen 1; 7
Plasmid-Technik 41, 89; 2007-24
Polyphänie 2004-12
Population 2005-20; 2006-18; 2007-13
Präadaptation 69, 81; 2007-13
Primärantwort 53
Primärstruktur 34
Prokaryoten 15
Proteasom 2007-6
Proteinbiosynthese 2007-3
Proteinfunktion 2007-3
Proteinstruktur 17, 34, 101; 2006-25;
  2007-4

Reaktionsspezifität 17; 2006-3
Regulatorgen 2004-12
Rekombination 2004-9; 2005-21; 2006-6
Restriktionsenzyme 101
Rezeptor 2006-5
Rezeptorpotenzial 47; 2005-19
RGT-Regel 16; 2004-23; 2005-14;
  2006-5
Ribosomen 28; 2006-4
Rindenfeld 2005-19
RNA-Polymerase 2006-12

SANGER-Methode 2006-26
Schlüssel-Schloss-Prinzip 17
second messenger 57; 2004-4; 2005-19
Seelenblindheit 117
Sehkaskade 57; 2005-19
Sehpigmente 47
Sekundärantwort 53
Sekundärstruktur 34; 2006-27
Selektion 2004-9 f.; 2005-21; 2006-18;
  2007-13
Semipermeabilität 2006-4
Separation 9 f., 77; 2005-21; 2006-18
Serotonin 2006-12
Serumpräzipitin-Test 76, 77
Signalprotein 2007-18
Sinneszellen 2005-20

Southern Blot 2005-2
Stäbchen 56; 2005-19
Stammzellen 2005-5
Substratspezifität 17
Synapse 2005-8; 2006-10; 2007-10
Synapsenzeit 2007-12
Synthetische Evolutionstheorie 76;
2004-10; 2005-20; 2006-18; 2007-12

T-Helferzellen 52, 59; 2004-16; 2005-3
T-Unterdrückerzellen 53
Telomere/Telomerase 2007-15
Tertiärstruktur 2006-25
Thymus 117
Thymusdrüse 59
Tierklasse 2006-19
Transformation 42
Transkription 21
– reverse 2004-17 f.
Translation 21

Transport
– aktiver 29; 2005-15; 2006-5
– passiver 29; 2005-15; 2006-5
Trisomie 26

Ubiquitin 2007-5
Urease 11, 36; 2007-21

Viren 52
Vitamin 90

Wahrnehmungsfeld 2005-19
Walstammbaum 2006-20
Wirkungsspezifität 17
Wirbeltiere 2004-8

Zellatmung 30
Zellerkennung 2006-5
Zellmembran 7; 2006-4
Zellorganelle 2004-21
Zitteraal 2007-7

Thematisches Verzeichnis

Themengebiet/ Jahrgang	2004	2005	2006	2007
Zytologie	IV	III	I	IV
Proteine/Enzyme	IV	III	I, IV	I, III
Immunbiologie	III	I, II		IV
Nervenphysiologie/ Sinnesphysiologie	I	II, IV	II	II
Molekulargenetik/ Gentechnik	III, IV	I	II, IV	I, III, IV
Evolution	II	IV	III	II
Humanevolution	II			

Hinweise und Tipps für die Abitur-Prüfung im Fach Biologie

1 Hinweise zum Lehrplan

Der Biologie-Lehrplan gliedert sich in Pflicht- und Wahlthemen. Von den Wahlthemen muss jeweils eine bestimmte Anzahl pro Lehrplaneinheit bzw. eine bestimmte Gesamtzahl vom Fachlehrer ausgewählt werden.
Die Pflichtthemen umfassen:

Lehrplaneinheit 1: Von der Zelle zum Organ
- Feinbau und Funktion der Zelle (Zellorganellen im Überblick: Bau und Funktion)
- Membran als grundlegendes Element der Kompartimentierung (Struktur und Funktion; Auswertung elektronenmikroskopischer Bilder)
- Stofftransport durch die Membran (selektive Permeabilität, Transportvorgänge durch Membranen)
- Moleküle des Lebens: Proteine (allgemeiner Bau von Aminosäuren und Verknüpfung über Peptidbindung; Aminosäuresequenz und räumliche Struktur, Vielfalt von Proteinen: Strukturproteine der Membran; Hämoglobin)
- Struktur- und Funktions-Zusammenhang: Enzyme als Biokatalysatoren (aktives Zentrum, Substratspezifität, Wirkungsspezifität. Regulation der Enzymaktivität, Beeinflussung durch Pharmaka, Gifte, chemische Modifikationen; Versuche zur Enzymwirkung: Substratspezifität, Abhängigkeit von Temperatur und pH-Wert, Enzymgifte (Amylase, Katalase, Urease))
- Nukleinsäuren (einfaches Strukturmodell der DNA, replikationsfähiges Molekül: Modell der Doppelhelix, keine Strukturformeln)
- Vom Gen zum Phän (DNA als Informationsträger; Vom Gen zum Protein: genetischer Code, Transkription und Translation; Vom Protein zum Merkmal: Biosynthesekette an einem Beispiel z. B. Phenylalaninstoffwechsel, Sichelzellanämie)
- Regulation von Stoffwechselvorgängen (Kontrolle der Genexpression: Transkriptionskontrolle durch regulatorische Proteine)
- Zelldifferenzierung (Gewebe- und Organbildung)
- Zelle als offenes System (Zusammenwirken Energie liefernder mit Energie verbrauchenden Reaktionen: ATP als Energieüberträger; Stoffwechselvorgänge als Fließgleichgewichte; Energie zur Aufrechterhaltung molekularer und zellulärer Ordnung als Voraussetzung für Reiz-/Reaktionsvorgänge)

Lehrplaneinheit 2: Aufnahme, Weitergabe und Verarbeitung von Informationen
- Informationsaufnahme: Reizaufnahme und Erregungsbildung an einer Sinneszelle (Rezeptoren, Signalkette, „second-messenger-Prinzip", Rezeptorpotenzial: Amplitudencodierung, Lichtsinneszelle)
- Informationsweitergabe (Licht- und elektronenmikroskopisches Bild der Nervenzelle; Erregungsleitung, Ruhespannung und Aktionspotenzial: Ionentheorie der Erregung; Aktionspotenzial: Frequenzcodierung; Erregungsübertragung an einer Synapse: Bau und Funktion, Rezeptor, Konzentrationscodierung)
- Informationsverarbeitung (Verrechnung als grundlegender Prozess, erregende und hemmende Synapsen; Summation; Verarbeitungsleistung des Gehirns am Beispiel Sehwahrnehmung; weitere besondere Leistungen des Großhirns beim Menschen: Sprache)
- Kommunikation im Immunsystem: Eigen- und Fremderkennung (spezifische Erkennung über Rezeptormoleküle)
- Aktivierung und Kontrolle durch Zell-Zell-Interaktion (Makrophagen, T-Helferzellen)
- Spezifische Immunantwort (humorale und zelluläre Immunreaktion, B- und T-Lymphozyten)
- Immunologisches Gedächtnis (Gedächtniszellen)
- Störungen der Immunantwort (AIDS oder Allergien oder Autoimmunerkrankungen)

Lehrplaneinheit 3: Evolution
- Hinweise für Verwandtschaft: Ordnungsprinzipien und Systematik (morphologisch-anatomische Betrachtung von rezenten Organismen und von Fossilien: Ähnlichkeitsbetrachtung von Vorderextremitäten der Säugetiere oder Bauplanabwandlungen der Grundorgane der Blütenpflanzen; molekulare Betrachtung: Sequenzvergleiche bei Nukleinsäuren und Proteinen)
- Artbildung und Entstehung der Vielfalt (Lamarck und Darwin: Quellentexte; Population und Evolutionsfaktoren: Mutation, Rekombination, sexuelle Fortpflanzung; Selektion: Überproduktion, Fitness, Selektionsfaktoren, Auswirkung der Selektion, Isolationsmechanismen, Separation, Gendrift, Adaptive Radiation; Einnischung: Darwinfinken, Beuteltiere)
- Stellung des Menschen im natürlichen System (Biologische Evolution: Abstammungszusammenhänge der Hominiden; Kulturelle Evolution: Werkzeuggebrauch, Sprache)

Lehrplaneinheit 4: Angewandte Biologie
- Gentechnik (Grundlagen der Gentechnik an einem konkreten Beispiel: Isolierung, Vervielfältigung und Transfer eines Gens, Selektion von transgenen Zellen (Gensonde, Restriktionsenzym, PCR, Vektor, Gelelektrophorese); Chancen und Risiken, ethische Fragen der Gentechnik: Gendiagnose und Gentherapie)
- Reproduktionsbiologie: Grundlagen, Anwendung, ethische Fragen (Künstliche Befruchtung, Klonen, Embryotransfer, Gentherapie)
- Neue Methoden der Tier- und Pflanzenzüchtung: Kalluskulturen, Polyploidisierung, Hybridisierungstechniken, transgene Organismen

Lehrplaneinheit 5: Verhaltensforschung (nach dem schriftlichen Abitur)

Im Bildungsplan werden außerdem **grundlegende Prinzipien** zur Analyse und Erklärung biologischer Phänomene aufgezählt, die sich durch alle Lehrplan-Einheiten als „roter Faden" ziehen. Die wichtigsten sind:
- Das **Struktur-Funktions-Prinzip**: Zusammenhang zwischen dem Bau eines Moleküls, Organells, Organs, Organismus und dessen Funktion *(z. B. Bau des Mitochondriums, Kompartimentierung der Zelle, spezielle Ausstattung einer Drüsenzelle, Feinbau eines Stäbchens, Bau eines Neurons, Faltung der Großhirnrinde, ...)*
- Das **Schlüssel-Schloss-Prinzip**: Erzielung einer spezifischen Wirkung bei ganz bestimmten Adressaten *(z. B. Transmitter-Membranrezeptor, Antigen-Antikörper, Codon-Anticodon, Enzym-Substrat, Virus-Membran, ...)*
- Das **Energie-Prinzip:** Jeder Lebensvorgang ist von Energieumwandlungen begleitet. Energie bedürftige Vorgänge müssen mit Energie liefernden Vorgängen gekoppelt werden. *(z. B. Zellatmung liefert ATP als Energieüberträger; ATP als Energiequelle für aktiven Transport, Aufbau und Erhaltung von Membranpotenzialen, Muskelbewegung, Synthese wichtiger Bio-Moleküle wie Rhodopsin, Azetylcholin, Peptidketten, DNA, ...)*
- Das **Regulationsprinzip:** Alle Lebensvorgänge müssen sich an wechselnde Umwelt-Bedingungen anpassen können. Voraussetzung ist die Fähigkeit zur Regulation. *(z. B. Regulation der Empfindlichkeit einer Sinneszelle, Regulation der Enzymaktivität, Regulation der Genaktivität, Regulation der Immunaktivität, negative Rückkopplung, hemmende Synapsen, ...)*

2 Hinweise zur schriftlichen Prüfung

2.1 Ablauf der schriftlichen Prüfung

Zur Prüfung werden Ihnen vier Aufgaben (I, II, III, IV) vorgelegt. Von diesen müssen Sie **drei** Aufgaben auswählen und bearbeiten. Jede Aufgabe ergibt bei vollständiger Lösung 20 Verrechnungspunkte. Als Hilfsmittel ist ein nicht programmierbarer Taschenrechner zugelassen.
Die Bearbeitungszeit beträgt einschließlich Auswahlzeit 270 Minuten.

2.2 Prüfungsthemen

Die Aufgaben in der Prüfung können sich auch alle Lehrplaneinheiten von 12.1 bis 13.2 **ohne** Wahlthemen und ohne Lehrplaneinheit 5 beziehen (vergleiche Seite I).
Die Zahl der Themen, die im schriftlichen Abitur geprüft werden, ist dadurch verringert, dass die Wahlthemen (z. B. Hormone) nicht zum Prüfungsstoff gehören. Das bedeutet aber nicht, dass keine Fragen z. B. zur Hormonwirkung im Zusammenhang mit Membranrezeptoren oder Stoffwechselsteuerung gestellt werden können. In diesen Fällen muss aber **im Vortext der Frage** die hormonspezifische Information zur Verfügung gestellt werden.
Großer Wert wird neben fachlichem Wissen und der Beherrschung der Fachsprache also auf die Fähigkeit gelegt, allgemeine Prinzipien in einem neuen Problem wiederzuerkennen.

2.3 Kompetenzen

Wie schon gesagt soll neben der Beherrschung fachlicher Inhalte auch überprüft werden, ob Sie Strukturen und Inhalte bisher unbekannter biologischen Sachverhalte erfassen können, diese mit dem eigenen Wissen verknüpfen und schließlich zu angemessenen Lösungen kommen können. Die unbekannten Inhalte werden Ihnen als Materialien (z. B. in Form

von Einführungstexten, Versuchsbeschreibungen, Diagrammen, Tabellen oder Skizzen) zur Prüfungsaufgabe vorgelegt.
Diese Fähigkeiten, die über die Wiedergabe des reinen, angelernten Wissens hinausgehen, werden als **Qualifikationen** oder **Kompetenzen** bezeichnet. Kompetenzen, die von Ihnen in der Prüfung erwartet werden, sind:

Fähigkeit zur Problemlösung
– Versuchsdaten auswerten und Versuchsabläufe und -ergebnisse in Diagramme/Grafiken umsetzen
– eigene Experimente planen, um Hypothesen zu überprüfen
– Originaltexte auswerten

Beantwortung themenübergreifender Fragestellungen:
In jedem Aufgabenblock sind mehrere Lehrplanthemen eingearbeitet (anders als in den meist themenbezogenen Kursklausuren!). Eine Aufgabe beginnt z. B. mit Fragen zur Immunreaktion. Im Zusammenhang mit Antikörpern könnte sowohl in Richtung Proteinbiosynthese als auch in Richtung Proteinaufbau weiter gefragt werden.

Biologische Allgemeinbildung:
Wissensstandards aus der Mittelstufe, die zur Allgemeinbildung zählen, werden vorausgesetzt.
Beispiele: Entwicklung der Amphibien, Entwicklung der Insekten, Baupläne der Wirbeltiere bzw. Insekten, Grundbegriffe aus der Ökologie, die wichtigsten pflanzlichen Organe, die wichtigsten menschlichen Organe (Verdauungsorgane, Atmungsorgane und Blutkreislauf des Menschen).

2.4 Fragetechnik/Operatoren

Häufig sind Schüler unsicher, wie ausführlich sie eine Frage beantworten sollen. Der Zeitdruck wird groß, wenn Sie seitenweise Text produzieren, der nicht verlangt war. Es ist deshalb wichtig, dass Sie bereits an der **Fragetechnik** erkennen, ob z. B. eine reine Aufzählung ohne Begründung verlangt wird oder eine ausführlich Begründung. Die Fragetechnik lässt sich je nach Schwierigkeitsgrad in drei Kategorien einteilen: Reproduktionsfragen (Anforderungsbereich I), Reorganisationsfragen (Anforderungsbereich II) und Transferfragen (Anforderungsbereich III).
Das Verhältnis der drei Anforderungsbereiche I : II : III sollte sich im Abitur im Verhältnis 40 % : 30 % : 30 % bewegen.

Erkennbar sind die Fragetypen dabei anhand der Arbeitsanweisungen, der sogenannten **Operatoren,** die der Fragestellung vorangehen. Die folgende Aufzählung von möglichen Fragetechniken soll Ihnen helfen, den Fragetyp richtig einzuordnen.

Reproduktionsfragen (AFB I):

Hierbei handelt es sich um Lernfragen ohne weitere Begründung und Erläuterung. Sie sollen
– Fachbegriffe nennen oder aufzählen;
– bekannte Zusammenhänge, Fakten, Abläufe oder Vorgänge darstellen, zusammenfassen oder aufzählen;
– Aufbau oder Funktion bekannter biologischer Objekte, Organe etc. beschriften oder wiedergeben;
– bekannte Schemata, Diagramme oder Experimente wiedergeben.

Fragetechnik/Operator	Erwartung	Beispiel
Benennen Sie…	Eigenschaften und Bestandteile biologischer Objekte bzw. Vorgänge genau angeben	2004, II 1.1
Beschreiben Sie …	Strukturen, Sachverhalte oder Zusammenhänge strukturiert und fachsprachlich richtig mit eigenen Worten wiedergeben	2006, I 2.2 2006, II 1.1 2007, I 1.2
Beschriften Sie …	Fachbegriffe zu ausgewiesenen Strukturen zuordnen	
Definieren Sie …	Eindeutige Bestimmung eines Begriffs durch Nennung des Oberbegriffs und Angabe der wesentlichen Merkmale	
Nennen Sie …	Elemente, Sachverhalte, Begriffe, Daten ohne Erläuterungen aufzählen	2006, III 1.1 2007, I 1.1
Formulieren Sie …, Geben Sie wieder …	bekannte Inhalte wiederholen bzw. zusammenfassen	2005, I 4 2005, II 1
Skizzieren Sie …, Zeichnen Sie …	eine möglichst exakte grafische Darstellung beobachtbarer oder gegebener Strukturen anfertigen	2006, I 2.1 2004, I 1.2
Stellen Sie dar …	Sachverhalte, Zusammenhänge, Methoden etc. strukturiert und ggf. fachsprachlich wiedergeben	2006, IV 1.2

Reorganisationsfragen (AFB II):

Ein grundsätzlich bekannter Sachverhalt soll an einem neuen Beispiel erläutert werden. Dies kann bedeuten:
– Beschriftung eines homologen Organs
– Ablauf eines biologischen Vorgangs an einem anderen Fallbeispiel in korrekter Fachsprache erklären
– Auswertung von Daten, Grafiken an anderen Fallbeispielen

Fragetechnik/Operator	Erwartung	Beispiel
Erklären Sie für diesen Fall …	einen Sachverhalt auf Regeln und Gesetzmäßigkeiten zurückführen und ihn nachvollziehbar machen	2006, III 1.3
Erläutern Sie den Ablauf …, Erläutern Sie die Wirkung …	einen Sachverhalt veranschaulichend darstellen und durch zusätzliche Informationen verständlich machen	2006, II 1.2 2007, III 2
Ermitteln Sie…	einen Zusammenhang oder eine Lösung finden und das Ergebnis formulieren	
Leiten Sie ab…	auf der Grundlage wesentlicher Merkmale sachgerechte Schlüsse ziehen	
Ordnen Sie …	Fakten, Begriffe, Systeme zueinander in Beziehung setzen, Zusammenhänge hergestellt und nach bestimmten Gesichtspunkten bewertet.	2006, II 2.1
Stellen Sie diesen Fall grafisch dar …	bislang unbekannte Sachverhalte, Strukturen oder Ergebnisse auf das Wesentliche reduziert übersichtlich grafisch darstellen	2007, I 3.1
Vergleichen Sie …	Gemeinsamkeiten, Ähnlichkeiten und Unterschiede ermitteln	2005, I 5 2007, II 2.1

Werten Sie aus...	Daten, Einzelergebnisse usw. in einen Zusammenhang stellen und ggf. zu einer Gesamtaussage zusammenführen	

Transferfragen (AFB III):

„Denkfragen" mit dem höchsten Anspruch an die eigene kreative Denkleistung. Von Ihnen wird erwartet:
- Anwendung einer Gesetzmäßigkeit zur Lösung eines neuen Problems
- Ursachen und Bedingungen für bestimmte Abläufe erkennen und verständlich darstellen
- Anwendung einer biologischen Versuchstechnik in einem neuen Zusammenhang
- Wiedererkennen einer Gesetzmäßigkeit in neuem Zusammenhang
- Erkennung wesentlicher Gemeinsamkeiten/Unterschiede
- Vorhersagen/Schlussfolgerungen mit Begründung
- Bildung von Hypothesen, Planung von Experimenten
- Analyse und Strukturierung eines anspruchsvollen Originaltextes
- Umsetzen von Tabellen und Grafiken in die Fachsprache

Fragetechnik/Operator	Erwartung	Beispiel
Analysieren Sie ...	wichtige Bestandteile oder Eigenschaften auf eine bestimmte Fragestellung hin herausarbeiten	
Begründen Sie ...	Sachverhalte auf Regeln und Gesetzmäßigkeiten bzw. kausale Beziehungen von Ursachen und Wirkung zurückführen	2006, I 4.1 2006, IV 5.1 2007, I 2.2
Bewerten Sie ...	die Bedeutsamkeit von Dingen, Prozessen, Aussagen, Handlungen für den Menschen aus konkret historischer Sicht bzw. entsprechenden Bewertungskriterien nachweisen	
Beurteilen Sie ...	zu einem Sachverhalt ein selbstständiges Urteil unter Verwendung von Fachwissen und -methoden formulieren und begründen	2005, I 2
Deuten Sie ..., Interpretieren Sie ...	fachspezifische Zusammenhänge in Hinblick auf eine gegebene Fragestellung begründet darstellen	
Diskutieren Sie ..., Erörtern Sie ...,	Argumente und Beispiel zu einer Aussage oder These einander gegenüberstellen und abwägen. Eigene Gedanken zu einer Problemstellung entwickeln und zu einem begründeten Urteil kommen.	2006, III 2.2 2004, IV 5.3 2007, III 5.2
Entwickeln Sie eine Hypothese ...,	begründete Vermutung auf der Grundlage von Beobachtungen, Untersuchungen, Experimenten oder Aussagen formulieren	2004, I 2.2 2006, II 3.2
Fassen Sie schematisch zusammen ..., Fassen Sie den Text zusammen ...	Das Wesentliche in konzentrierter Form in einer Skizze oder einem Text herausstellen	2004, I 3 2006, I 1
Nehmen Sie Stellung zu...	zu einem Sachverhalt, der an sich nicht eindeutig ist, nach kritischer Prüfung und sorgfältiger Abwägung ein begründetes Urteil abgeben	

Weitere Fragetechniken des AFB III können sein:
Entwerfen Sie ein Experiment ..., Ergänzen Sie die Grafik für den Fall ..., Unter welchen Bedingungen ...,

3 Tipps zum Ablauf der schriftlichen Prüfung

3.1 Auswahlzeit

Die Auswahl der drei Aufgabenblöcke, in denen Sie voraussichtlich die meisten Punkte erreichen können, ist von größter Wichtigkeit. Ein späterer Wechsel, weil sich erst bei genauerer Betrachtung eine wichtige Teilfrage als zu schwierig herausstellt, ist sehr zeitraubend.
Nehmen Sie sich daher die Zeit, jede Aufgabe genau durchzulesen. Lassen Sie sich nicht abschrecken von langen Vortexten, von völlig unbekannten Skizzen und Tabellen und nie gehörten Krankheits- und Tiernamen. Achten Sie auf die oben erklärten Fragetechniken bzw. Operatoren. Einen Kurvenverlauf zu „beschreiben" ist viel leichter als ihn zu „erklären".
Suchen Sie nach Reproduktionsfragen und Reorganisationsfragen, die Sie sicher beherrschen. Addieren Sie die nach Ihrer Einschätzung erreichbaren Verrechnungspunkte für jeden Aufgabenblock und vergleichen Sie die erreichte Punktezahl. Meist ist dann schon klar, welche Aufgabe abgewählt wird.
Testen Sie dieses Verfahren für einen beliebigen Abiturjahrgang in diesem Buch. Sie werden feststellen, dass Sie selten auf mehr als ein Drittel der erreichbaren Punktezahl kommen! Dies ist natürlich beabsichtigt, da reines Faktenwissen nicht für eine gute Note ausreichen soll. Deshalb ist es ratsam, sich durch schwierige Texte oder Skizzen nicht gleich von einer Aufgabe abschrecken zu lassen.
Investieren Sie die Zeit für ein intensives Studium der Vortexte. Sie liefern wichtige Hinweise für die komplexeren Fragen, deren Beantwortbarkeit Sie nun besser abschätzen können sollten. Wenn dafür eine halbe Stunde vergeht, ist diese Mühe nicht umsonst! Sie haben sich viele Stichworte notiert und wichtige Textpassagen markiert, die Ihnen bei der nun folgenden Detailarbeit nützlich sind.

3.2 Bearbeitung der gewählten Aufgaben

Reinschrift, Konzept, Aufgabenblatt, Rechtschreibung

Bewertet wird nur, was in der Reinschrift steht! Alle Notizen, die Sie auf dem Aufgabenblatt oder dem Konzeptpapier (eigene Schmierzettel sind nicht erlaubt!) hinterlassen, werden zwar eingesammelt, aber nicht gewertet. So wird vermieden, dass man nicht weiß, welche Antwort gelten soll: die richtige im Konzept oder die falsche in der Reinschrift.
Nur bei offensichtlichen Übertragungsfehlern in die Reinschrift wird der Entwurf gewertet. Dies gilt auch für den Fall, dass jemand aus Zeitgründen den letzten Teil der Antwort nur auf dem Konzept hat. Die meisten Schüler benützen deshalb die Konzeptblätter (grüne Farbe) nur als Schmierzettel und schreiben gleich in die Reinschrift. Dies führt jedoch manchmal auch dazu, dass die Reinschrift wie ein Schmierzettel aussieht! Deshalb dürfen bei schweren Mängeln in der sprachlichen Form (Rechtschreibung und Grammatik) und/oder der Darstellungsform bis zu 2 Notenpunkte (das sind bis zu 8 Verrechnungspunkte!) abgezogen werden. Machen Sie also eine Stichwortliste, eine grobe Gliederung oder Skizzenentwürfe erst einmal im Konzept.

Fachsprache, Skizzen

Achten Sie darauf, dass Sie alle Fachbegriffe in Ihre Antworten einbauen, die zur vollständigen Beantwortung einer Aufgabenstellung notwendig sind. Kurze Definitionen der Fachbegriffe unterstreichen Ihre Fachkompetenz. Häufig kann man Formulierungshilfen aus den Vortexten übernehmen. Anatomische und schematische Skizzen müssen in der Regel mindestens eine halbe Seite groß sein! „Miniskizzen" mit unklarer Beschriftung und mehrfach mit Kugelschreiber oder Filzstift korrigierte Strukturen führen zu massiven Punktabzügen. Also: Tinte/Tintenkiller und für Skizzen Bleistift, Radiergummi, und Lineal benutzen!

Zeitmanagement, Vollständigkeit

Planen Sie grob mit 60 Minuten pro Aufgabenblock (ohne Auswahlzeit). Dann bleibt auch genügend Zeit für eine abschließende Kontrolle der Vollständigkeit und der Rechtschreibung.

Nicht selten werden zurückgestellte Teilaufgaben vergessen. Deshalb auch der Hinweis auf dem Deckblatt: Für jede Aufgabe (I, II, III oder IV) beginnt man einen neuen vierseitigen Papierbogen und markiert ihn deutlich mit der Aufgabennummer. Damit entfällt die Suche nach Teilaufgaben, die als Nachtrag irgendwo zwischen anderen Aufgabenblöcken versteckt sind. Auf diesem Bogen kann man jederzeit eine Transfer-Frage nachtragen, die man erst bearbeiten will, wenn die leichteren Aufgaben erledigt sind. Haken Sie deshalb alle erledigten Teilfragen auf dem Aufgabenblatt deutlich sichtbar ab!

4 Die mündliche Abitur-Prüfung

4.1 Allgemeines zur mündlichen Prüfung

Jeder Schüler wird mindestens in einem Fach mündlich geprüft. Biologie kann als mündliches Prüfungsfach in folgenden Fällen gewählt werden:
– als freiwilliges mündliches Prüfungsfach, wenn Biologie schriftliches 4. Prüfungsfach war (um z.B. ein schlechtes Ergebnis beim schriftlichen Abitur zu verbessern).
– als 5. Prüfungsfach (Präsentationsprüfung), wenn in Biologie alle vier Kurse 2- oder 4-stündig besucht wurden, aber nur, wenn dadurch alle drei Aufgabenfelder (mathematisch-naturwissenschaftlich, sprachlich, künstlerisch-gesellschaftswissenschaftlich) abgedeckt sind. Das heißt, wer Biologie als schriftliches 4. Prüfungsfach gewählt hat, muss als 5. Prüfungsfach ein gesellschaftswissenschaftliches Fach wählen.

Eine der beiden Prüfungen kann durch eine „besondere Lernleistung" ersetzt werden, wenn diese thematisch der Biologie zugeordnet werden kann, z. B. Seminarkurs, „Jugend forscht"-Arbeit.

4.2 Prüfungsthemen

Thema der mündlichen Prüfungen können alle Lehrplaneinheiten von 12.1 bis 13.2 (**inklusive** der besprochenen Wahlthemen) und auch das Thema Ethologie (Verhaltensforschung) sein, dessen Besprechung nach dem schriftlichen Abitur folgt.

Für das **5. mündliche Prüfungsfach** müssen Sie spätestens zwei Wochen vor der Prüfung **vier** Themen vorlegen (im Einvernehmen mit dem Fachlehrer). Daraus wählt der Prüfungsvorsitzende ein Prüfungsthema aus. Die Entscheidung wird Ihnen ca. **eine Woche** vor der Prüfung mitgeteilt.

Für das **mündliche Prüfungsfach** erstellt der/die Kurslehrer(in) entsprechend der Zahl der Prüflinge die Prüfungsfragen. Der Prüfungsvorsitzende (das ist ein Fachkollege einer anderen Schule, die als Prüfungskommission geschickt wird) teilt diese Prüfungsthemen je einem Schüler zu.

4.3 Ablauf der mündlichen Prüfung

Die Dauer der Prüfung für das **5. mündliche Prüfungsfach** beträgt ca. 20 Minuten und kann auch als Gruppenprüfung ablaufen. Diese Prüfung wird sich in zwei 10-minütige Teilabschnitte gliedern:
- **Präsentationsteil:** Der Schüler hält ein geschlossenes Referat mit geeignetem Medieneinsatz (Folien, Computer, Tafel, Experimente, Modelle ...).
- **Prüfungsgespräch:** Die Prüfungskommission stellt Fragen zu Form und Inhalt des Vortrags.

Das **mündliche Prüfungsfach** läuft als 20-minütige Einzelprüfung ab. Der Schüler erhält ein Blatt mit Prüfungsaufgaben und darf diese während einer 20-minütigen Vorbereitungszeit bearbeiten. Der Schüler erhält dieses Blatt mit Prüfungsaufgaben in einem besonderen Vorbereitungsraum und hat 20 Minuten **Vorbereitungszeit,** sich für die folgende Prüfung Aufzeichnungen zu machen. Diese schriftlichen Notizen dürfen als Hilfe mitgenommen werden. Die Prüfung beginnt unmittelbar nach der Vorbereitungszeit und dauert ebenfalls 20 Minuten.

4.4 Tipps für den Ablauf der mündlichen Prüfung

Vorbereitungszeit:

Die Fragen, die Sie in einem möglichst eigenständigen Vortrag beantworten sollen, könnten wie unten abgebildet aussehen. In der Vorbereitungszeit sollten Sie sich überlegen, wie Sie Ihre Antworten am besten gliedern. Schreiben Sie sich stichwortartig den Lösungsweg auf. Die Skizze soll Ihnen am Anfang helfen, die Tafel als Medium in Ihren Vortrag einzubeziehen. Falls Sie eine Frage nicht verstehen, dann können Sie die Reihenfolge der Fragen auch ändern. Sie könnten also auch mit der Frage 3 beginnen, wenn Sie das der Prüfungskommission entsprechend begründen.

Name: **Abiturprüfung 2006**   **Biologie Profilfach**
            Prüfungzeit: **Vorbereitungszeit:**

1. a) Skizzieren und erläutern Sie den Bau der Biomembran.
   b) Nennen Sie 3 Funktionen von Biomembranen und erklären Sie, wie diese Funktionen durch die spezielle Struktur der Biomembran gewährleistet werden.
   c) Wie kommt es zu der typischen dunkel-hell-dunkel-Struktur in elektronenmikroskopischen Abbildungen?

2. a) Welche Eigenschaften benötigt die Membran eines Neurons um die Entstehung und Erhaltung eines Ruhepotenzials zu ermöglichen?
   b) Welche Vorgänge finden an der Membran während eines Aktionspotenzials statt?

3. Auf welche Merkmale hin würden Sie ein Skelett (einschließlich Schädel) untersuchen, um entscheiden zu können, ob es sich um das Fossil eines Menschen oder um das eines Menschenaffen handelt?

In der Prüfung:

Nach der Begrüßung lesen Sie am Besten erst mal Ihre Prüfungsfragen vor, um Prüfer, Prüfungsvorsitzenden und Protokollanten auf Ihr Thema einzustimmen. Danach dürfen Sie Ihren Vortrag beginnen, indem Sie sich an die Abfolge der Fragen und Ihre eigene Gliederung halten. In der Regel werden sie in diesem ersten Prüfungsteil nicht unterbrochen. Sprechen Sie deutlich und engagiert. Halten Sie Blickkontakt mit den Prüfern und sprechen Sie möglichst frei. Nutzen Sie, wenn immer möglich die Tafel als Hilfe zur Veranschaulichung.

Aber: Tafelskizzen bitte sauber und deutlich mit Beschriftung. Keine langen Phasen der „Stille" während des Zeichnens, sondern erklärende Kommentare. Keine Panik, wenn Sie für eine Zwischenfrage oder Ergänzung unterbrochen werden.

Im letzten Teil der Prüfung wird in der Regel noch ein anderer Themenkomplex angesprochen. Hier sollen Sie zeigen, dass Sie auch andere Lehrplanthemen beherrschen und sich schnell auf unvorbereitete Fragen einstellen können.

5   Hinweise zur Nutzung dieses Buches

Neben den zentral gestellten schriftlichen **Abitur-Prüfungen**, die seit der Lehrplanänderung 2002/2003 gestellt wurden, enthält dieses Buch auch eine Reihe von **Übungsaufgaben zu den einzelnen Lehrplaneinheiten**, die aus Abituraufgaben früherer Jahrgänge zusammengestellt wurden, soweit sie noch dem neuen Lehrplan entsprechen.

Ein zusätzlicher Aufgabenblock besteht aus **Übungsaufgaben zur schriftlichen Prüfung**, die speziell im Hinblick auf neue Lehrplanthemen und neue Fragestellungen konzipiert wurden. Dabei wird die große Bedeutung des Vortextes deutlich: Da für Transfer-Fragen häufig ein aktuelles oder historisches Forschungsbeispiel gewählt wird, müssen hier alle nötigen Fakten genannt werden, die der Schüler braucht, um die Fragen selbstständig beantworten zu können.

Das **„Thematische Verzeichnis"** im Anschluss an das ausführliche Stichwortverzeichnis ermöglicht Ihnen zusätzlich zur Abiturvorbereitung die gezielte Vorbereitung auf themenbezogene Kursklausuren.

Die von Ihnen in der Prüfung erwartete **Aufgabenlösung** in möglichst knapper Fachsprache steht in Normalschrift. Ergänzende, alternative oder vertiefende Antworten sind ebenso wie Tipps zum Lösungsansatz *kursiv* gedruckt.

Profil-/Neigungsfach Biologie (Baden-Württemberg): Abituraufgaben
Lehrplaneinheit: Von der Zelle zum Organ/Moleküle des Lebens

Lymphozyten produzieren Signalstoffe, die u. a. Teile des Gehirns beeinflussen. Bei den gebildeten Signalstoffen handelt es sich ausnahmslos um kleine Proteine, die zusammenfassend als Cytokine bezeichnet werden.

1.1 Nennen Sie vier weitere wesentliche Aufgabenbereiche der Proteine im menschlichen Körper und geben Sie hierzu jeweils ein Beispiel an.

1.2 Beschreiben Sie den Bau der Proteine und erläutern Sie in diesem Zusammenhang Primär-, Sekundär- und Tertiärstruktur.

Plasmazellen sind hoch spezialisierte Zellen. Abbildung 1 zeigt eine solche Zelle.

2   Welche strukturelle Besonderheit weist dieser Zelltyp auf? Stellen Sie den Zusammenhang zur Funktion dieser Zelle her.

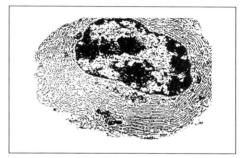

Abb 1: Plasmazelle

Für einen Versuch vermischt man lauwarmes Wasser mit Backhefe, Weizenmehl und wenig Glucose zu einem Teig. Zwei gleich große Portionen werden in je einen Messzylinder überführt und im Wasserbad bei 25 °C bzw. 35 °C aufgestellt. Durch die Tätigkeit der Hefe entsteht Kohlenstoffdioxid als ein Stoffwechselendprodukt, welches zu einer Volumenzunahme des Teiges führt. Wird das Volumen des Teiges alle 10 Minuten gemessen, erhält man folgende Werte:

Zeit (min)	0	10	20	30	40	50	60
Vol (ml) bei 25 °C (Versuch I)	100	177	277	377	455	480	527
Vol (ml) bei 35 °C (Versuch II)	100	200	327	444	538	577	588

3.1 Stellen Sie die Ergebnisse der beiden Versuchsansätze in einem gemeinsamen Diagramm dar. (Größe des Schaubildes ca. 1/2 Seite)

3.2 Begründen Sie den unterschiedlichen Kurvenverlauf für beide Versuche.

3.3 Welchen Kurvenverlauf erwarten Sie für weitere 2 Stunden? Vervollständigen Sie das Diagramm und begründen Sie.

4   Welches Ergebnis ist zu erwarten, wenn die Hefezellen vor Versuchsbeginn in Wasser suspendiert und kurz aufgekocht werden? Begründen Sie.

Viele Stoffwechselreaktionen werden durch den pH-Wert beeinflusst.

5.1 Schlagen Sie eine Versuchsreihe vor, mit der die pH-Abhängigkeit einer Stoffwechselreaktion ermittelt werden kann.

5.2 Geben Sie eine Erklärung für die pH-Abhängigkeit von Stoffwechselreaktionen.

Milch gilt – nicht nur im Säuglingsalter – als hochwertiges Nahrungsmittel. Neben Wasser enthält Milch unter anderem Proteine, Zucker, Mineralsalze und Vitamine. Jeder dieser Inhaltsstoffe hat im menschlichen Körper eine wichtige Bedeutung.

6 Nennen Sie für jeden dieser Stoffe eine bestimmte Aufgabe.

Rohmilch, die man bei Zimmertemperatur stehen lässt, wird sauer und zu „Dickmilch", sterilisierte Milch dagegen nicht.

7 Geben Sie eine Erklärung dafür, dass sterilisierte Milch nicht sauer wird und saure Milch dick wird.

Das Rind kann die im Gras enthaltene Cellulose (ein Polysaccharid) im Pansen nur unter Mitwirkung von Einzellern verwerten. Die Einzeller besitzen das Cellulose abbauende Enzym Cellulase. Stärke, ebenfalls ein Polysaccharid, wird von der Cellulase nicht gespalten.

8 Beschreiben Sie den chemischen Aufbau und die Wirkungsweise eines Enzyms und erklären Sie die oben beschriebenen Sachverhalte.

Fleisch und Milch sind wichtige Nahrungsmittel für den Menschen. Ihre Proteine werden im Magen und im Dünndarm enzymatisch gespalten.

9 Warum ist der Abbau der Nahrungsproteine erforderlich (zwei Angaben)?

Auf einem großen Feld von blaublühenden Lupinen findet ein Züchter an verschiedenen Stellen auch weißblühende Pflanzen. Der blaue Blütenfarbstoff der Lupine wird in der Zelle in mehreren Syntheseschritten hergestellt.

10 Zeichnen Sie ein Schema der entsprechenden Genwirkkette, das zwei Syntheseschritte umfasst, und erläutern Sie daran, dass das Fehlen des blauen Blütenfarbstoffs unterschiedliche Ursachen haben kann.

Während in der Science-fiction-Literatur Situationen mit „wiederbelebten" Sauriern beschrieben werden, sucht die aktuelle Forschung tatsächlich nach genetischer Information ausgestorbener Tiergruppen.

11 Beschreiben Sie den allgemeinen Aufbau der DNA anhand einer Schemazeichnung. Welche Schritte sind notwendig, um gefundene DNA zu vervielfältigen?

Vasotocin, ein Hormon, das im Zwischenhirn von Reptilien gebildet wird und wohl auch bei den Sauriern vorkam, hat folgende Aminosäuresequenz: Cys-Tyr-Ile-Gln-Asn-Cys-Pro-Arg.

12 Konstruieren Sie den zugehörigen codogenen Strang der DNA, bei dem alle Tripletts – soweit möglich – mit der Base A enden. Verwenden Sie hierzu die Code-Sonne in Abbildung 2.

Die Umsetzung der gewonnenen genetischen Information in Proteine kann auch im Reagenzglas erfolgen.

13 Welche Komponenten sind erforderlich, um die in der gefundenen DNA codierten Proteine herzustellen? Welche Aufgaben haben die einzelnen Bestandteile?

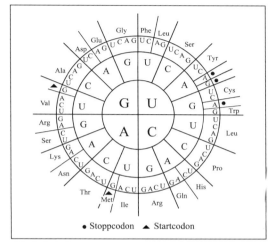

Abb. 2: Code-Sonne

Vergleichende DNA-Analysen zeigen, dass die DNA von Schimpanse und Mensch zu 98,5 % übereinstimmt.

14.1 Erläutern Sie die Umsetzung der genetischen Information in eine Polypeptidkette.
14.2 Stellen Sie Vermutungen darüber an, welche Polypeptide und damit DNA-Abschnitte bei Mensch und Schimpanse ähnlich sind (drei Angaben). Begründen Sie.

Bei Menschen mit der Erbkrankheit Tay-Sachs-Syndrom sterben Nerven- und Muskelzellen ab, da sie das Enzym Acetylhexosaminidase nicht bilden können. Bei Tay-Sachs-Patienten fehlt die Acetylhexosaminidase vollständig. Bei Heterozygoten ist die Enzymmenge auf 50 % reduziert. Sie sind phänotypisch gesund.

15.1 Erklären Sie diesen Sachverhalt.
15.2 Wie könnte man experimentell vorgehen, um festzustellen, ob eine Person Anlagenträger, d. h. heterozygot ist?

Eine weitere angeborene Stoffwechselkrankheit ist die Phenylketonurie.
Abbildung 3 zeigt das vereinfachte Schema der von Phenylalanin bzw. Tyrosin ausgehenden Stoffwechselwege.

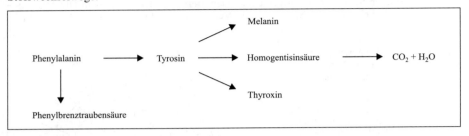

Abb. 3: Stoffwechselwege von Phenylalanin bzw. Tyrosin

16.1 Phenylalanin wird über die Nahrung aufgenommen. In welcher Nährstoffgruppe ist Phenylalanin als Baustein enthalten?

16.2 Beschreiben Sie die entscheidenden Prozesse von der Aufnahme des Nährstoffs bis zur Aufnahme von Phenylalanin in die Zelle.

16.3 Erklären Sie mithilfe von Abbildung 3 die Ursache für Phenylketonurie, und beschreiben Sie ein auftretendes Symptom der Krankheit.

Die Phenylketonurie (PKU) ist eine Stoffwechselkrankheit des Menschen. Neben vielen anderen Symptomen zeigt sich schon frühzeitig eine Verzögerung in der geistigen Entwicklung des Kleinkindes. Im Blut und in den Geweben erkrankter Personen findet man einen erhöhten Phenylalaninspiegel.
Gesunde Personen: 1–2 mg Phenylalanin pro 100 ml Blutserum
Kranke Personen: 6–80 mg Phenylalanin pro 100 ml Blutserum
Abb. 4 zeigt einen Ausschnitt aus dem Phenylalanin-Stoffwechsel.

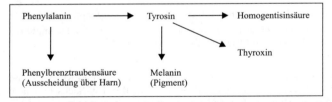

Abb. 4: Schema des Phenylalanin-Stoffwechsels

17.1 Nennen Sie die molekularbiologische Ursache für diese Stoffwechselkrankheit, und erklären Sie die erhöhte Phenylalanin-Konzentration.

17.2 Wie kann man die Konzentration an Phenylalanin im Blut möglichst niedrig halten?

17.3 Wie kann bei einem Neugeborenen diese Stoffwechselstörung nachgewiesen werden?

Viele an Phenylketonurie erkrankte Personen zeigen neben der im Vortext erwähnten Verzögerung der geistigen Entwicklung als weiteres Symptom eine aufgehellte Haar-, Augen- und Hautfarbe.

18 Geben Sie eine Erklärung für das letztgenannte Symptom. (Verwenden Sie dazu Abb. 4)

Beim Menschen gibt es eine erbliche Stoffwechselstörung, bei der die Pigmentierung ausfällt. Die anderen Symptome der Phenylketonurie treten hierbei jedoch nicht auf.

19   Geben Sie hierfür eine Erklärung unter Zuhilfenahme von Abbildung 4.

Für die genetische Beratung ist die Kenntnis von Anlagenträgern von Bedeutung. Durch einen Belastungstest können mit großer Wahrscheinlichkeit heterozygote Anlagenträger ermittelt werden. Bei diesem Test erhalten die Versuchspersonen eine große Menge Phenylalanin; im Anschluss daran untersucht man das Blutserum auf Tyrosin.
Abb. 5 zeigt Ergebnisse eines solchen Tests.

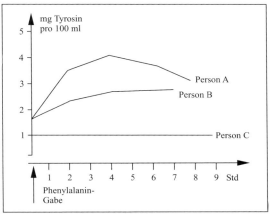

Abb. 5: Ergebnisse eines Blutserum-Tests

20   Beschreiben und erklären Sie die Versuchsergebnisse für die Personen A, B und C. Geben Sie deren Genotypen an.

21   Wie ist es zu erklären, dass das die Krankheit verursachende Allel bis jetzt noch nicht aus dem menschlichen Genpool verschwunden ist und in Zukunft noch an Häufigkeit zunehmen wird? (2 Gründe)

Für den weltweiten Schwund von Amphibien scheint in bestimmten Fällen die ultraviolette Strahlung mitverantwortlich zu sein, die verstärkt durch den schwächer werdenden Ozonschild dringt. Sie kann unter anderem Punktmutationen in der DNA von Froscheiern hervorrufen, die diesem UV-Licht in starkem Maße ausgesetzt sind.

22.1   Beschreiben Sie den molekularen Bau der DNA.

22.2   Beschreiben Sie mögliche Veränderungen der DNA bei einer Punktmutation.
Welche Auswirkungen haben diese auf das Peptid oder Protein, das aufgrund des jeweiligen mutierten Gens gebildet wird?

23   Beschreiben Sie zwei weitere Mutationstypen, und geben Sie dazu jeweils ein Beispiel aus der Humanbiologie an.

In einem populärwissenschaftlichen Buch zur Evolution ist folgendes Zitat zu finden:

„Wären wir mit unserer Denkungsart vor die Aufgabe gestellt worden, ohne irgend eine Vorgabe ein sich selbst reproduzierendes Molekül (vom Typ der DNA) zu entwerfen, dann hätten wir es nie geschafft. Wir hätten einen verhängnisvollen Fehler gemacht: Unser Molekül wäre vollkommen gewesen ... Das eigentliche Wunder der DNA besteht in ihrer Fähigkeit, kleine Schnitzer zu machen. Ohne diese spezielle Eigenschaft wären wir noch immer anaerobe Bakterien, und es gäbe keine Musik."
(Thomas Lewis, 1979)

Die Selbstreproduktion der DNA bezeichnet man als Replikation.

24 Beschreiben Sie den Vorgang der Replikation.

Zu den „kleinen Schnitzern" der DNA zählen die Genmutationen.

25.1 Erklären Sie die Auswirkungen einer Genmutation an einem Beispiel.
Beschreiben Sie einen weiteren Mutationstyp an einem Beispiel.

25.2 Warum kann es ohne Mutation keine Evolution der Lebewesen geben?

Intensive Sonneneinstrahlung führt unter anderem zu zahlreichen Mutationen in der DNA der Keimschicht-Zellen der Oberhaut.

26.1 Nicht nur intensive Sonneneinstrahlung kann Mutationen auslösen. Nennen Sie zwei weitere Mutagene, die auf Hautzellen einwirken können.

26.2 Beschreiben Sie allgemein drei unterschiedliche Mutationsformen und nennen Sie je ein zugehöriges Krankheitsbild.

26.3 Erläutern Sie, welche Folgen Mutationen in Hautzellen für die Nachkommen der betroffenen Person haben.

26.4 Welche Rolle spielen Mutationen in der Evolution?

Davson und Danielli entwickelten 1935 ein Modell für den Aufbau der Zellmembran, das durch elektronenmikroskopische Bilder belegt wird. In der elektronenmikroskopischen Aufnahme (Abb. 6) ist die Grenze zwischen zwei Zellen zu erkennen.

27 Fertigen Sie eine Schemazeichnung vom Bau einer Biomembran nach heutiger Vorstellung an und beschriften Sie diese.

Ordnen Sie die Buchstaben a bis g der Abbildung 6 Ihrer Zeichnung zu:
a: dunkel;
b: hell;
c: dunkel;
d: hell;
e: dunkel;
f: hell;
g: dunkel.

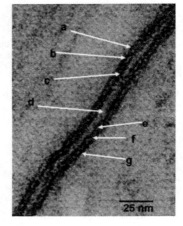

Abb. 6: Ausschnitt aus dem Grenzbereich zwischen zwei Zellen (Vergrößerung ca. 400 000-fach).

Abbildung 7 zeigt den Aufbau eines Phospholipidmoleküls, wie es in der Zellmembran vorkommt.

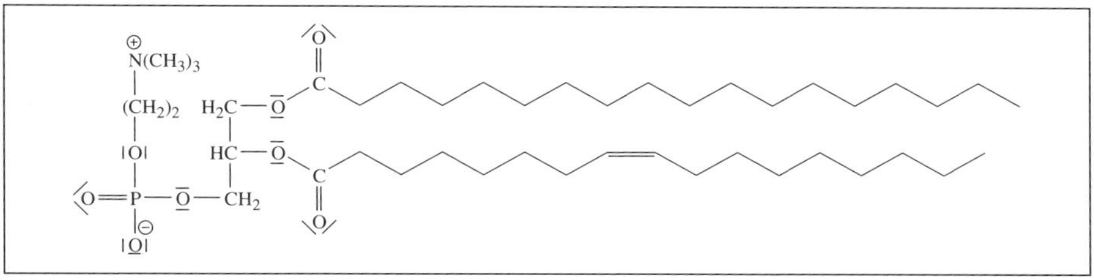

Abb. 7: Aufbau eines Phospholipidmoleküls

28 Skizzieren Sie schematisch die Anordnung solcher Phospholipidmoleküle in einer Lipid-Wasser-Emulsion und begründen Sie diese Anordnung.
Stellen Sie einen Zusammenhang mit dem Aufbau der Zellmembran her.

Plasmazellen sind Zellen des Immunsystems, deren Aufgabe darin besteht, sehr schnell große Mengen an Antikörper-Molekülen (= Immun-Proteine) zu produzieren und auszuscheiden. Der Reifungsprozess zur Plasmazelle geht mit gravierenden Veränderungen der Zellstruktur einher. Zwischen diesen Zellstrukturen der Plasmazelle müssen Transportvorgänge stattfinden.

29 Welche strukturellen Veränderungen der Plasmazelle sind während des Reifungsprozesses zu beobachten? Stellen Sie einen Zusammenhang zur Funktion der Plasmazelle her.

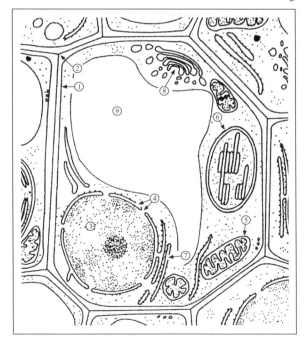

Abb. 8: Elektronenmikroskopisches Bild einer Zelle (schematisch)

30 Benennen Sie die in der Abbildung 8 mit den Ziffern 1–9 versehenen Strukturen und geben Sie jeweils eine Funktion an.
Handelt es sich hierbei um die Darstellung einer tierischen oder pflanzlichen Zelle? Begründen Sie ihre Aussage.

Obwohl nähere Einzelheiten zum Bau der Biomembran erst in den letzten 40 Jahren erforscht wurden, gelang bereits im Jahre 1925 ein grundlegendes Experiment, das ein wesentliches Bauprinzip der Membran deutlich machte. GORTER und GRENDEL extrahierten die Membranlipide aus roten Blutkörperchen und übertrugen diese auf eine Wasseroberfläche. Hierbei bildete sich ein geschlossener monomolekularer Film, der etwa gleich groß war wie die doppelte Oberfläche aller verwendeten Zellen.

31 Erklären Sie das Versuchsergebnis anhand einer beschrifteten Schemazeichnung und stellen Sie einen Zusammenhang zur Biomembran her.
Welches Versuchsergebnis würden Sie bei der Extraktion von Membranlipiden aus Plasmazellen im Vergleich zu roten Blutkörperchen erwarten? Begründen Sie.

32 Beschreiben Sie drei Möglichkeiten, wie Moleküle bzw. Ionen Membranen passieren können. Erläutern Sie diese auf der Grundlage des Baus der Zellmembran und der Eigenschaften der Teilchen, die die Membran passieren.

Die unterschiedliche Ausstattung von Zellen mit bestimmten Organellen ermöglicht Rückschlüsse auf Stoffwechselprozesse. Bei der Ratte liegt der Anteil an Mitochondrien in Herzmuskelzellen bei 36 % des Zellvolumens, in Zellen der Bauchspeicheldrüse dagegen bei nur 8 %.

33 Erklären Sie den Unterschied im Gehalt an Mitochondrien in den Zellen dieser Gewebe.

Kompartimentierung der Zelle und Oberflächenvergrößerung sind wichtige biologische Bauprinzipien.

34 Erläutern Sie diese Bauprinzipien am Beispiel der Mitochondrien in einer Zelle.

Unter dem Einfluss von Thyroxin vermehren sich die Zellorganellen, die maßgeblich an der Energiebereitstellung beteiligt sind.

35 Benennen Sie diese und beschreiben Sie ihren Aufbau im Hinblick auf die Funktion.

Neben der Katalyse von Stoffwechselreaktionen erfüllen Proteine weitere Aufgaben.

36 Nennen Sie vier grundlegende Aufgabenbereiche im Körper des Menschen, an denen Proteine beteiligt sind.

Ammoniak (NH_3) ist ein im Stoffwechsel entstehendes Zellgift, das normalerweise durch Bindung an Glutaminsäure beseitigt wird. Diese Reaktion (Abb. 10) wird durch das Enzym Glutaminsynthetase katalysiert.

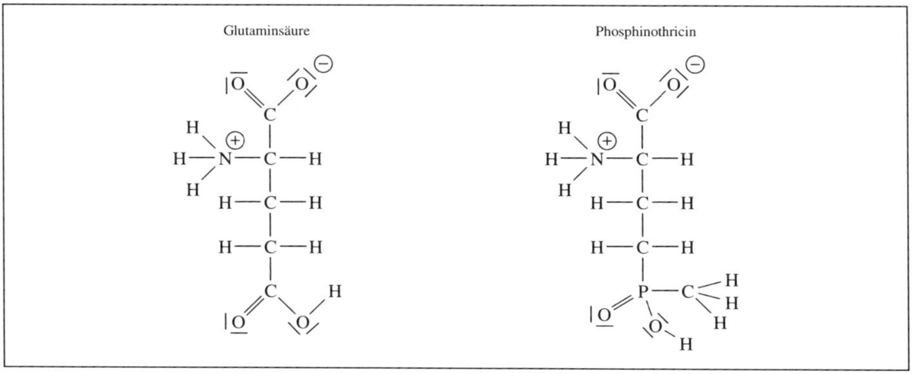

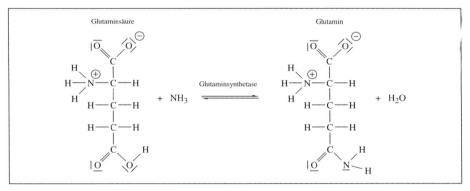

Abb. 9: Strukturformeln

Abb. 10: Stoffwechselreaktion

37.1 Zu welcher Stoffgruppe gehört die Glutaminsäure (Abb. 9)?
37.2 Erklären Sie am Beispiel der Glutaminsynthetase, was man unter „Substratspezifität" und „Wirkungsspezifität" versteht.
37.3 Geben Sie eine mögliche Erklärung, weshalb es bei Anwesenheit von Phosphinothricin (Abb. 9) zu einer Ammoniakvergiftung kommen kann.
37.4 Die Aktivität von Enzymen ist von verschiedenen Faktoren abhängig. Nennen Sie drei Möglichkeiten, die Enzymaktivität zu beeinflussen. Erläutern Sie die Wirkung der von Ihnen gewählten Maßnahmen.

Eine gelbe Banane wird kurzzeitig waagerecht über die Flamme eines Bunsenbrenners so gehalten, dass die Schale über der Flamme gerade nicht verkohlt. Die der Flamme zugewandte Seite der Banane zeigt kurz danach folgendes Aussehen (Abb. 11).

38 Erklären Sie die beschriebenen Beobachtungen in den Bereichen 1–4.

1: Bereich über der Flamme mit unverändert gelber Schale
2: Bereich mit braunschwarzer Verfärbung
3: Bereich mit bräunlicher Verfärbung, nach außen heller werdend
4: Bereich mit unverändert gelber Schale

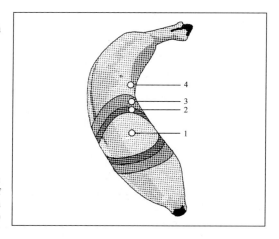

Abb 11:
Wirkung des Enzyms Phenoloxidase auf die Färbung der Bananenschale nach Erwärmen mit einer Brennerflamme

Bananen werden in der Regel unreif geerntet und im Kühlschiff bei Temperaturen zwischen 6 und 10 °C transportiert; bei Temperaturen um den Gefrierpunkt würden sie sich braunschwarz verfärben.
Durch Begasung mit Ethen werden sie später zur Reife gebracht. Beim Reifen wird die in unreifen Bananen vorhandene Stärke zu Glucose abgebaut.

39.1 Begründen Sie aus biochemischer Sicht die Notwendigkeit einer Kühlung der Bananen während des Transports. Geben Sie eine mögliche Erklärung für die Verfärbung der Bananenschale bei Temperaturen um den Gefrierpunkt.

39.2 Entwickeln Sie eine Hypothese zum Wirkungsmechanismus des Ethens.

Das Enzym Phenoloxidase wird beim Absterben der Zellen und beim Zerfall von Zellstrukturen freigesetzt. Es katalysiert die Oxidation von Phenolen zu braunschwarzen Farbstoffen, wie sie z. B. in Schalen überreifer Bananen auftreten.

40.1 Beschreiben Sie Aufbau und Struktur eines Enzyms.

40.2 Erläutern Sie allgemein die Wirkungsweise eines Enzyms. Nennen Sie drei Faktoren, welche die Enzymaktivität beeinflussen.

In Peptiden sind Aminosäuren miteinander verknüpft.

41 Geben Sie die Strukturformel eines möglichen Dipeptids an, das aus den beiden Aminosäuren Tyrosin und Glycin besteht (Abb. 12). Erläutern Sie, wie diese Verknüpfung erfolgt.

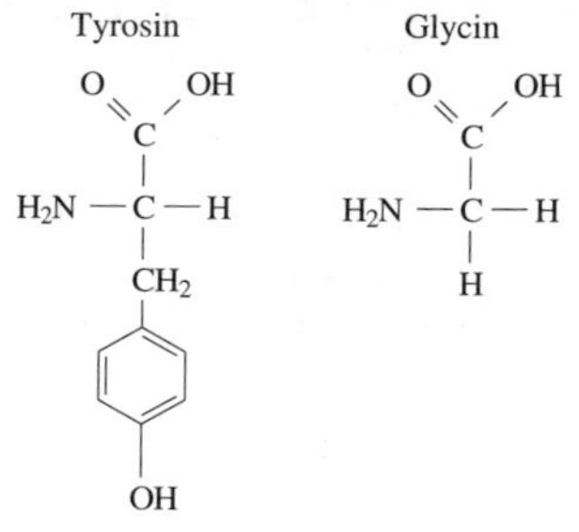

Abb. 12: Strukturformeln

Zur Überraschung der Wissenschaftler fand man im Magen des Menschen trotz der Magensäure ein Bakterium *(Helicobacter pyloris)*, das Magengeschwüre auslösen kann. Mitverantwortlich für die Fähigkeit, im sauren Milieu des Magens zu überleben, ist eine ausgeprägte Urease-Aktivität des Bakteriums. Dabei wird der im Magen enthaltene Harnstoff unter Freisetzung von Ammoniak und Kohlenstoffdioxid zerlegt. Der gebildete Ammoniak neutralisiert die Magensäure in der unmittelbaren Umgebung des Bakteriums.

42 Welche Bedeutung hat die Magensäure für den Organismus (zwei Angaben)?

Zur Diagnose einer *Helicobacter pyloris*-Infektion entnimmt man dem Patienten ein kleines Gewebestück aus seinem Magen und macht hiermit einen Test auf Ureaseaktivität.

43 Wie kann infiziertes von nicht infiziertem Gewebe unterschieden werden? Beschreiben und erläutern Sie Ihr experimentelles Vorgehen.

44 Welche Eigenschaften muss ein Molekül haben, damit es als Träger der Erbinformation geeignet ist (zwei Angaben)?
Beschreiben Sie anhand einer beschrifteten Schemazeichnung (½ Seite) den Aufbau der DNA und erläutern Sie, dass DNA die von Ihnen genannten Eigenschaften besitzt.

Nachdem bereits im Jahre 1944 mit Bakterienversuchen der Beweis erbracht worden war, dass die DNA Träger der Erbinformation ist, bestätigten die Wissenschaftler HERSHEY und CHASE wenige Jahre später diese Tatsache mithilfe von radioaktiv markierten Bakteriophagen. Abbildung 13 zeigt schematisch ihre Vorgehensweise.

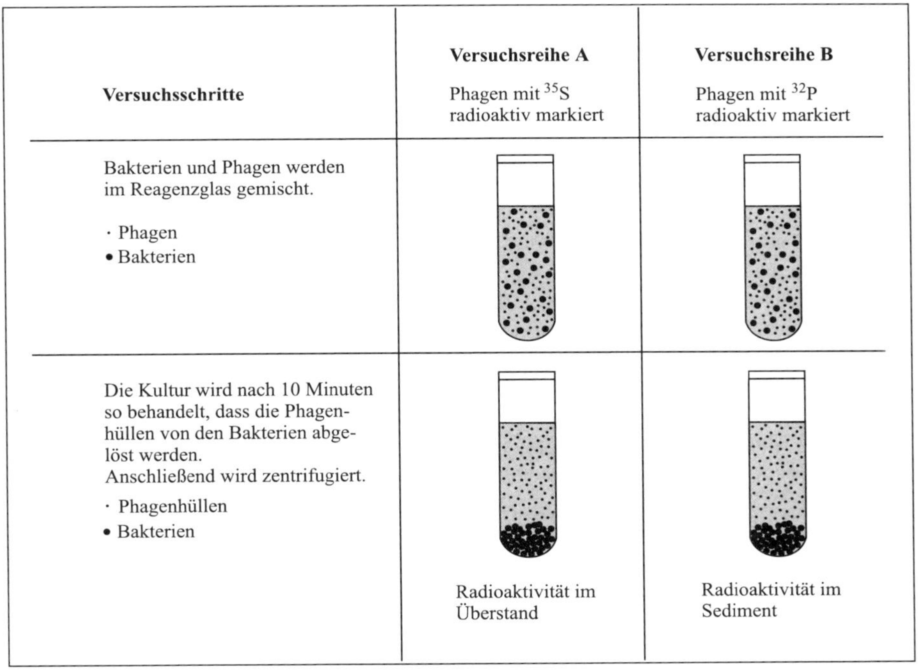

Versuchsschritte	Versuchsreihe A Phagen mit ^{35}S radioaktiv markiert	Versuchsreihe B Phagen mit ^{32}P radioaktiv markiert
Bakterien und Phagen werden im Reagenzglas gemischt. · Phagen • Bakterien		
Die Kultur wird nach 10 Minuten so behandelt, dass die Phagenhüllen von den Bakterien abgelöst werden. Anschließend wird zentrifugiert. · Phagenhüllen • Bakterien	Radioaktivität im Überstand	Radioaktivität im Sediment

Abb. 13: Vorgehensweise von HERSHEY und CHASE (schematisch)

45 In welchen Phagenbestandteilen finden sich jeweils die radioaktiven Atome? Begründen Sie Ihre Zuordnung und erläutern Sie die Vorgänge in den dargestellten Versuchsschritten.

Vom CF-Gen sind unterschiedliche Mutationen bekannt. Bei der häufigsten handelt es sich um den Verlust eine Tripletts im CF-Gen, was zur Folge hat, dass dem Protein an der entsprechenden Stelle die Aminosäure Phenylalanin fehlt.

46 Ermitteln Sie mithilfe der Code-Sonne (Abb. 14), um welche Tripletts es sich bei dieser Mutation handeln könnte. Geben Sie eine mögliche Erklärung dafür, dass der Ausfall nur einer einzigen Aminosäure bei einem Protein mit 1 450 Aminosäuren so weitreichende Konsequenzen hat.

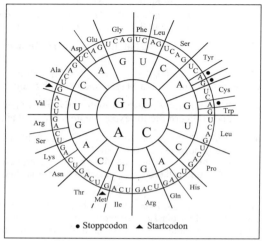

Abb. 14: Code-Sonne

Zahlreiche Untersuchungen zur Aufklärung des genetischen Codes wurden an Bakterien vorgenommen. Von ihren Wildtypstämmen lassen sich durch entsprechende Behandlung leicht Mutanten erzeugen. Die Analyse der Basensequenz der sich entsprechenden DNA-Abschnitte ergab z. B. folgende Befunde:

Wildtyp: 3' ... TTCTCAGGTAGTGAATTACGCAAA ...5'
Mutante 1:   3' ... TTCCAGGTAGTGAATTACGCAAA ... 5'
Mutante 2:   3' ... TTCCAGGTAGTGAATTACCGCAAA ...5'

47.1 Leiten Sie aus den dargestellten Basensequenzen die zugehörigen Aminosäuresequenzen ab. Verwenden Sie die in Abbildung 14 dargestellte Code-Sonne.
Welche Eigenschaften des genetischen Codes werden dabei deutlich?

47.2 Während Mutante 1 ohne den Zusatz bestimmter Stoffe im Nährmedium nicht überleben kann, ist Mutante 2 auf Minimalnährmedium voll lebensfähig. Geben Sie eine Erlärung ausgehend von den oben angegebenen Basensequenzen.

Im Boden lebt eine außerordentlich hohe Zahl verschiedener Bakterien. Einige von ihnen, die Streptomyceten, produzieren Phosphinothricin, das antibiotisch wirkt.

48.1 Zeichnen und beschriften Sie das schematische Bild einer Bakterienzelle (Größe: halbe Seite).

48.2 Entwerfen und beschreiben Sie einen Versuch, mit dem man zeigen kann, dass Streptomyceten eine antibiotisch wirkende Substanz abgeben.

48.3 Welchen evolutionsbiologischen Vorteil könnte die Produktion von Phosphinothricin für die Streptomyceten haben?

Das Schilddrüsenhormon Thyroxin bindet im Zellplasma an einen Rezeptor. Der Hormon-Rezeptor-Komplex veranlasst die Synthese von mRNA für Proteine, die den Energiestoffwechsel begünstigen.

49 Beschreiben Sie den Vorgang der mRNA-Synthese.

Bei der Meeresschnecke *Aplysia* wurde ein Gen nachgewiesen, das über die Synthese eines Eiablage-Hormons (ELH-Protein) die Eiablage steuert. Mithilfe isolierter mRNA kann man das ELH-Gen elektronenmikroskopisch sichtbar machen (Abb. 15). Die mRNA für das ELH-Protein lässt sich zur Laichzeit isolieren.

50.1 Erläutern Sie, warum man mit dieser mRNA als Sonde das ELH-Gen zweifelsfrei lokalisieren kann.
Warum isoliert man die mRNA gerade zur Laichzeit?

50.2 Wie könnte man – ausgehend von den Nukleinsäuren – die Primärstruktur des ELH-Proteins ermitteln?

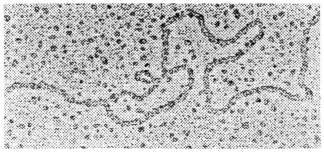

Abb. 15 a: Elektronenmikroskopische Aufnahme, in der das ELH-Gen sichtbar wird

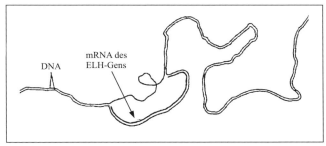

Abb. 15 b: Skizze zur obenstehenden elektronenmikroskopischen Aufnahme

Endorphine sind körpereigene, schmerzhemmende Substanzen, die im Gehirn von Menschen und Säugetieren nachweisbar sind. Es handelt sich dabei um Peptide, die wie das Schmerzmittel Morphium wirken.
Als erstes Endorphin wurde 1975 das Enkephalin entdeckt. Dieses Pentapeptid hat die Aminosäuresequenz Tyr-Gly-Gly-Phe-Met.

51 Geben Sie eine mögliche Basensequenz für das Gen an, das für Enkephalin codiert. Berücksichtigen Sie dabei auch die Steuersignale (Abb. 16).

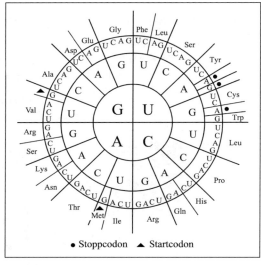

Abb. 16: Code-Sonne

Gentechnisch erzeugte Endorphine könnten zur Linderung starker Schmerzen verabreicht werden.

52 Beschreiben Sie eine Methode zur gentechnischen Herstellung von Enkephalin.

In reifen Tomaten kommt das Enzym Polygalacturonase (PG) vor, welches Pektin, einen Bestandteil der Zellwand, abbaut und dadurch das Weichwerden der Frucht bewirkt.
Abbildung 17 zeigt einen Ausschnitt aus dem PG-Gen einer konventionellen Tomate. In den USA kam im Mai 1994 die „Antimatschtomate" auf den Markt. Hierbei wurde durch Hinzufügen des in Abbildung 18 markierten Abschnitts die Bildung des Enzyms PG verhindert.

```
3' ... AAG GGG CCG TAT ... 5'   ← codogener Strang
5' ... TTC CCC GGC ATA ...3'
```

Abb. 17: Ausschnitt aus dem PG-Gen einer konventionellen Tomate

```
3' ... AAG GGG CCG TAT ..| ATA CGG CCC CTT | ... 5'   ← codogener Strang
5' ... TTC CCC GGC ATA ..| TAT GCC GGG GAA | ... 3'
```

Abb. 18: Ausschnitt aus dem gentechnisch veränderten DNA-Abschnitt der „Antimatschtomate"; der eingefügte Abschnitt ist markiert

53 Vergleichen Sie die beiden DNA-Ausschnitte der Abbildungen 17 und 18. Geben Sie eine mögliche Erklärung, warum nach gentechnischer Veränderung für diesen DNA-Abschnitt zwar eine Transkription, jedoch keine Translation stattfindet.

Bei Eukaryoten spielt die Meiose eine wichtige Rolle.

54 Erläutern Sie die Bedeutung der Meiose im Hinblick auf Fortpflanzung, Vererbung und Evolution.

55 Bei den Prokaryoten findet keine Meiose statt. Es gibt dort aber andere Vorgänge, die sich auf die Evolution ähnlich auswirken. Erläutern Sie dies an einem Beispiel.

Lösung

1.1 – Enzyme z. B. Acetylcholinesterase
 – Peptidhormone z. B. Insulin
 – Antikörper (Immunglobuline)
 – Transportproteine z. B. Hämoglobin
 – Strukturproteine z. B. Muskelprotein
 – Membranproteine z. B. Tunnelprotein
 – Speicherproteine z. B. Milcheiweiß

1.2 **Bau eines Proteins:**
Proteinmoleküle sind Riesenmoleküle aus unverzweigten Aminosäureketten. Sie falten und „knäueln" sich zu komplizierten Raumstrukturen (= Konformation).
Man unterscheidet:
 – **Primärstruktur:**
 Die Abfolge der Aminosäuren in der Kette = **Aminosäuresequenz**
 Bindungstyp: Peptidbindung
 – **Sekundärstruktur:**
 Die Polypeptidkette liegt nicht gestreckt, sondern in Schraubenform (α-Helix) vor.
 Bindungskräfte: H-Brücken (In der β-**Faltblattstruktur** werden mehrere nebeneinanderliegende Polypeptidketten durch H-Brücken zusammengehalten.)
 – **Tertiärstruktur:**
 Die schraubenförmigen Polypeptidketten liegen ihrerseits in einer übergeordneten Raumstruktur gefaltet und „geknäuelt" vor. Diese Konformation ist abhängig von der Primärstruktur. Je nachdem, welche Aminosäuren an bestimmten Kettenpositionen liegen, kommt es zu verschiedenen chemisch-physikalischen Wechselwirkungen zwischen den Aminosäureresten:
 Bindungskräfte: H-Brücken, Ionenbindungen, Van der Waals-Kräfte, Disulfid-Bindungen

2 Die Zelle ist voll mit rauem ER (= Endoplasmatisches Retikulum mit Ribosomen besetzt).
Begründung: Plasmazellen produzieren massenhaft **Antikörper**-Moleküle für die humorale Immunantwort. AK sind **Protein**moleküle. Proteine werden an **Ribosomen** hergestellt und im **ER** transportiert und gespeichert.

3.1

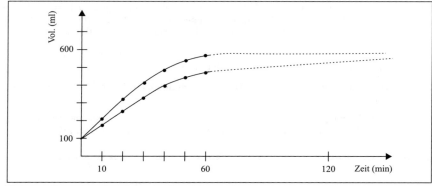

Diagramm: Entstandenes Gasvolumen in Abhängigkeit von der Zeit.

3.2 Die Enzymaktivität hängt stark von der Temperatur ab. Temperatursteigerung bewirkt eine beschleunigte Teilchenbewegung → beschleunigte Bildung des Enzym-Substrat-Komplexes → beschleunigte Umsatzrate, d. h. in kürzerer Zeit wird mehr Substrat umgesetzt. RGT-Regel: Erhöhung um 10 °C → Verdopplung der RG.

3.3 Bei der Tätigkeit der Hefe entsteht Kohlenstoffdioxid *(hauptsächlich anaerob durch alkoholische Gärung)*. Da beide Ansätze von der gleichen Menge Glukose ausgehen, muss in beiden Fällen am Ende gleich viel CO_2 entstanden sein (wenn alle Glukose verbraucht ist). Folge für den Kurvenverlauf: Beide Kurven nähern sich dem gleichen Endvolumen, nur unterschiedlich schnell. Beide Kurven flachen sich immer mehr ab, da der Zuwachs an CO_2 immer geringer wird, je weniger Glukose noch zur Verfügung steht.

4 Aufkochen bewirkt, dass die Enzyme in den Zellen, die für den Glukoseabbau verantwortlich sind **hitzedenaturiert** werden. Folge: Kein Glukoseabbau → kein CO_2 → Teig geht nicht auf.
(Vorsicht: falsch wäre die Antwort, dass die Gärung ausbleibt weil die Hefezellen durch die Hitze absterben. Die Gärung lässt sich auch ohne Zellen mit „Trockenhefe" durchführen.)

5.1 Vorschlag: Aufgehender Hefeteig als Stoffwechselreaktion:
Ansatz 1: Normaler Hefeteig pH = 7
Ansatz 2: Hefeteig mit Säure versetzen, z. B. Essig oder Zitronensaft
Ansatz 3: Hefeteig mit Lauge versetzen, z. B. Natronlauge
In allen 3 Ansätzen müssen folgende Bedingungen gleich sein: Temperatur, Substratkonzentration (Glukose, Mehl) und Enzymkonzentration (Hefemenge). Dann wird nach einer bestimmten Zeit das Teigvolumen gemessen und verglichen.

5.2 Die pH-Abhängigkeit von Stoffwechselreaktionen beruht auf der pH-Abhängigkeit der Enzymaktivität und diese wiederum hängt von der pH-Abhängigkeit der Proteinmoleküle ab. Die Form des aktiven Zentrums der Enzyme hängt von der Tertiärstruktur der Proteinmoleküle ab. pH-Änderungen beeinflussen die Bindungskräfte (z. B. H-Brücken und Ionenanziehungskräfte), die die Tertärstruktur stabilisieren. → pH-Änderungen verändern die Raumstruktur der Enzyme d. h. die Enzymaktivität.

6 Proteine: z. B. Strukturproteine (Haut, Sehnen)
Zucker: z. B. Energielieferant (Zellatmung) oder: Aufbau von (Desoxy)Ribose

Mineralsalze: z. B. Ca^{2+} → Knochen, Zähne, Synapse
Jod (J^-) → Schilddrüse (Thyroxinsynthese)
Vitamine: Na^+, Cl^-, K^+ → Membranpotenzial
z. B. Vitamin A   Vorstufe des Retinals (Sehfarbstoff)
Vitamin C: Stärkung der Immunabwehr

7 Sterilisierung bedeutet Erhitzung der Milch.
→ Alle Bakterien und Pilze werden abgetötet – auch die für die Entstehung der Milchsäure verantwortlichen Milchsäurebakterien.
Entstehung der „Dickmilch": Die Milchsäure bewirkt, dass die wasserlöslichen Milchproteine durch Veränderung der Tertiärstruktur **denaturiert** werden.

8 **Chemischer Aufbau der Enzyme:**
Enzyme gehören chemisch zu den **Proteinen**. Wie alle Proteine, so haben Enzyme auch eine Primär-, Sekundär- und Tertiärstruktur.
Bau eines Proteins:
Proteinmoleküle sind Riesenmoleküle aus unverzweigten Aminosäureketten. Sie falten und „knäueln" sich zu komplizierten Raumstrukturen (= Konformation).
Man unterscheidet
- **Primärstruktur:**
 Die Abfolge der Aminosäuren in der Kette = **Aminosäuresequenz**
 Bindungstyp: Peptidbindung
- **Sekundärstruktur:**
 Die Polypeptidkette liegt nicht gestreckt, sondern in Schraubenform (α-Helix) vor.
 Bindungskräfte: H-Brücken
 (In der β-**Faltblattstruktur** werden mehrere nebeneinanderliegende Polypeptidketten durch H-Brücken zusammengehalten.)
- **Tertiärstruktur:**
 Die schraubenförmigen Polypeptidketten liegen ihrerseits in einer übergeordneten Raumstruktur gefaltet und „geknäuelt" vor. Diese Konformation ist abhängig von der Primärstruktur. Je nachdem, welche Aminosäuren an bestimmten Kettenpositionen liegen, kommt es zu verschiedenen chemisch-physikalischen Wechselwirkungen zwischen den Aminosäureresten.
 Bindungskräfte: H-Brücken, Ionenbindungen, Van der Waals-Kräfte, Disulfid-Bindungen
 Die Tertiärstruktur des Proteins ist an einer bestimmten Stelle, dem **aktiven Zentrum,** räumlich so ausgebildet, dass das Molekül des umzusetzenden Stoffes (= Substrat) genau hineinpasst.

Wirkungsweise des Enzyms:
Enzyme sind **Biokatalysatoren**, die chemische Reaktionen dadurch beschleunigen, dass sie deren Aktivierungsenergien herabsetzen. Dies ist möglich, weil sie den Reaktionspartnern (= Substrate) ein katalytisches = **aktives Zentrum** als „Reaktionsnische" anbieten (→ Enzym-Substrat-Komplex). Dieses aktive Zentrum lässt nach dem **Schlüssel-Schloss-Prinzip** nur ein bestimmtes Substratmolekül „andocken" → **Substratspezifität**. Außerdem lässt sich das Substrat nur nach einem bestimmten Reaktionstyp umsetzen = **Reaktionsspezifität (Wirkungsspezifität).**
Folgen der Substratspezifität:
- Nur Cellulase kann Cellulose abbauen. Da Rinder selbst keine Cellulase besitzen, können sie die Cellulose aus dem Gras nur mithilfe der Einzeller verdauen.
- Cellulase kann Stärke **nicht** abbauen.

- Stärke (z. B. Mehl) ist zwar ebenfalls aus dem Baustein Glucose aufgebaut, hat aber einen anderen räumlichen Molekülbau.

9 Der Abbau der Nahrungsproteine ist deshalb erforderlich, da
– kleinere Moleküle entstehen müssen, um vom Magen-Darm-Trakt resorbiert werden zu können.
– beim Abbau Aminosäuren entstehen, die als Bausteine zum Aufbau spezifischer körpereigener Proteine verwendet werden können.
– durch deren Abbau Immunreaktionen gegen körperfremdes Eiweiß verhindert wird.

10 Schema der Genwirkkette:

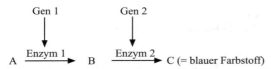

Mutante 1: Gen 1 ist mutiert → Enzym 1 ist wirkungslos
→ B bzw. C kann nicht hergestellt werden
→ weiße Blüten

Mutante 2: Gen 2 ist mutiert → Enzym 2 ist wirkungslos
→ C kann nicht hergestellt werden
→ weiße Blüten

Def. Genwirkkette: Abfolge von Reaktionsschritten, wobei jeder Schritt durch ein Gen gesteuert wird.
*Def. komplementäre Polygenie: mehrere Gene **einer Genwirkkette** sind für ein Merkmal verantwortlich. Der Ausfall eines Gens verhindert die Ausbildung des Merkmals.*

11 Ähnlich wie bei Proteinen ist die DNA ein Riesenmolekül mit übergeordneten Raumstrukturen. Deshalb kann man auch mit den Begriffen Primär-, Sekundär- und Tertiärstruktur arbeiten.

a) **Primärstruktur: DNA-Einzelstrang**
Die Bausteine der DNA-Einzelstränge heißen: **Nukleotide**
Ein Nukleotid ist seinerseits aufgebaut aus einem Zuckermolekül (**= Desoxyribose**), einem **Phosphorsäurerest** und einer **organischen Base**. Es gibt 4 verschiedene organische Basen (**A**denin, **T**hymin, **C**ytosin und **G**uanin), also gibt es 4 verschiedene DNA-Bausteine:

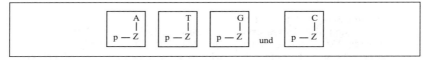

Der Einzelstrang entsteht durch Verknüpfung der Nukleotide. In der Abfolge der Basen (= Basensequenz) steckt die genetische Information.

Schema:

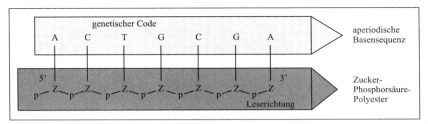

b) **Sekundärstruktur: Doppelstrang-DNA** (durch komplementäre Basenpaarung).
2 Einzelstränge, die zueinander komplementär und antiparallel sind, werden über H-Brücken „strickleiterartig" zusammengehalten:
Skizze:

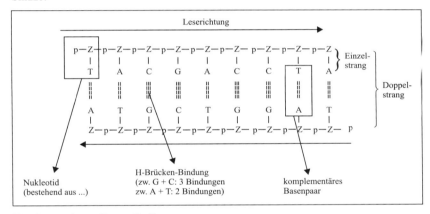

c) **Tertiärstruktur: Doppelhelix**
Der Doppelstrang ist wie eine „verdrehte Strickleiter" um eine gedachte Achse gedreht.

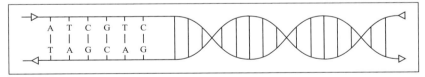

Vervielfältigung von DNA (vereinfacht):
a) Der DNA-Doppelstrang muss in Einzelstränge geteilt werden *(durch Erhitzen auf ca. 90 °C öffnen sich die H-Brücken)*.
b) Die Einzelstränge ergänzen sich durch Zugabe von komplementären DNA-Nukleotiden und Verknüpfung durch DNA-Polymerase wieder zu je einem Doppelstrang.
Ergebnis: 2 identische Doppelstränge
c) Wiederholung von a) und b)

Seit 1993 ist man mit diesem Verfahren **PCR-Methode** *(polymerase-chain-reaction) in der Lage, für Evolutionsforschung, Kriminalistik etc. kleinste Mengen DNA zu vervielfältigen.* Man benützt dazu **hitzebeständige** *DNA-Polymerase, die in Schritt a) nicht zerstört wird.*

12
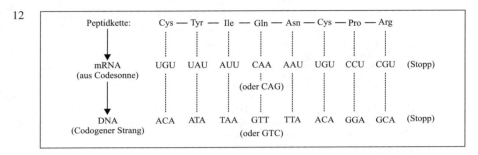

13 Um Proteine im Reagenzglas herzustellen, sind alle Komponenten notwendig, die für **Transkription** und **Translation** notwendig sind.

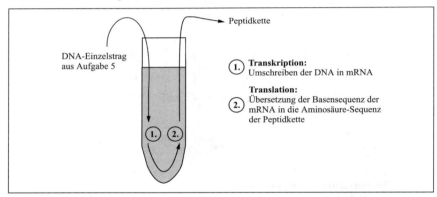

Benötigt werden:

für 1:
- RNA-Nukleotide ⟶ Bausteine der mRNA
- RNA-Polymerase ⟶ Enzym, das die Nukleotide zu mRNA verknüpft
- ATP ⟶ Energie für Verknüpfung

für 2:
- Ribosomen ⟶ Ort der Eiweißsynthese
- tRNA ⟶ Aminosäuretransport
- Aminosäuren ⟶ Bausteine der Proteine
- Enzyme ⟶ *Synthetasen*, die tRNA mit ihrer Aminosäure beladen
- ATP ⟶ Energie für Verknüpfung

14.1 Die Umsetzung der genetischen Information: Proteinbiosynthese
Die Synthese eines Proteins erfolgt in 2 Teilschritten:

Transkription: Umschreibung der genetischen Information eines Gens von der Basensequenz der DNA in die Basensequenz einer „Boten"-RNA (mRNA als transportable „Genkopie")

Ablauf: (vereinfacht)
- Öffnung der Doppelhelix durch Enzym.
- Anlagerung komplementärer RNA-Nukleotide an den codogenen Strang.
- Verknüpfung zur mRNA mithilfe des Enzyms RNA-Polymerase.

Translation: Übersetzung der Basensequenz der mRNA in die Aminosäuresequenz eines Proteins

Ablauf: (vereinfacht)
- Ein Ribosom „fädelt" die mRNA am Start-Codon „ein".
- Immer 2 Basentripletts haben Platz im Ribosom und ermöglichen immer zwei mit spezifischen Aminosäuren beladenen tRNA-Molekülen, dass sie mit ihrem Anticodon das komplementäre Codon der mRNA erkennen und sich anlagern.
- Verknüpfung der Aminosäuren durch Peptidbindung
- Das Ribosom rückt solange weiter, bis ein Stopptriplett erreicht wird.
- Freisetzung des Polypeptids (Proteins) in der Primärstruktur → spontane Auffaltung bis zur Tertiärstruktur.

14.2 **ähnliche Polypeptide** → ähnliche DNA-Abschnitte → **ähnliche Gene**
(ein-Gen-ein-Polypeptid-Hypothese)
Vermutete ähnliche Gene:
- ähnliche Blutgruppen-Gene (→ Schimpansen haben die gleichen Blutgruppenmerkmale)
- ähnliche (Gene für) Hormone (→ Insulin, Testosteron ... wirken artunspezifisch)
- ähnliche (Gene für) Verdauungsenzyme
- ähnliche (Gene für) Zellstoffwechsel-Enzyme (z. B. Hautfarbe, Zellatmung)
  (→ grundlegende biologische Vorgänge sind bei allen Wirbeltieren ähnlich)
- ähnliche Gene für Blutfarbstoff, Rhodopsin, Transmitter, Antikörper
  (→ biochemische Homologie)

15.1 Das Tay-Sachs-Syndrom wird autosomal rezessiv vererbt.
Bei Tay-Sachs-Patienten sind beide Allele mutiert.
→ Das Genprodukt Azetylhexosaminidase kann nicht hergestellt werden, da in beiden „Enzymrezepten ein Druckfehler" steckt.
Bei Heterozygoten ist nur eines der beiden Allele auf den homologen Chromosomen mutiert.
→ Das Enzym kann hergestellt werden, aber nur in halber Menge.
Die Enzymkonzentration reicht jedoch aus, um phänotypisch gesund zu bleiben.

15.2 Heterozygote sind phänotypisch gesunde, aber erblich belastete „Anlagenträger". Wie in 15.1 erklärt, haben diese Personen nur 50 % der Enzymkonzentration eines Erbgesunden im Blutserum.
→ Blutentnahme, Messung der Enzymkonzentration und Vergleich mit einem Erbgesunden.

Die Reaktionsgeschwindigkeit einer enzymatisch kontrollierten Reaktion hängt von der Enzymkonzentration ab. Bei heterozygoten Anlageträgern müsste die chemische Reaktion, die von Azetylhexosaminidase als Enzym gesteuert wird, deutlich langsamer ablaufen. (= „Heterozygotentest")

Eine moderne Methode ist der sog. „Gentest" mit Gensonden: radioaktiv markierte, zum Defektallel komplementäre DNA-Einzelstränge werden als Gensonden eingesetzt. Die menschliche DNA wird enzymatisch in Stücke zerschnitten und durch Wanderung in einem elektrischen Feld getrennt. Die Gensonden „suchen sich" das komplementäre Defektallel und binden sich an die entsprechende DNA-Bande. Durch Auflegen eines Röntgenfilms kann das gesuchte Gen als schwarze Bande sichtbar gemacht werden.

16.1 Phenylalanin ist eine **Aminosäure**.
Aminosäuren sind die Bausteine der **Proteine**.

*Phenylalanin ist ein **essentielle** Aminosäure, d. h. sie muss in der Nahrung enthalten sein, da sie vom Körper nicht selbst aufgebaut werden kann.*

16.2 – Eiweißhaltige Nahrung wird aufgenommen.
– Im Magen *(erster Verdauungschritt durch Pepsin)* und Dünndarm werden die Proteine durch eiweißspaltende Enzyme in Aminosäuren zerlegt (= Verdauung).
– (aktive) Aufnahme der Aminosäuren in die Blutbahn (= Resorption).
– Transport zu allen Zellen im Blutstrom.
– Aufnahme der Aminosäuren in die Zellen.

16.3 Durch eine Mutation ist das Enzym, das die Umwandlung von Phenylalanin zu Tyrosin katalysiert funktionsunfähig. → Phenylalanin häuft sich an und wird z. T. in die giftige Phenylbrenztraubensäure umgewandelt. Dieses Stoffwechselgift führt bei Neugeborenen, deren Erbkrankheit nicht erkannt wird, zu schweren **Hirnschäden** *(u. a. verhindert Phenylbrenztraubensäure die Myelinisierung der Neuronen).*

*Weitere Symptome: Da außerdem Tyrosinmangel auftritt, kann nicht ausreichend **Melanin** und **Thyroxin** gebildet werden.*
→ hellere Pigmentierung und Schilddrüsenunterfunktion

Molekulargenetische Deutung der PKU:
*Ursache für PKU ist ein **genetischer Block** in der **Genwirkkette** des Phenylalanin-Stoffwechsels.*
***Def. Genwirkkette:** Abfolge von Reaktionsschritten, wobei jeder Schritt durch ein Gen gesteuert wird. Ein Gen ist für die Produktion eines Polypeptids /Proteins verantwortlich. Dieses Protein erfüllt im Stoffwechsel häufig die Funktion eines Enzyms.*
Wegen der Reaktionsspezifität der Enzyme braucht man jedoch für jeden Stoffwechselschritt ein eigenes Enzym, d. h. ein eigenes Gen.
Zur Herstellung eines Endprodukts (z. B. Blütenfarbe) sind also mehrere Reaktionsschritte, d. h. mehrere Enzyme, d. h. mehrere Gene notwendig.

Schema Genwirkkette:

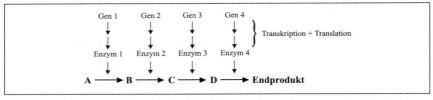

Def. genetischer Block: *Stoffwechselblockade durch ein mutiertes Gen in einer Genwirkkette. Ist ein Gen mutiert, d. h. ist ein Enzym in der Stoffwechselkette unwirksam, dann kann das Endprodukt nicht mehr hergestellt werden.*

Schema genetischer Block:

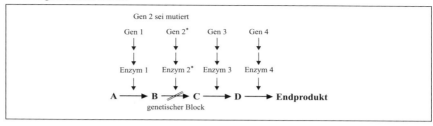

Folge: A und B häufen sich an   C, D und Endprodukt fehlen

Krankheitsbild durch Anhäufung von Zwischenprodukten   Krankheitsbild durch fehlendes Endprodukt

Schema Genwirkkette Phe-Stoffwechsel:

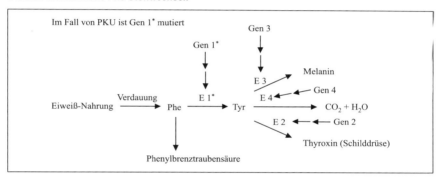

17.1 Durch eine (Gen)-Mutation ist das Enzym, das die Umwandlung von Phenylalanin zu Tyrosin katalysiert funktionsunfähig. → Phenylalanin häuft sich an und wird z. T. in die giftige Phenylbrenztraubensäure umgewandelt. Dieses Stoffwechselgift führt bei Neugeborenen, deren Erbkrankheit nicht erkannt wird, zu schweren **Hirnschäden** (u. a. verhindert Phenylbrenztraubensäure die Myelinisierung der Neuronen).

Weitere Symptome: Da außerdem Tyrosinmangel auftritt, kann nicht ausreichend **Melanin** und **Thyroxin** gebildet werden. → hellere Pigmentierung und Schilddrüsenunterfunktion
Molekulargenetische Deutung der PKU: Ursache für PKU ist ein **genetischer Block** in der **Genwirkkette** des Phenylalanin-Stoffwechsels.
Def. Genwirkkette: Abfolge von Reaktionsschritten, wobei jeder Schritt durch ein Gen gesteuert wird.

17.2 – Phenylalanin (Phe) in der Nahrung vermeiden: Diät ohne Fleisch-, Milch-, und Ei-Produkte.
   Es gibt Aminosäure-Gemische aus Eiweiß gewonnen, denen chemisch die Aminosäure Phenylalanin entzogen wurde.
   – oder: Injektion des fehlenden Enzyms (noch nicht möglich)

17.3 *hier sind mehrere Antworten möglich:*
   – Direkter Nachweis der erhöhten Phe-Konzentration im Blutserum (nach Nahrungsaufnahme mit Eiweiß)

- Indirekter Nachweis über die ausgeschiedene Phenylbrenztraubensäure im Urin (nach Nahrungsaufnahme mit Eiweiß)
- Messung der zu geringen Konzentration des für die Umsetzung des Phe verantwortlichen Enzyms.
- Nachweis des defekten Allels mithilfe der Gendiagnostik (z. B. mit Gensonde oder DNA-Elektrophorese)
- *Indirekte Messung der Enzymkonzentration durch einen Belastungstest (siehe Aufgabe 20)*
- *Indirekte Messung der Phe-Konzentration mit dem Guthrie-Test: Neugeborenen wird Blut entnommen, und damit ein Filtrierpapier-Plättchen getränkt. Der blutgetränkte Papierkreis wird auf einen Bakteriennährboden gelegt, der mit einem phe⁻-Bakterienstamm beimpft wurde. Die Mangelmutanten wachsen also nur bei Anwesenheit von Phenylalanin. (linke Platte: PKU)*

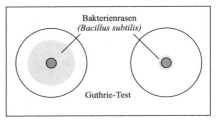

18 Der genetische Block in der Stoffwechselkette führt neben der Anhäufung des Phe auch zu einem **Mangel an Tyrosin (Tyr)**. Dies bewirkt einen Mangel am Rohstoff für die Herstellung des Pigments **Melanin**. *(Deshalb sollte die Diät Tyrosin-reich sein)*

19 Die Erbkrankheit **Albinismus** beruht auf einem weiteren genetischen Block im Phe-Stoffwechsel: Hier ist ein Gen defekt, das ein Enzym codiert, dessen Aufgabe es ist, die Umwandlung von **Tyrosin zu Melanin** zu katalysieren. Folge: Es kann nur kein Melanin produziert werden, während alle anderen Schritte im Phe-Stoffwechsel funktionieren.

20 **Person A:**
Beschreibung: Ausgehend von einem Tyrosin-Gehalt von ca. 1,6 mg pro 100 ml Serum steigt die Tyr-Konzentration nach Phe-Zugabe schnell an, erreicht nach ca. 4 Stunden ein Maximum von ca. 4 mg pro 100 ml und sinkt dann innerhalb der nächsten 6–8 Std. wieder auf den Ausgangswert zurück. **Deutung:** Dies ist eine erbgesunde Person (Genotyp AA), da die Umsetzung von Phe zu Tyr sofort nach Phe-Zugabe mit max. Geschwindigkeit beginnt (siehe Person B). Beweis für die max. Konzentration des Enzyms *(Phenylalaninhydroxylase)* und damit für die Funktionsfähigkeit beider Allele des Gens.

Person B:
Ausgehend vom gleichen Ausgangswert steigt die Tyr-Konzentration viel langsamer an und erreicht auch nach 7 Std. noch nicht den Wert von Person A. **Deutung:** Dies ist eine phänotypisch gesunde, aber erblich belastete Person (Genotyp Aa). Der heterozygote Anlagenträger zeigt im Heterozygotentest nur die halbe Enzymaktivität, da nur ein Allel (A) ein funktionsfähiges Enzym codiert.

Person C:
Ausgehend von einem niedrigeren Ausgangswert von nur 1 mg Tyr pro 100 ml Serum kommt es trotz Phe-Zugabe zu keiner Steigerung der Tyr-Konzentration. **Deutung:** Dies ist eine PKU-kranke Person (Genotyp aa). Ihr fehlt das funktionsfähige Enzym zur Umwandlung von Phe in Tyr, da sie von beiden Eltern das defekte Allel a geerbt hat.

21
- Rezessive Allele können durch Selektion nicht verschwinden, da die heterozygoten Anlagenträger das Defektallel weitervererben ohne selbst einen Selektionsnachteil zu haben.
- Durch moderne medizinische Versorgung können auch homozygote Anlagenträger ihre Krankheit so gut behandeln, dass sie die gleiche Fortpflanzungswahrscheinlich-

keit erreichen wie Gesunde. Dadurch entfällt in Zukunft die Selektion der Defektallele und die Häufigkeit im Genpool wird noch zunehmen.

22.1 Grundbausteine der **DNA** sind die Nukleotide. Diese bestehen jeweils aus Desoxyribose, einem Phosphorsäurerest und einer der Basen Adenin, Cytosin, Guanin oder Thymin. Die Nukleotide sind untereinander zu Polynukleotidsträngen bis zur Größenordnung von mehreren Millionen miteinander verknüpft. Zwei Polynukleotidstränge sind strickleiterartig über Wasserstoffbrückenbindungen untereinander verknüpft und schraubig verdreht (α-Doppelhelix). Die Verbindung der Stränge erfolgt über spezifische Basenpaarungen (Adenin – Thymin und Cytosin – Guanin).

22.2 Bei einer **Punktmutation** muss man 2 mögliche Veränderungen unterscheiden:
– **Basenaustausch – Mutation:** Der Austausch einer Base in der DNA führt zu
 a) Einbau einer **anderen Aminosäure** → neue Primärstruktur. Je nach Art und Position der neuen Aminosäure kann die Tertiärstruktur des Proteins und damit seine biologische Funktionsfähigkeit beeinträchtigt sein.
 b) Stoppcodon → Kettenabbruch, d. h. verkürztes, meist funktionsloses Protein.
 c) keiner Wirkung, falls der Basenaustausch zu einem Codon führt, das die gleiche Aminosäure codiert (→ degenerierter Code).
– **Rastermutation:** Verlust oder Einschub von Basen führt zu
 a) Rasterverschiebung → völlig andere Codonen, da sich das Triplett-Leseraster verschiebt → neue Primärstruktur
 Wirkung: siehe a) und b) bei Basenaustausch
 b) Verlust oder Einschub neuer Aminosäuren. Falls z. B. 9 Basen eingeschoben werden, bleibt das Triplett-Leseraster erhalten und es werden lediglich 3 neue Aminosäuren eingeschoben.
 Wirkung: siehe a) und b) bei Basenaustausch

23 Neben der Punktmutation gibt es noch die
– **Chromosomenmutation:** Bei dieser Mutation kommt es zu strukturellen Veränderungen des Chromosomenaufbaus. Möglich sind die folgenden Typen: Deletion (fehlende Bereiche eines Chromosoms), Inversion (Drehung eines Chromosomenabschnitts um 180°), Bildung von Ringchromosomen, Duplikationen (Verdopplung des mittleren Abschnitts) und Translokationen (Verlagerung eines Chromosomenabschnitts auf ein anderes Chromosom). Ein Beispiel für eine derartige Mutation ist das Cri-du-chat-Syndrom („Katzenschrei-Syndrom"). Es tritt auf, wenn dem Chromosom Nr. 5 der kurze Arm fehlt und dieser mit dem Chromosom Nr. 13 verbunden ist.
– **Genommutation:** Dieser Mutationstyp entsteht, wenn eine Trennung bestimmter homologer Chromosomen während der Meiose unterbleibt. Werden ganze Chromosomensätze verändert, so spricht man von **Euploidie**. Werden hingegen einzelne Chromosomen hinzugefügt oder entfernt, so liegt eine **Aneuploidie** vor. Die beim Menschen am häufigsten auftretende Aneuploidie ist die Trisomie-21 (DOWN-Syndrom).

24 **Ablauf der Replikation (vereinfacht):**
 a) Öffnung der DNA-Doppelhelix durch das Enzym Helicase in Einzelstränge durch Lösen der H-Brücken zwischen den Basen.
 b) Anlagerung komplementärer DNA-Nukleotide an die Einzelstränge.
 c) Verknüpfung der Nukleotide zu komplementären Tochtersträngen durch Enzyme (DNA-Polymerase und Ligase).
 Ergebnis: 2 identische Doppelstränge aus je einem alten und einem neuen Einzelstrang
  → semikonservativer Replikationsmechanismus

25.1 Bei der **Genmutation (Punktmutation)** kommt es zu einer molekularen Veränderung der DNA eines Gens. Die Struktur des Chromosoms ändert sich nicht.

Mögliche Erbkrankheiten, an denen die Auswirkungen erklärt werden könnten:
- *Sichelzellenanämie*
- *Phenylketonurie*
- *Albinismus*
- *Bluterkrankheit*

Erklärung am Beispiel der Mucoviscidose:
Ursache für Mucoviscidose ist eine Genmutation, die zum Verlust einer einzigen Aminosäure in einem Membranprotein führt. Die Folge ist eine Veränderung der Tertiärstruktur des Proteins:
- Die biologische Funktion als Tunnelprotein geht verloren
- schwere Störungen in der Sekret-Produktion (zäher Schleim in Bronchien und Bauchspeicheldrüse).

Ein weiterer Mutationstyp ist die **Genommutation**.

Beispiele für Genommutationen wären
- *Trisomien (z. B. Trisomie 21, XXY)*
- *Monosomie (z. B. Turner-Syndrom)*
- *Polyploidien bei Pflanzen*

z. B. **Trisomie 21** (DOWN-Syndrom)
Ursache:
Nichttrennung (Nondisjunction) des homologen Chromosomenpaars Nr. 21 in der 1. Reifeteilung der Meiose oder Nichttrennung der Chromatiden eines Chromosoms Nr. 21 in der 2. Reifeteilung.
Folge:
Das Chromosom Nr. 21 ist nach Befruchtung mit normaler Keimzelle des Partners in allen Körperzellen 3fach vorhanden ($2n + 1 = 47$ Chromosomen).
Dies führt zu schweren Entwicklungsstörungen und Organschäden (Intelligenzminderung, Herzfehler, u. a.).

25.2 Durch **Mutation** entstehen **neue Allele** für den **Genpool** *(Gesamtheit der Gene)* einer **Population** *(Gesamtheit der paarungsfähigen Individuen einer Art in einem bestimmten Gebiet)*. Dies ist die Voraussetzung für **genetische Variabilität**. Die Verbreitung der neuen Allele in der Population übernimmt die **Sexualität**. Durch ständige Neukombination des Erbguts (durch Meiose und Befruchtung) entstehen neue Phänotypen, die dann von der **Selektion** bewertet werden. Ohne Mutation fehlt also das „Rohmaterial" für die Evolution.

26.1 Weitere **Mutagene**:
- radioaktive Strahlung,
- Röntgenstrahlung,
- bestimmte Chemikalien wie Diethylsulfat oder Nitrosoverbindungen,
- Kälte- oder Hitzeschocks.

26.2 Mutationsformen:
a) **Genommutation:**
Diese entsteht, wenn eine Trennung homologer Chromosomen während der Meiose unterbleibt. Werden ganze Chromosomensätze verändert, spricht man von **Euploidie**, werden nur einzelne Chromosomen hinzugefügt oder entfernt, von **Aneuploidie**. Die beim Menschen am häufigsten auftretende Aneuploidie ist die Trisomie 21 (DOWN-Syndrom).

b) **Chromosomenmutation:**
Bei dieser kommt es zu strukturellen Veränderungen im Aufbau der Chromosomen: Deletionen (fehlende Bereiche eines Chromosoms), Inversionen (Drehung eines Chromosomenabschnitts um 180°), Bildung von Ringchromosomen, Duplikationen (Verdopplung des mittleren Abschnitts) und Translokationen (Verlagerung eines Chromosomenabschnitts auf ein anderes Chromosom).
Ein Beispiel für eine Chromosomenmutation ist das **Katzenschrei-Syndrom** (Cri-du-chat-Syndrom), das auftritt, wenn dem Chromosom Nr. 5 der kurze Arm fehlt und dieser mit dem Chromosom Nr. 13 verbunden ist.

c) **Genmutation (Punktmutation):**
Dabei bleiben die Veränderungen des Erbgutes auf einen Genabschnitt beschränkt. Die Erbsubstanz wird z. B. durch Basenaustausch chemisch verändert, ohne dass eine sichtbare Änderung der Chromosomenstruktur erkennbar wird.
Ein Beispiel für eine Genmutation ist die Sichelzellanämie.

26.3 Nur wenn Keimzellen durch eine Mutation betroffen sind (= **Keimbahn-Mutation**), hat dies Auswirkungen auf die Nachkommen, da nur durch diese Zellen das veränderte Erbgut an die Nachkommen weitergegeben wird. Im Fall der durch Mutation betroffener Hautzellen (= **somatische Mutation**) sind somit keine negativen Auswirkungen für die nächste Generation zu befürchten.

26.4 **Mutationen** sind ein wesentlicher Evolutionsfaktor. Sie verändern qualitativ den Genbestand oder Genpool einer Population: Duch Mutationen entstehen **neue Allele**. Sie sorgen damit für einen unerschöpflichen Vorrat an genetischer Variation in einer Population und stellen das Material für den Evolutionsprozess bereit.

27

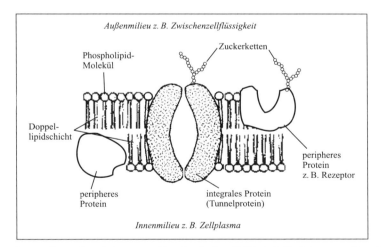

Im vorliegenden elektronenmikroskopischen Bild sind die folgenden Einzelheiten zu erkennen, die mit der Skizze (s. o.) in Einklang gebracht werden sollen:

a, c, e und g: periphere Proteine. Bei genauerem Hinsehen erkennt man die Membranen als dunkle Doppellinien. Zwischen den dunklen Streifen a/c und e/g liegen hellere Streifen b und f. Hier handelt es sich um Lipiddoppelschichten (s. Skizze oben). Bei den Lipiden handelt es sich meist um Phospholipide.
d: interzellulärer Spalt.

28 Die Phospholipidmoleküle haben ein hydrophobes (lipophiles) und ein hydrophiles (lipophobes) Ende.
Schematisch soll das Molekül wie folgt skizziert werden:

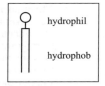

Kommt es zur Bildung einer Lipid-Wasser-Emulsion, dann orientieren sich die hydrophoben Molekülenden so, dass sie vom Wasser weg und zu anderen hydrophoben Molekülenden hin gerichtet sind. Die so entstandene Lipiddoppelschicht (b) grenzt somit ein inneres wässriges Kompartiment (= Zellplasma) gegen das wässrige Außenmilieu ab.

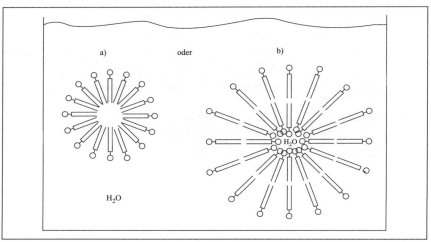

29 Die Aufgabe der Plasmazellen ist es, massenhaft Antikörper (= Immunglobuline) d. h. **Eiweiß herzustellen und auszuscheiden.**
Die **Eiweißsynthese** erfolgt an den **Ribosomen**. Der **Transport** erfolgt über das **ER**.
*(Die **Energie** für die Transportvorgänge wird von den **Mitochondrien** bereitgestellt.)*
Zu erwarten sind in Plasmazellen also: Viel raues ER und viele Ribosomen (vermehrte Mitochondrienzahl)

30 1 = Zellmembran: Plasmaabgrenzung, Zellkommunikation
2 = Zellwand: Formfestigkeit
3 = Zellkern (Chromatin): Zellsteuerung/Speicher der genetischen Information
4 = Kernhülle: Abgrenzung des Zellkerns; Kernpore: Verbindung mit Zellplasma
5 = Mitochondrium: Ort der Zellatmung, Energiegewinnung
6 = Chloroplast: Ort der Fotosynthese (Assimilation)
7 = (rauhes) Endoplasmatisches Retikulum (ER): Synthese und Transport von Proteinen
8 = Dictyosom: Sekretproduktion (-Speicherung)
9 = Vakuole: Speicherung, Zellinnendruck (Turgor)
Es handelt sich um eine Pflanzenzelle. Begründung: Chloroplast, Vakuole, Zellwand

31 Die Biomembran der roten Blutzellen ist aus Doppellipid-Schichten aufgebaut. Durch die Extraktion und anschließende Übertragung auf eine Wasseroberfläche entsteht eine doppelt so große Lipidfilm-Fläche, da die Lipidmoleküle nun als monomolekularer Film vorliegen. Die hydrophilen Molekülteile liegen im Wasser, die lipophilen Molekülteile ragen aus dem Wasser in die Luft.
Plasmazellen sind gekennzeichnet durch ein großflächiges endoplasmatisches Retikulum. Zusätzlich zur Fläche der Zellmembran kommt also bei der Extraktion der Membranlipide die **innere** Fläche der ER-Membran hinzu. → Der monomolekulare Lipidfilm auf der Wasseroberfläche ist deutlich größer als die doppelte Zelloberfläche.

Schemazeichnung:

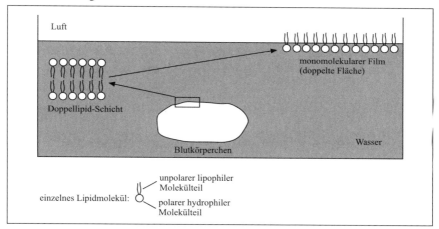

32 Grundsätzlich unterscheidet man 3 Möglichkeiten der Membranpassage:
– Diffusion
– selektive Diffusion (kanalvermittelt oder carriervermittelt)
– aktiver Transport

Zusammenhang zwischen Membranbau, Teilcheneigenschaft und Teilchentransport:

	Art der Membranpassage	Teilcheneigenschaft	verantwortlicher Bestandteil der Membran
passiver Transport ohne ATP-Aufwand in Richtung eines Konzentrationsgefälles	freie Diffusion	kleine Moleküle z. B. H_2O	beweglicher Doppellipidfilm mit Zwischenräumen
	selektive Diffusion (semipermeable Membran)	größere (hydrophile) Moleküle und Ionen	Integrale Proteine z. B. **Tunnel**proteine Na^+-Kanäle
aktiver Transport, d. h. mit ATP-Aufwand gegen ein Konzentrationsgefälle	aktiver Transport	Moleküle und Ionen	integrale und periphere Proteine z. B. Ionenpumpen, K^+/Na^+-Pumpe

Schema (nicht verlangt):

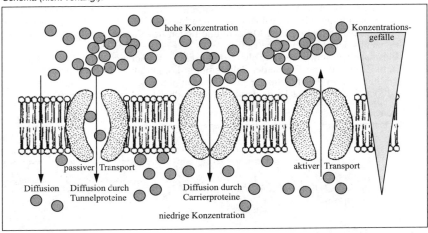

33 Mitochondrien sind die „Kraftwerke" der Zelle. Sie gewinnen die Energie durch **aeroben Glukoseabbau (= Zellatmung)** und speichern die Energie in Form von Adenosintriphosphat = ATP.
Herzmuskelzellen benötigen für ihre Dauerbelastung viel mehr Energie als Zellen der Bauchspeicheldrüse → sie brauchen viel mehr ATP → sie brauchen viel mehr Mitochondrien.

34 **Kompartimentierung:**
In den Mitochondrien laufen auf engstem Raum viele chemische Reaktionen gleichzeitig ab. Damit diese sich nicht gegenseitig stören, müssen Membranen dafür sorgen, dass getrennte Reaktionsräume entstehen. Hier: Matrix als inneres Kompartiment und der Raum zwischen innerer und äußerer Membran als zweites Kompartiment.

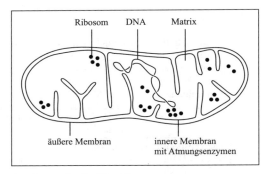

Def: Kompartimentierung = Schaffung membranbegrenzter Reaktionsräume.

Oberflächenvergrößerung:
Die Enzyme der Zellatmung sind an die innere Membran gebunden. Um die Effizienz der Zellatmung zu steigern, muss die Anzahl der Atmungsenzym-Moleküle vergrößert werden → die Oberfläche der inneren Membran wird durch **Einfaltungen** vergrößert.

35 Skizze: Siehe Lösungsvorschlag 34!
Bei den angesprochenen Zellorganellen handelt es sich um die **Mitochondrien:**
Funktion: Energiegewinnung durch aeroben Glukoseabbau (= **Zellatmung**) und Speicherung der Energie in Form von **ATP**.
Aufbau: Organell mit **Doppelmembran** → 2 **Kompartimente**.
Innere Membran **stark gefaltet** → die Zahl der membrangebundenen Atmungsenzyme wird erhöht → Steigerung der Energiegewinnung.

36 Funktionen der Proteine
– Kommunikation und Informationsübertragung (Proteohormone, z. B. FSH, TSH)
– Abwehr (Immunglobuline)
– Bau und Struktur von Zellen (Kollagen)
– Transportmittel (Hämoglobin)
– Bewegung (Muskelfasern)

37.1 Glutaminsäure (und Glutamin) sind als typische **Aminosäuren** erkennbar an ihrem namengebenden Aufbau aus **Aminogruppe** und **Säuregruppe**.

Für „Nichtchemiker" eventuell verwirrend ist die Darstellung der Formel als „Zwitterion".

$$H_2N-\underset{R}{\overset{COOH}{\underset{|}{C}}}-H \quad \rightleftharpoons \quad H_3\overset{+}{N}-\underset{R}{\overset{COO^-}{\underset{|}{C}}}-H$$

(mit H$^+$ Übergang)

R = Rest

37.2 **Substratspezifität:** Ein Enzym kann nach dem „Schlüssel-Schloss-Prinzip" nur **sein** Substrat umsetzen. Hier: Nur Glutaminsäure passt in das aktive Zentrum des Enzyms Glutaminsynthetase.
Wirkungsspezifität (= Reaktionsspezifität): Ein Enzym katalysiert die Umsetzung seines Substrats nur nach **einem** Reaktionstyp. Hier: Reaktion der Säuregruppe mit NH_3.

37.3 Das Phosphinotricin hat einen ähnlichen Molekülbau wie Glutaminsäure. Das „falsche" Substrat kann am aktiven Zentrum des Enzyms zwar andocken, aber es kann nicht umgesetzt werden. Folge: Je nach Konzentration des Phosphinotricins ist das aktive Zentrum blockiert für Glutaminsäure (= kompetitive Hemmung)
→ NH_3 kann nicht mit Glutaminsäure reagieren
→ NH_3-Vergiftung.

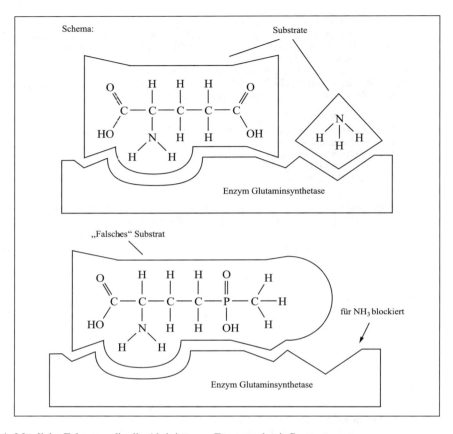

37.4 Mögliche Faktoren, die die Aktivität von Enzymen beeinflussen:
- *Temperatur*
- *pH-Wert-Änderung*
- *kompetitive Hemmung*
- *Schwermetalle u. a. Enzymgifte s. u.*
- *allosterische Hemmstoffe s. u.*
- *Substratkonzentration s. u.*
- **Schwermetall-Ionen** z. B. Pb^{2+}, Hg^{2+}, die sich fest an die Eiweißmoleküle binden, sowie Chemikalien, die mit Eiweiß chemisch reagieren (z. B. Formaldehyd) verändern die Tertiärstruktur der Enzymmoleküle
  → das aktive Zentrum wird so verändert, dass die katalytische Wirkung ganz oder teilweise verloren geht.
- **Allosterische Hemmstoffe:** Stoffe, die keine chemische Ähnlichkeit mit dem Substrat haben, können indirekt die Enzymaktivität steuern. Neben dem aktiven Zentrum, das das Substrat bindet, haben viele Enzyme noch ein sog. **allosterisches Zentrum**. Eine Substanz, die hier gebunden wird, bewirkt eine Änderung der Raumstruktur des ganzen Enzymmoleküls – also auch des aktiven Zentrums.

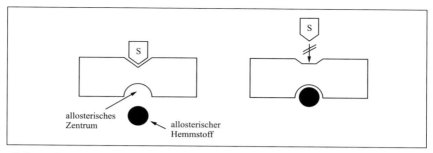

- **Substratkonzentration:** Man kann eine enzymatische Reaktion so lange durch Steigerung der Substratkonzentration beschleunigen (Abschnitt a), bis alle Enzymmoleküle mit Substratmolekülen besetzt sind und mit maximaler Umsatzrate arbeiten. Eine weitere Steigerung der Substratmolekül-Konzentration kann die Reaktionsgeschwindigkeit nicht mehr vergrößern.
→ Sättigungskurve (Abschnitt b)

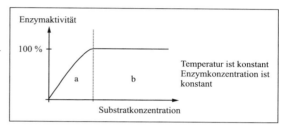

38 Ab einer bestimmten Temperatur sterben die Zellen ab und setzen nach dem Zerfall Enzyme frei, die diese Verfärbungen bewirken. Die Zonen 1–4 entsprechen Temperaturzonen.
Zone 1: Höchste Temperatur → Zellen sind abgestorben, Enzym wurde freigesetzt, aber durch die Hitze **denaturiert** → **keine Verfärbung**
Zone 2: Die Temperatur ist hoch genug, die Zellen zu zerstören → Enzym wird frei und wird nicht denaturiert → **Verfärbung**
Zone 3: Temperatur noch niedriger → nur ein Teil der Zellen ist geplatzt (je weiter nach außen, desto weniger) → entsprechend abgestuft ist Phenoloxidase ausgetreten → **abgestufte Verfärbung**
Zone 4: Zellen unversehrt → kein Enzymaustritt → **keine Verfärbung.**

39.1 Bei Temperaturen um den Gefrierpunkt werden die Zellen durch Frost aufplatzen → *(langsame)* Braunfärbung (siehe Zone 3, Lösungsvorschlag 38).
Bei Temperaturen zwischen 6 °C und 10 °C bleiben die Zellen unversehrt. Kühlung bewirkt nach RGT-Regel die Verlangsamung von Stoffwechselvorgängen wie Reifung oder Fäulnis.

39.2 Ethen könnte:
a) **Gene aktivieren**, die die Enzyme zum Stärkeabbau codieren.
b) **Enzyme aktivieren,** die Stärke abbauen.
c) die Durchlässigkeit von Membranen verändern.
Zu a) Ethen könnte z. B. von Rezeptoren auf der Membran gebunden werden. Diese könnten dann auf der Membraninnenseite bewirken, dass Botenmoleküle freigesetzt werden, die z. B. über die Inaktivierung eines Repressors die Transkription bestimmter Gene zur Stärkespaltung aktivieren.

zu b) Ethen könnte selbst in die Zellen eindringen und dort z. B. als allosterischer Wirkstoff oder als Cofaktor bestimmte Enzyme aktivieren.

zu c) Ethen könnte die Durchlässigkeit der Membran der Zelle oder einer Organelle so verändern, dass bestimmte Stoffe passieren können, die für den Stärkeabbau nötig sind.

(Hinweis: Ethen ist ein pflanzeneigenes gasförmiges Reifungshormon)

40.1 **Chemischer Aufbau der Enzyme:**
Enzyme gehören chemisch zu den **Proteinen**. Wie alle Proteine, so haben Enzyme auch eine Primär-, Sekundär- und Tertiärstruktur.

Bau eines Proteins:
Proteinmoleküle sind Riesenmoleküle aus unverzweigten Aminosäureketten. Sie falten und „knäueln" sich zu komplizierten Raumstrukturen (= Konformation).
Man unterscheidet
– **Primärstruktur:**
Die Abfolge der Aminosäuren in der Kette = **Aminosäuresequenz**
Bindungstyp: Peptidbindung
– **Sekundärstruktur:**
Die Polypeptidkette liegt nicht gestreckt, sondern in Schraubenform (α-Helix) vor.
Bindungskräfte: H-Brücken
(In der β-**Faltblattstruktur** werden mehrere, mehr oder weniger nah nebeneinanderliegende Abschnitte der Polypeptidkette durch H-Brücken zusammengehalten.)
– **Tertiärstruktur:**
Die in Sekundärstruktur angeordneten Polypeptidketten liegen ihrerseits noch einmal in einer übergeordneten Raumstruktur gefaltet und „geknäuelt" vor. Diese Konformation ist abhängig von der Primärstruktur. Je nachdem, welche Aminosäuren an bestimmten Kettenpositionen liegen, kommt es zu verschiedenen chemisch-physikalischen Wechselwirkungen zwischen den Aminosäureresten.
Bindungskräfte: H-Brücken, Ionenbindungen, Van der Waals-Kräfte, Disulfid-Bindungen
Die Tertiärstruktur des Proteins ist an einer bestimmten Stelle, dem **aktiven Zentrum**, räumlich so ausgebildet, dass das Molekül des umzusetzenden Stoffes (= Substrat) genau hineinpasst. **Schlüssel-Schloss-Prinzip**

40.2 **Wirkungsweise eines Enzyms:** Enzyme sind **Biokatalysatoren,** die chemische Reaktionen dadurch beschleunigen, dass sie deren Aktivierungsenergie herabsetzen. Dies ist möglich, weil sie den Reaktionspartnern (= Substrate) ein katalytisches = **aktives Zentrum** als „Reaktionsnische" anbieten **(Enzym-Substrat-Komplex).**
E + S $\rightleftharpoons$ Enzym-Substrat-Komplex $\longrightarrow$ E + Produkt(e)
(E = Enzym S = Substrat)
(Dadurch werden bestimmte Bindungen im Substratmolekül gelockert). Dies bewirkt, dass die Aktivierungsenergie für die chemische Umsetzung des Substrats soweit herabgesetzt wird, dass die Reaktion beschleunigt abläuft. Das Enzym wird nach der Reaktion unverändert wieder freigesetzt. (Wirkung in kleinsten Mengen)

Enzyme sind substratspezifisch, d. h. sie setzen nur ein bestimmtes Substrat um und sind reaktionsspezifisch (wirkungsspezifisch) d. h. sie setzen ihr Substrat nur nach einem bestimmten Reaktionstyp um.
Drei Faktoren, die die Enzymaktivität beeinflussen:
– Temperatur
– pH-Wert
– Hemmstoffe, Enzymgifte

41 Es gibt zwei mögliche Strukturformeln, je nachdem ob die Carboxylgruppe des Tyr mit der Aminogruppe von Gly oder umgekehrt die Carboxylgruppe des Gly mit der Aminogruppe von Tyr miteinander reagiert haben. In beiden Fällen wurde bei der Reaktion Wasser abgespalten und es kam zur Ausbildung einer **Peptidbindung**.

Vorschlag für „Nichtchemiker":
– Zuerst bringt man beide Formeln in folgende Standardlage:

*– dann ist die Wasserabspaltung und die **Peptidbindung** leicht zu erkennen.*

Die möglichen Dipeptide:

Tyr–Gly oder Gly–Tyr

42 Die **Magensäure** hat u. a. die folgenden Aufgaben:
- Entfaltung einer antibakteriellen Wirkung
- die Denaturierung von Proteinen
- Erstellung eines pH-Optimums für die Wirkung der Proteasen (Pepsin) im Magen

43 Das entnommene Gewebestückchen wird in **Harnstofflösung** gelegt. Bei Anwesenheit von Helicobacter kommt es zur **Harnstoffspaltung** durch das Enzym **Urease** in Ammoniak und CO_2:

Formeln nicht verlangt!

$$O=C(NH_2)(NH_2) + H_2O \longrightarrow 2\,NH_3 + CO_2$$

In wässeriger Lösung bilden sich dann nach der folgenden Reaktionsgleichung Ammonium- und Hydroxidionen:

$$NH_3 + H_2O \longrightarrow NH_4^+ + OH^-$$

Nachgewiesen wird die **Urease-Aktivität** durch den entstandenen Ammoniak.
- Zunahme der elektrischen Leitfähigkeit
  Es entstehen Ammonium- und Hydroxid-Ionen.
- Indikatorfärbung durch pH-Änderung
  Die Hydroxid-Ionen machen die Lösung alkalisch.

Kontrollversuch: Nicht infiziertes Gewebe darf keine Urease-Aktivität zeigen.

44 Eigenschaften der Erbsubstanz: *(2 Eigenschaften sind nur verlangt)*
a) Die Erbsubstanz muss die **genetische Information** speichern können.
b) Die Erbsubstanz muss sich **identisch replizieren** können.
c) Die Erbsubstanz muss den **Zellstoffwechsel steuern** können.
d) Die Erbsubstanz muss die **Fähigkeit zur Mutation** haben.
e) Die Erbsubstanz muss eine hohe **chemische Stabilität** besitzen.

Aufbau der DNA:
- Primärstruktur: DNA-Einzelstrang
  Die Bausteine der DNA-Einzelstränge heißen: **Nukleotide**
  Ein Nukleotid ist seinerseits aufgebaut aus einem Zuckermolekül (= **Desoxyribose**), einem **Phosphorsäurerest** und einer **organischen Base**. Es gibt 4 verschiedene organische Basen (Adenin, Thymin, Cytosin und Guanin), also gibt es 4 verschiedene DNA-Bausteine.

Schema (nicht verlangt):

Der Einzelstrang entsteht durch Verknüpfung der Nukleotide. In der Abfolge der Basen (= Basensequenz) steckt die genetische Information.

- Sekundärstruktur: Doppelstrang-DNA (durch komplementäre Basenpaarung).
  Zwei Einzelstränge, die zueinander **komplementär** und **antiparallel** sind, werden über **H-Brücken** „strickleiterartig" zusammengehalten:

Skizze:

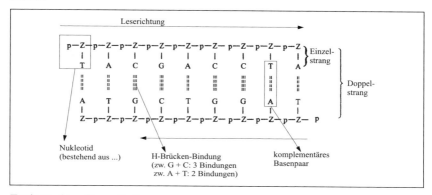

- Tertiärstruktur: Doppelhelix
Der Doppelstrang ist wie eine „verdrehte Strickleiter" um eine gedachte Achse gedreht.

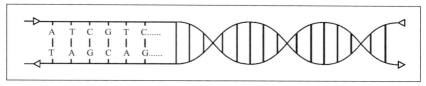

Erläuterung der DNA-Eigenschaften: (entsprechend der Frage sind ebenfalls nur 2 verlangt)

zu a): Die aperiodische Abfolge der Basen codiert die genetische Information.
Schema (nicht verlangt):

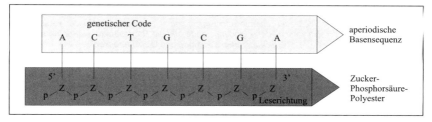

zu b): Durch Ergänzung der komplementären Einzelstränge wird die Doppelhelix semikonservativ repliziert.
zu c): Durch Transkription wird vom codogenen Einzelstrang eine „Genkopie" erzeugt, die die Bauanweisung für ein Protein/Enzym in das Zellplasma transportiert.
zu d): Durch Veränderung der Basenabfolge z. B. durch Einbau falscher Basen bei der Replikation kommt es zur Änderung der genetischen Information.
zu e): Feste kovalente (Ester-)Bindungen zwischen den Nukleotiden und stabilisierende H-Brücken zwischen den Basen.

45 **Deutung der HERSHEY-CHASE-Versuche:**
Phosphor kommt nur in DNA vor (in der Phosphorsäure der Nukleotide), nicht im Eiweiß. Schwefel kommt nur im Eiweiß vor (in der Aminosäure Cystein) und nicht in DNA.
Versuchsreihe A: Die Eiweißhüllen der Phagen mit dem radioaktiv markierten Schwefel bleiben außerhalb der Bakterienzellen. Die Phagenhüllen werden von den Bakterienzellen abgelöst und bleiben (da spezifisch leichter) im Überstand. → Die Radioaktivität bleibt nach der Zentrifugation im Überstand.
Versuchsreihe B: Die Radioaktivität befindet sich im Sediment. Der radioaktiv markierte Phosphor wurde mit der Phagen-DNA in die Bakterienzellen injiziert.
Folgerung: Die genetische Information des Bakteriophagen ist in der DNA verschlüsselt und nicht im Protein.

Schema (nicht verlangt):

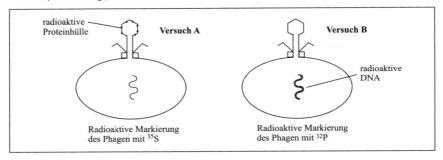

46 Aus der Code-Sonne entnimmt man die beiden mRNA-Tripletts, die für Phenylalanin codieren: UUU oder UUC.
Die entsprechenden komplementären DNA-Tripletts im codogenen Strang lauten dann: AAA oder AAG.
Das CF-Protein liegt nicht als gestreckte Kette vor, sondern in einer ganz bestimmten Raumstruktur (= Tertiärstruktur). Diese ist durch die Aminosäuresequenz vorgegeben.

Durch die unterschiedlichen chemischen Eigenschaften der Seitenketten der verschiedenen Aminosäuren ergeben sich verschiedene Bindungskräfte, die die Raumstruktur (= Konformation) stabilisieren (Van-der-Waals-Kräfte, H-Brücken, Ionenanziehung und Disulfidbrücken).

Fehlt nun eine Aminosäure an einer entscheidenden Stelle des Proteins, so kann sich die Konformation ändern. Da die biologische Wirksamkeit z. B. als Membranprotein nur in einer bestimmten Raumform möglich ist, kann der Ausfall einer einzigen Aminosäure die CF-Krankheit auslösen.

*Der Verlust von Basen (= Rastermutation) würde normalerweise nicht nur eine Aminosäure betreffen, da das ganze Triplett-Raster verschoben wird. Da jedoch 3 Basen **verloren** gehen, bleibt das Leseraster erhalten.*

47.1 Wildtyp:
DNA des codogenen Strangs: 3'...TTC TCA GGT AGT GAA TTA CGC AAA...5'
Zugehörige mRNA: 5'...AAG AGU CCA UCA CUU AAU GCG UUU...3'
Aminosäuresequenz: Lys – Ser – Pro – Ser – Leu – Asn – Ala – Phe

Mutante I:
DNA des codogenen Strangs: 3'...TTC CAG GTA GTG AAT TAC GCA AA...5'
Zugehörige mRNA: 5'...AAG GUC CAU CAC UUA AUG CGU UU...3'
Aminosäuresequenz: Lys – Val – His – His – Leu – Met – Arg

Mutante II:
DNA des codogenen Strangs: 3'...TTC CAG GTA GTG AAT TAC CGC AAA...5'
Zugehörige mRNA: 5'...AAG GUC CAU CAC UUA AUG GCG UUU...3'
Aminosäuresequenz: Lys – Val – His – His – Leu – Met – Ala – Phe

Eigenschaften des genetischen Codes:
– Der genetische Code ist ein **Triplett-Code**. *(Immer 3 Basen codieren eine Aminosäure.)*
– Der genetische Code ist **degeneriert**. *(Es gibt für viele Aminosäuren mehr als ein Triplett.)*
– Der genetische Code ist **kommafrei**. *(Jede Base wird für Tripletts benutzt, keine „Leerzeichen".)*
– Der genetische Code ist **nicht überlappend**. *(Keine Base wird für zwei Tripletts benutzt.)*

47.2 Mutante 1:
Der **Verlust der Base Thymin** im zweiten Triplett (Position 4) führt zu einer **Rastermutation**. → Das Ableseraster wird bei allen folgenden Tripletts verschoben → völlig neue Aminosäureabfolge im codierten Protein → Protein mit veränderter Tertiärstruktur → Ausfall der biologischen Funktion z. B. als Enzym → Ein lebensnotwendiger Stoff kann nicht mehr hergestellt werden → Das Bakterium kann auf Minimalnährboden (enthält nur Kohlenhydrate und Mineralsalze) nicht mehr wachsen.

Mutante 2:
Basenverlust wie bei Mutante 1 an Position 4 und zusätzlich ein **Baseneinschub** an Position 19 (doppelte Rastermutation). Durch den Baseneinschub ist das Ableseraster ab dem 6. Triplett wieder wie beim Wildtyp. → Außer den 5 Aminosäuren zwischen den beiden Mutationen ist die Aminosäureabfolge des Proteins unverändert. (s. o.) → Die Tertiärstruktur und damit die biologische Funktion ist nur geringfügig verändert. → Das Bakterium ist auf Minimalnährboden lebensfähig.

48.1 Skizze einer Bakterienzelle:

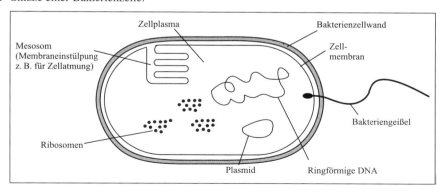

48.2 Hier gibt es mehrere Möglichkeiten:
z. B. in einer **Nährlösung** werden die Streptomyceten vermehrt. Sie scheiden das Antibiotikum Phosphinotricin in die Flüssigkeit aus. Die Bakterien werden abfiltriert und das Filtrat wird auf einer Petrischale mit Bakterienkolonien verteilt. Die Bakterien müssten absterben.

oder: Mischkulturen mit Streptomyceten und anderen Bakterien auf Petrischalen wachsen lassen. Um die Streptomyceten-Kolonien müsste ein „Hemmhof" sichtbar sein, in dem keine anderen Bakterien wachsen.
Def. Antibiotikum: Wirkstoff, der Bakterien abtötet oder an der Vermehrung hindert.

48.3 Bakterien (und Schimmelpilze) leben in Konkurrenz um Substrate, auf denen sie sich vermehren können, z. B. abgestorbene Reste von Lebewesen. Das Abtöten von Konkurrenten ist deshalb ein Selektionsvorteil.

49 **Transkription:** Umschreibung der Basensequenz der DNA in die Basensequenz der mRNA.
Ablauf:
a) Der DNA-Doppelstrang wird auf die Länge eines Gens in Einzelstränge geöffnet.
b) Anlagerung komplementärer RNA-Nukleotide an den codogenen Strang.
In der mRNA nimmt die Base Uracil die Stelle der Base Thymin ein. Demgemäß paart sich das Adenin der DNA mir dem Uracil der mRNA.
c) Verknüpfung der RNA-Nukleotide zum mRNA-Strang durch das Enzym RNA-Polymerase.
d) Ablösung von der DNA und Ausschleusung in das Zellplasma.

50.1 mRNA als Gensonde:
Wenn sich die mRNA spezifisch an den komplementären Strang des ELH-Gens bindet, kommt es, wie in der Skizze erkennbar, zu einer Öffnung des DNA-Doppelstrangs. Diese Aufweitung der Strukturen macht das ELH-Gen sichtbar.
Die Eiablage wird u. a. durch ELH gesteuert. Zur Laichzeit ist deshalb ein hoher Anteil von ELH-mRNA zu finden. Eine Isolation des gewünschten Stoffes ist deshalb zu dieser Zeit besonders günstig.

50.2 Unter der Primärstruktur eines Proteins versteht man die Aminosäuresequenz.
Man analysiert in der ELH-mRNA die **Basensequenz** der mRNA. Mithilfe der **Code-Sonne** wird diese Sequenz in die Aminosäuresequenz der Peptidkette übersetzt, womit man die gesuchte Primärstruktur erhält.

51 Für die Basensequenz der zugehörigen DNA ergibt sich nach der Code-Sonne die folgende Abfolge:

Aminosäure		Tyr	Gly	Gly	Phe	Met	
Steuersignale	Start						Stopp
mögliche Tripletts auf codogenem Strang	TAC CAC	ATA ATG	CCA CCG CCT CCC	CCA CCG CCT CCC	AAA AAG	TAC	ATT ATC ACT

52 Ablauf der **Plasmid-Technik** zur Herstellung von **Enkephalin**:
a) **Gewinnung** (oder Herstellung) des Enkephalin-Gens:
*Aus Spenderzellen gewinnt man die DNA und zerlegt sie mit **Schneideenzymen** (= **Restriktionsenzymen**) in Teilstücke. Daraus wird das Fragment mit dem gewünschten Gen isoliert. Dazu werden **Gensonden** eingesetzt, das sind künstlich hergestellte, radioaktiv markierte, einsträngige DNA-Stücke, die zu einem Teilstück des gesuchten Gens komplementär sind und deshalb an das Gen andocken.*

b) **Isolierung** von Plasmiden aus Bakterien

c) **Aufschneiden** des Plasmids und Einbau des Gens („sticky ends"-Methode)
Da das Gen mit dem gleichen Restriktionsenzym geschnitten wurde wie der Plasmidring, fügt sich das Spender-Gen passend in die Schnittstelle. Mit einem weiteren Enzym Ligase werden die Schnittstellen geschlossen.

d) **Einbau** der rekombinierten Plasmide (= Hybridplasmid) in Bakterienzellen (= Transformation)

e) **Selektion** der erfolgreich transformierten Bakterien
mit Gensonden oder mit Marker-Genen (z. B. Antibiotika-Resistenz-Gene), die zusätzlich zum Spender-Gen eingebaut wurden. So können die gesuchten Bakterien an ihrer Antibiotika-Resistenz erkannt werden.

f) **Vermehrung** der Bakterien in Reinkultur und **Isolierung des Genprodukts**, hier: Enkephalin

53 Der eingefügte DNA-Abschnitt ist **komplementär** und umgekehrt zum PG-Gen.
Folge:
Die mRNA des eingefügten „Antimatsch"-Gens ist komplementär zur mRNA des PG-Gens → Es bildet sich doppelsträngige mRNA (Hybridisierung) → keine „Einfädelung" der Ribosomen möglich → keine Translation → keine Enzymproduktion → keine Auflösung des Pektins → kein „matschig" werden.

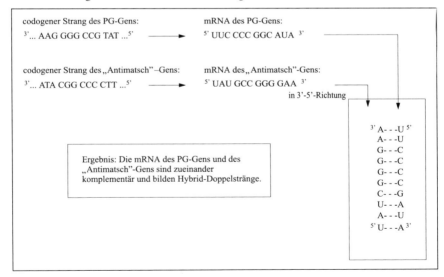

54 Bedeutung der Meiose für
Fortpflanzung: Bildung von haploiden Keimzellen
Vererbung:
- Verhinderung der Verdopplung der Chromosomenzahl in jeder Generation durch Reduktion des haploiden Chromosomensatzes (2 n → 1 n)
- Durchmischung des Erbguts (= Rekombination) durch Zufallsverteilung der homologen Chromosomenpaare und Crossover-Ereignisse

Evolution:
- Vergrößerung der genetischen Variabilität durch Hervorbringung ständig neuer Phänotypen
- Überdeckung von rezessiven Defektallelen durch Rekombination
- Genom-Mutationen durch Meiosefehler (Polyploidie bei Pflanzen)

55 *Prokaryoten erreichen genetische Variabilität durch **parasexuelle Vorgänge** (Genaufnahme und Genaustausch **ohne** Meiose und Befruchtung). Z. B: **Transformation** und **Transduktion** (Konjugation).*

Transformation: Gentransfer mit „nackter" DNA
Beispiel: Mischt man lebende Bakterien eines Stammes, der z. B. die Aminosäure Arginin nicht herstellen kann (arg⁻-Stamm), mit DNA-Fragmenten aus zerstörten Bakterienzellen vom Wildstamm (arg⁺-Stamm), dann lassen sich nach kurzer Zeit **lebende** arg⁺-Bakterien nachweisen: Sie wachsen auf Minimalnährboden!

Schema:

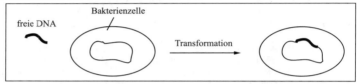

oder:
*Bei der **Transduktion** wird Erbinformation von einem Bakterium über Viren auf ein anderes Bakterium übertragen. So gibt es z. B. bei Colibakterien einen Stamm A, der das Disaccharid Lactose abbauen kann, und einen Stamm B, der dazu nicht in der Lage ist (Mangelstamm). Werden Bakterien des Stammes A von Phagen infiziert, kommt es nach der Bildung neuer Viren in der Bakterienzelle zur Lyse des Bakteriums. Dabei ist es möglich, dass die Phagen-DNA, die in sehr engem Kontakt zur Bakterien-DNA stand, ein Stück der Bakterien-DNA mitnimmt. Injiziert der neu gebildete Phage seine DNA später in ein anderes Bakterium, wird der mitgenommene DNA-Abschnitt in dessen DNA integriert.*

Profil-/Neigungsfach Biologie (Baden-Württemberg): Abituraufgaben
Lehrplaneinheit: Aufnahme, Weitergabe und Verarbeitung von Informationen:
Nerven, Sinne, Hormone, Immunbiologie

Auf der Suche nach neuen Wirkstoffen werden vermehrt Pflanzen auf ihre Inhaltsstoffe untersucht. So lieferte z. B. ein Inhaltsstoff von Chrysanthemen, das Pyrethrum, den Ausgangsstoff für das Insektizid Permethrin®. Permethrin® gelangt rasch in das Nervensystem von Insekten und verhindert dort die Schließung der Natriumionenkanäle an den marklosen Nervenfasern.

56.1 Beschreiben Sie die Ladungs- und Ionenverteilung an einem Axon im Ruhezustand.

56.2 Erläutern Sie die Vorgänge bei der Entstehung eines Aktionspotenzials an einem marklosen Axon.

56.3 Erklären Sie, weshalb bei Permethrin®-Einwirkung auf eine Nervenfaser die Erregbarkeit verloren geht.

57 Nennen Sie drei grundlegende Eigenschaften des Immunsystems.
Stellen Sie diese Eigenschaften in einen Zusammenhang mit der Funktion der Lymphozyten.

Bekannte Infektionskrankheiten des Rindes sind die Maul- und Klauenseuche, eine Viruserkrankung, und die Rindertuberkulose, verursacht durch *Mycobacterium tuberculosis*.

58 Erläutern Sie die grundlegenden Unterschiede der beiden Erregertypen bezüglich Bau und Vermehrung.

Eindringlinge, denen es gelingt, die äußeren Barrieren des menschlichen Körpers zu überwinden, treffen in seinem Inneren auf ein Abwehrsystem mit ausgeklügelter Aufgabenteilung, hoher Spezifität und bemerkenswerter Logistik.

59.1 Verdeutlichen Sie an zwei Beispielen, wodurch an äußeren Barrieren eine erste Abwehr erfolgt.

59.2 Scharlachbakterien überwinden bei Kindern diese Barrieren sehr häufig.
Beschreiben Sie an diesem Beispiel den Verlauf der Abwehrreaktion im Körper.

Gegen Grippe wird eine vorbeugende Impfung empfohlen. Dennoch können geimpfte Personen an Grippe erkranken.

60.1 Erklären Sie diesen Sachverhalt.

60.2 Erläutern Sie die Unterschiede zwischen aktiver und passiver Immunisierung.

Gegen den Erreger der Kinderlähmung hilft eine vorbeugende Schluckimpfung.

61 Warum soll diese Impfung in Abständen von längstens 10 Jahren wiederholt werden, wobei der Impfstoff der gleiche sein kann?

Abbildung 16 und Abbildung 17 zeigen die Antikörperkonzentration im Blut zweier Kinder nach Infektion mit Scharlacherregern.

62 Erklären Sie den unterschiedlichen Verlauf der beiden Kurven.

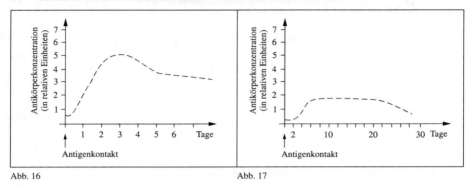

Abb. 16   Abb. 17

Seit der Entdeckung der Bioelektrizität durch LUIGI GALVANI (1737–1798) ist die Nervenfunktion nicht mehr Gegenstand philosophischer Spekulationen, sie ist vielmehr Objekt physikalischer und biochemischer Forschung geworden.
Abbildung 18 zeigt einen Modellversuch zur Entstehung von Bioelektrizität:

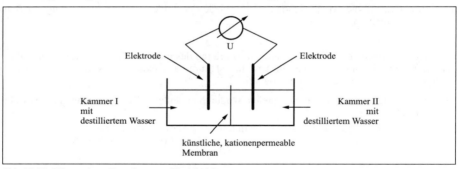

Abb. 18: Modellversuch zur Entstehung von Bioelektrizität

Zum Zeitpunkt T_0 wird dem destillierten Wasser in Kammer I eine kleine Menge konzentrierter Kaliumchloridlösung (KCl) zugegeben.

63.1 Nimmt man beim dargestellten Experiment ein Spannungs-Zeit-Diagramm auf, so ergibt sich eine charakteristische Kurve. Zeichnen Sie ein derartiges Diagramm und erklären Sie den Spannungsverlauf.

63.2 Erläutern Sie, warum der Modellversuch das Ruhepotenzial am Axon einer Nervenzelle erklären kann.
Welche Kammer entspricht dem Axoninneren? Begründen Sie.

63.3 An der lebenden Axonmembran können Aktionspotenziale entstehen.
Welche Ionenarten spielen hierbei eine Rolle? Vergleichen Sie die Eigenschaften der Axonmembran mit den Eigenschaften der künstlichen Modellmembran (aus Abb. 18).

Das Nervensystem des Seehasen *(Aplysia)*, einer Meeresschnecke (Abb. 19), ist besonders gut untersucht. Dieses Nervensystem besteht aus fünf Ganglien, die etwa 20 000 bis zu 1 mm große Nervenzellkörper enthalten.

Abb. 19: Meeresschnecke *Aplysia*

64 Erläutern Sie, warum sich an diesem Tier die Funktionsweise eines Nervensystems besonders gut untersuchen lässt.

65 Fertigen Sie die beschriftete Skizze (Größe ½ Seite) einer Versuchsanordnung an, mit der die Aktivität von Nervenzellen gemessen werden kann.

Eines der fünf Ganglien ist das Eingeweideganglion. In der Nähe dieses Ganglions liegen zwei Neuronen-Gruppen, die man als Beutelzellen bezeichnet (Abb. 20). Aus diesen Beutelzellen wurden drei Substanzen isoliert, die bei *Aplysia* das gesamte Verhaltensmuster der Eiablage steuern: der α-Beutelzellfaktor, der β-Beutelzellfaktor und das Eiablagehormon (ELH).

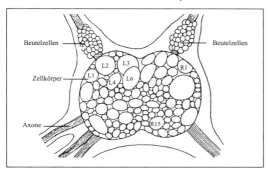

Abb. 20: Eingeweideganglion mit zugehörigen Axonen und Beutelzellen

66 Beschreiben Sie anhand der Abbildung 21 jeweils die Wirkung des α-Beutelzellfaktors, des β-Beutelzellfaktors und des Eiablagehormons (ELH) auf die Aktivität der angegebenen Neurone des Eingeweideganglions.

Bezeichnung der einzelnen Neurone im Eingeweideganglion (Abb. 20)	L1, R1	L2, L3, L4, L6	R15
Aktivität der einzelnen Neurone im Eingeweideganglion **vor** der Freisetzung der Substanzen aus den Beutelzellen	—	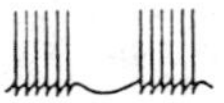 ⎸⎹⎹⎹⎹⎹ ⎸⎹⎹⎹⎹⎹	 ⎸⎹⎹⎹⎹ ⎸⎹⎹⎹⎹
Substanzen aus den Beutelzellen	α-Beutelzell-Faktor	β-Beutelzell-Faktor	Eiablagehormon
Aktivität der einzelnen Neurone im Eingeweideganglion **nach** der Freisetzung der Substanzen aus den Beutelzellen	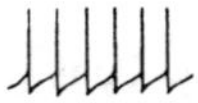 ⎹⎹⎹⎹⎹⎹	—	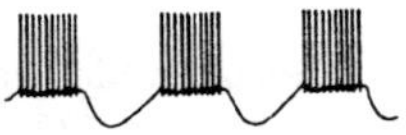 ⎸⎹⎹⎹⎹⎹ ⎸⎹⎹⎹⎹⎹

Abb. 21: Wirkung der Substanzen aus den Beutelzellen

Das Eiablageverhalten beginnt bei *Aplysia* folgendermaßen: Sobald sich der Genitaltrakt kontrahiert und die Laichschnur ausstößt, hört die Schnecke auf zu kriechen und zu fressen; Herzschlag- und Atemfrequenz erhöhen sich.

67 Welche Neurone im Eingeweideganglion sind an der Steuerung der beschriebenen Beobachtungen beteiligt? Begründen Sie mithilfe der in Abbildung 21 dargestellten Aktivitätsmuster.

Endorphine sind körpereigene, Morphin ähnliche Wirkstoffe, die in lebensbedrohlichen Situationen die Schmerzempfindung blockieren.
Die Endorphine hemmen vermutlich die Erregungsleitung im Bereich von Synapsen jener Neurone, welche die Information über „Schmerz" zum Gehirn leiten. Die Hemmung erfolgt über die Morphin-Rezeptoren im präsynaptischen Bereich der Synapse zwischen den Neuronen A und B (Abb. 22).

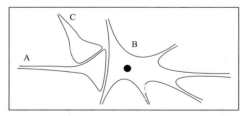

Abb. 22: Verschaltung von Neuronen in Schmerzbahnen

68 Welche Wirkung könnte das Endorphin aus Neuron C an der Membran des Endknöpfchens von Axon A entfalten (Abb. 22)?

Die Weiterleitung von Erregung an Synapsen erfolgt durch Ausschüttung von Transmittersubstanz in den synaptischen Spalt.

69 Geben Sie vier verschiedene Möglichkeiten an, wie die Bereitstellung und Ausschüttung von Transmittersubstanz beeinflusst werden kann.

Bei den Neuweltaffen Süd- und Mittelamerikas gibt es auch nachtaktive Arten. Abbildung 23 zeigt die relative Absorption der Sehpigmente im Auge eines solchen Nachtaffen.

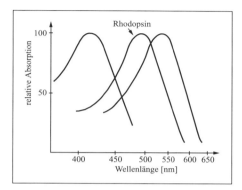

Abb. 23: Relative Absorption der Sehpigmente im Auge eines Nachtaffens

70 Wodurch unterscheidet sich dieses Pigmentsystem von dem des Menschen? Machen Sie Aussagen über die mögliche Leistungsfähigkeit dieses Systems und vergleichen Sie mit dem Menschen.

Zoologische Gärten halten Nachtaffen unter Berücksichtigung ihrer natürlichen Lebensweise unter solchen Lichtverhältnissen, die Besuchern eine Beobachtung der aktiven Tiere ermöglichen.

71 Welche Beleuchtungsverhältnisse müssen im Verlauf von 24 Stunden gewählt werden, damit die Tiere zu den Besuchszeiten aktiv sind und beobachtet werden können?
Welche Probleme entstehen für Besucher beim Eintritt in solche Nachthäuser? Wie ist dies zu erklären?

Abbildung 24 zeigt den Ausschnitt eines Stäbchens aus der Netzhaut.

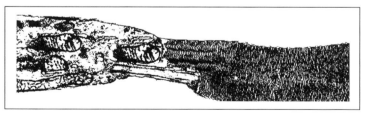

Abb. 24: Ausschnitt eines Stäbchens aus der Netzhaut bei 50 000-facher Vergrößerung

72.1 Fertigen Sie eine schematische Skizze einer solchen Sehsinneszelle an, und beschriften Sie die wesentlichen Strukturen (Größe 1/2 Seite). Markieren Sie in Ihrer Zeichnung den in Abbildung 24 dargestellten Bildausschnitt.

72.2 Welche Vorgänge laufen bei Belichtung in dieser Sehsinneszelle ab?
Erläutern Sie auch die Entstehung eines Rezeptorpotenzials.

72.3 Vergleichen Sie die Membranvorgänge bei der Entstehung und Informationscodierung eines Rezeptorpotenzials mit einem Aktionspotenzial. Gehen Sie davon aus, dass beim Rezeptorpotenzial ähnliche Vorgänge ablaufen wie beim postsynaptischen Potenzial (PSP).

In Nachtschattengewächsen kommt Solanin vor. Dieses kann beim Menschen zu Vergiftungserscheinungen führen, die auf einer Störung der Synapsenfunktion beruhen.

73 Erläutern Sie zwei Möglichkeiten, wie Solanin die Erregungsübertragung beeinträchtigen könnte.

Bei der Übertragung eines Gens durch Viren im Rahmen einer Gentherapie kommt es mitunter zu Abwehrreaktionen beim Empfänger des Gens.

74 Schildern Sie die immunbiologischen Vorgänge bei einer humoralen Immunantwort.

Zu Forschungszwecken werden Mäuse ohne Thymusdrüse gezüchtet. Diese sind sehr anfällig gegen alle Infektionskrankheiten. Deshalb werden sie in keimfreier Umgebung gehalten.

75 Wie kommt es zu der hohen Infektanfälligkeit bei den thymuslosen Mäusen? Erläutern Sie. Welche Rolle spielt die Thymusdrüse in diesem Zusammenhang?

Mit Mäusen zweier Inzuchtstämme A und B sowie einer von Geburt an thymuslosen Maus eines anderen Stammes wurden Versuche zur Transplantation durchgeführt und der Erfolg nach zwei Wochen geprüft.
V1: Der thymuslosen Maus wird Haut einer Maus von Stamm A verpflanzt.
V2: Auf eine Maus des Stammes A wird Haut einer anderen Maus des gleichen Stammes A transplantiert.
V3: Auf eine Maus von Stamm B wird Haut einer Maus von Stamm A verpflanzt.
V4: Zwei Monate später überträgt man auf die Maus von Stamm B aus V3 erneut Haut einer Maus von Stamm A.

76 Welche Ergebnisse sind bei den vier Versuchen zu erwarten? Begründen Sie jeweils.

Mäuse der Inzuchtstämme A und B werden gekreuzt. Anschließend wird Haut eines Tieres von Stamm B auf eine Maus der F_1-Generation übertragen. Man beobachtet hier keine Abstoßungsreaktion.

77.1 Erklären Sie diesen Sachverhalt.

77.2 Welche Ergebnisse würden Sie bei der Transplantation von Haut eines Tieres aus der Kreuzung der Stämme A und B auf eines der Elterntiere erwarten? Erklären Sie.

Bei Leukämie (Blutkrebs) ist die Knochenmarktransplantation heute eine wichtige Behandlungsmethode. Dabei werden zunächst die immunkompetenten Zellen des Empfängers durch Bestrahlung zerstört. Im Verlauf der weiteren Behandlung werden dem Empfänger größere Mengen Knochenmark eines Spenders injiziert. Dabei kann es beim Knochenmarkempfänger zu Abstoßungsreaktionen an körpereigenem Gewebe kommen.

78 Geben Sie eine Erklärung, weshalb beim Knochenmarkempfänger körpereigenes Gewebe abgestoßen werden kann.

Entzündungen der Magenschleimhaut gehören zu den häufigsten Erkrankungen des Magen-Darm-Traktes in unser Zivilisationsgesellschaft. Eine Ursache hierfür ist die Infektion durch *Helicobacter pyloris*. Dieses Bakterium gelangt mit der Nahrung in den Magen und sucht dort aktiv die Epithelzellen der Magenwand auf.

79 Von *Helicobacter pyloris* können Ultradünnschnittpräparate hergestellt und im Elektronenmikroskop sichtbar gemacht werden. Zeichnen und beschriften Sie das vollständige Schema eines solchen Bakteriums.

Das Schilddrüsenhormon bindet im Zellplasma an einen Rezeptor. Der Hormon-Rezeptor-Komplex veranlasst die Synthese von mRNA für Proteine, die den Energiestoffwechsel begünstigen.

80 Wie kann nachgewiesen werden, dass Thyroxin tatsächlich in die Zelle eindringt?

Ärzte Zeitung, 19. 1. 1998
Infektiologie / Immunisierung mit Gen-Vakzine schützt Tiere vor tödlichem Infekt mit dem „Killer-Virus aus dem Regenwald" – Impfstoff gegen das Ebola-Virus erfolgreich getestet

Ann Arbor (nsi). US-Wissenschaftler haben erstmals erfolgreich eine Vakzine[1] gegen das Ebola-Virus getestet: Geimpfte Meerschweinchen überlebten die Infektion, alle ungeimpften tötete der Erreger.
Als „Killer-Virus aus dem Regenwald" hat das Ebola-Virus von sich reden gemacht:
5   246 Menschen sind ihm 1995 in Zaire zum Opfer gefallen, in einer ersten großen Epidemie 1976 erlagen mehr als 400 den virusverursachten Hämorrhagien[2]. Die Mortalität[3] nach Infektion wird mit 90 Prozent angegeben, eine kausale Therapie gibt es bisher nicht.
Den Impfstoff haben Professor Gary J. Nabel und seine Mitarbeiter am University of
10   Michigan Medical Center in Ann Arbor entwickelt (Nature Medicine 1, 1998, 16 und 37). Nachdem jahrelange Versuche, Immunität mit inaktivierten Viren oder mit isolierten Virusproteinen zu erzeugen, fehlgeschlagen waren, versuchten Nabel und sein Team den gentechnischen Ansatz. Sie packten die Gene für drei verschiedene Eiweißmoleküle des Erregers in Plasmide, ringförmige Stücke DNA. In jedes Plasmid
15   wurde noch ein Enhancer eingefügt, ein Genabschnitt mit Regulatorfunktion, der die Proteinsynthese steigert.
Die verschiedenen Sorten von Plasmiden, die mit Genen für das Ebola-Nukleoprotein, das sezernierte[4] oder das membranständige Glykoprotein, beladen waren, injizierten die Forscher Meerschweinchen intramuskulär und boosterten[5] dreimal: eine Gruppe inner-
20   halb von fünf, die andere von zwölf Wochen. Die Kontrollgruppen erhielten jeweils Genmaterial ohne cDNA[6] des Erregers. Dass die Impfung wirkte, wurde offensichtlich, als nach einer Infektion mit Ebola-Viren nur Tiere in Verumgruppen[7] überlebten. Dabei erwies sich das membranständige Glykoprotein als effektivstes der drei Immunogene und induzierte die höchsten Antikörpertiter[8]. Außer der humoralen wurde auch eine
25   zelluläre Immunantwort mit Bildung für den Erreger spezifischer zytotoxischer T-Lymphozyten beobachtet.
Warum die gentechnisch konstruierte Vakzine bei Tieren wirkt, ein Impfstoff aus inaktivierten Viren aber nicht, gibt den Forschern Rätsel auf. Nabel vermutet, dass bei be-

30 stimmten Krankheitserregern die Synthese des Immunogens durch den Körper selbst zu einer günstigeren Präsentation der Antigene gegenüber den Immunzellen führt. Impfversuche mit nicht-menschlichen Primaten sollen folgen. Zwar ist es in letzter Zeit still um Ebola geworden, die Menschen in Westafrika sind aber latent gefährdet. Vor einem Jahr erst fürchtete die Bevölkerung in Gabun einen Ausbruch, als Todesfälle auftraten.

Copyright ©Ärzte Zeitung; E-mail: info@aerztezeitung.de
1: Impfstoff; 2: Blutungen; 3: Sterblichkeit; 4: abgesonderte; 5: durch Nachimpfung verstärken; 6: copyDNA – das heißt DNA, die ausgehend von RNA hergestellt wird; 7: Gruppen, die mit cDNA des Erregers geimpft wurden; 8: Antikörperkonzentration

81.1 Beschreiben Sie die Vorgänge, die nach Impfung mit inaktivierten Viren Immunität erzeugen können. Beschränken sie sich dabei auf die humorale Immunantwort.

81.2 Stellen Sie den vermutlichen Verlauf der Antikörperkonzentration (relative Einheiten) in den Meerschweinchen der zweiten Gruppe grafisch dar, und erklären Sie den Kurvenverlauf über 12 Wochen. Gehen Sie davon aus, dass zu Beginn der ersten Woche geimpft und zu Beginn der dritten, sechsten und neunten Woche nachgeimpft wurde (vergleiche Text, Zeilen 17 ff.).

81.3 Stellen Sie ausgehend von den verschiedenen Sorten von Plasmiden alle von GARY J. NABEL und seinen Mitarbeitern durchgeführten Versuche und deren Ergebnisse (Zeilen 12–24) in übersichtlicher Form schematisch dar (Größe: eine Seite).

Injiziert man den Meerschweinchen die Plasmide, so lassen sich nach einiger Zeit Antikörper gegen Ebola-Proteine nachweisen (vergleiche Text, Zeilen 17 ff).

82.1 Nennen Sie die Vorgänge, die erforderlich sind, bis es zur Präsentation der Ebola-Antigene kommen kann. Beginnen Sie mit der Injektion der Plasmide.

82.2 Stellen Sie diese beim Meerschweinchen angewandte „Impfung" der aktiven und der passiven Immunisierung vergleichend gegenüber.

Lösung

56.1 Verteilung der Ionen am Axon im Ruhezustand:
Außenmilieu: Na⁺-Ionen und Cl⁻-Ionen
  (wenige K⁺-Ionen)
Innenmilieu: K⁺-Ionen und organische Anionen (A⁻)
  (wenig Na⁺-Ionen)

Ladungsverteilung:
Durch K⁺-Diffusion nach außen: innen = negativer Ladungsüberschuss
  außen = positiver Ladungsüberschuss

Schema: (nicht verlangt)

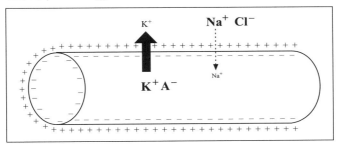

56.2 Entstehung eines APs am marklosen Axon:
Öffnung von Na⁺-Kanälen → Na⁺-Einstrom (gemäß Konzentrationsgefälle)
  → RP sinkt ab (= **Depolarisierung**)
Ab Erreichung eines **Schwellenwertes** öffnen sich schlagartig zusätzliche spannungsgesteuerte Na⁺-Poren → starker Na⁺-Einstrom führt zu kurzzeitiger Umpolung der betroffenen Membranstelle auf ca. +30 mV (innen).
Die Na⁺-Poren schließen sich wieder, dafür öffnen sich zusätzliche K⁺-Poren → K⁺-Ausstrom (gemäß Konzentrationsgefälle!) bis Ruhespannung wieder erreicht ist (= Repolarisierung).

*Nun ist zwar der alte **Ladungs**unterschied zwischen innen und außen wieder erreicht, aber nicht der alte **Konzentrations**unterschied zwischen K⁺ (innen/außen) bzw. Na⁺ (innen/außen), der für die Erhaltung des RP notwendig ist → aktive K⁺-Na⁺-Pumpe.*

56.3
Permethrin verhindert die Schließung der Na⁺-Kanäle → Na⁺-Ionen strömen solange ein, bis es zu einem Konzentrationsausgleich kommt* → RP = 0! → kein AP mehr auslösbar.

*...Bleiben die Na⁺-Kanäle geöffnet, dann kommt es nicht nur zu einem Konzentrationsausgleich der Na⁺-Ionen innen und außen, sondern auch der K⁺-Ionen!

Begründung:
Das RP beruht auf dem Gleichgewicht zwischen der Tendenz zum Konzentrationsausgleich der K⁺-Ionen und der Tendenz zum Ladungsausgleich. → Es können nur wenige K⁺-Ionen nach außen diffundieren, da sie von zurückbleibenden A⁻-Ionen zurückgehalten werden. Eindringende Na⁺-Ionen setzen nun solange (im Tauschverfahren) K⁺-Ionen frei, bis der Konzentrationsunterschied der K⁺-Ionen (innen/außen) aufgehoben ist → RP = 0.

57 Die 3 wesentlichen Eigenschaften des Immunsystems sind:
a) Unterscheidung von „Eigen" (Selbst) und „Fremd"
b) **Spezifität** der Immunantwort
c) immunologisches **Gedächtnis**

Zu a)
B- und T-Lymphozyten haben AK-ähnliche Rezeptoren auf der Membranoberfläche. Körperfremde Oberflächenstrukturen (= Antigene) lösen Abwehrreaktionen aus, indem sie wie „Schlüssel" an den Rezeptoren andocken und eine Erkennungsreaktion auslösen.

In der Thymusdrüse werden T-Lymphozyten nach Selbsttoleranz überprüft und selektiert: Alle Lymphozytentypen, die auch körpereigene Oberflächen angreifen würden, werden abgetötet.

Zu b)
Sensibilisierte B-Lymphozyten, die sich zu Plasmazellen differenzieren, produzieren nur einen Typ von Antikörpern.
→ Jeder Erregertyp wird von einer spezifischen Sorte Lymphozyten bekämpft.

Zu c)
Zweitinfektionen mit dem gleichen Erreger werden sehr schnell und heftig bekämpft, sodass i. d. R. die Krankheit nicht mehr ausbricht („man ist immun").
Grund: Sensibilisierte Lymphozyten differenzieren sich zusätzlich in langlebige **Gedächtniszellen**. Diese sorgen dafür, dass die Zweitantwort schneller und heftiger abläuft als die Primärantwort.

58

Bakterien	Viren
Bau: selbstständige Zellen mit eigenem Stoffwechsel. Zellen mit ursprünglichem Bau (kein Zellkern, keine Mitochondrien, ER und Dictyosomen) → Prokaryoten	Bau: keine Zellen – kein eigener Stoffwechsel → Aufbau aus Proteinhülle und Nukleinsäure
Vermehrung: Teilung der Zellen nach Verdopplung des Bacterienchromosoms.	Vermehrung: mithilfe des Stoffwechsels einer Wirtszelle (Zellparasiten).

59.1 Bei der ersten Abwehr handelt es sich um eine **unspezifische Abwehr**.
Eine Reihe von Sekreten, z. B. Tränenflüssigkeit und Nasensekret, enthalten das Enzym **Lysozym**, das die Zellwände von Bakterien, die in den Körper eindringen, zerstört. Die Zellen der Schleimhäute bilden Sekrete, die die Mikroorganismen umgeben, sodass sie zusammen mit dem Schleim aus dem Körper entfernt werden können.
Durch den abgesonderten **Schweiß** erhält die Körperoberfläche einen **Säureschutzmantel**, der ebenfalls zu einer Abwehr gegen Bakterien beiträgt.

59.2 Verlauf der **humoralen Immunantwort** gegen Scharlachbakterien (in 4 Phasen):
a) **Erkennungsphase:**
Die eingedrungenen Scharlachbakterien werden von **Makrophagen** phagozytiert und enzymatisch abgebaut. Charakteristische Bruchstücke, die **Antigene** (AG) werden auf ihrer Zelloberfläche den **T-Helferzellen** präsentiert. Spezifische Aktivierung von T-Helferzellen mit passenden Rezeptoren → Ausschüttung von Signalstoffen (z. B. Lymphokin). Diese Signalstoffe regen bestimmte **B-Lymphozyten**, die ihrerseits vorher durch Antigen-Kontakt sensibilisiert worden sind, zur Teilung an.

b) **Differenzierungsphase:**
Die aktivierten B-Lymphozyten vermehren sich zu einem Zellklon und differenzieren sich in **Plasmazellen** und **Gedächtniszellen**.

c) **Wirkungsphase (Effektorphase):**
Die Plasmazellen produzieren antigenspezifische **Antikörper** (AK). Es kommt zur Verklumpung (= **Agglutination**) der Scharlachbakterien (**AK-AG-Reaktion**).
d) **Abschaltphase:**
– Phagozytose der AG-AK-Komplexe.
– Hemmung der Plasmazellen durch Signalstoffe der **T-Unterdrückerzellen**.

Kurzform:
Phagozytose der Antigene durch Makrophagen; Antigenpräsentation; spezifische Aktivierung von T-Helferzellen; Aktivierung von B-Lymphozyten; Bildung eines B-Zellklons; Differenzierung zu Plasmazellen; Produktion antigenspezifischer AK; AK-AG-Komplex; B-Gedächtniszellen.

60.1 Eine **Grippeimpfung** führt aus folgenden Gründen nicht immer zum Erfolg: Grippeviren weisen eine sehr hohe **Mutationsrate** auf. So passen die bereits vorhandenen Antikörper nicht mehr. Es sind auch keine Gedächtniszellen vorhanden, die auf die neuen Antigene reagieren könnten.

60.2

aktive Immunisierung	passiven Immunisierung
„Schutzimpfung" → zur **Vorbeugung** gegen künftige Infektionen.	„Heilimpfung" → zur **Heilung** einer akuten oder drohenden Infektion.
Impfserum enthält **abgeschwächte / abgetötete** Erreger → Patient muss gesund sein, da er **eigene AK** herstellen muss.	Impfserum enthält **spezifische AK** aus Spenderblut → kranker Patient bekommt **fremde AK** zur Unterstützung seiner Abwehr.
Wirkung erst in 1–2 Wochen aber **Langzeitwirkung**, da Gedächtniszellen.	Wirkung sofort, aber **Kurzzeitwirkung**, da keine Gedächtniszellen.

61 Im Lauf der Zeit tritt ein Verlust der spezifischen Gedächtniszellen auf, sodass je nach Krankheit durch die Schutzimpfung kein lebenslänglicher Immunschutz besteht. Daher muss zur erneuten Bildung der Gedächtniszellen eine Wiederauffrischungsimpfung in bestimmten zeitlichen Abständen erfolgen.

62 Abbildung 2 zeigt die **Primärantwort**. Nach einer Infektion erfolgt ein langsamer Anstieg der freien Antikörperkonzentration bis zu einer Plateauphase. Dann nimmt diese Konzentration langsam wieder ab, da die Antikörper einerseits an Antigene gebunden, andererseits abgebaut werden.
Abbildung 1 zeigt die **Sekundärantwort** bei einer späteren Infektion mit dem gleichen Erreger. Aufgrund der noch vorhandenen Gedächtniszellen erfolgt ein sehr rascher Anstieg der Antikörperkonzentration. In kürzerer Zeit wird hier eine mehr als doppelt so hohe Konzentration an Antikörpern erreicht als bei der Primärantwort.

63.1 Spannungs-Zeit-Diagramm:

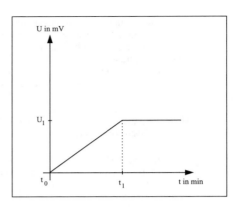

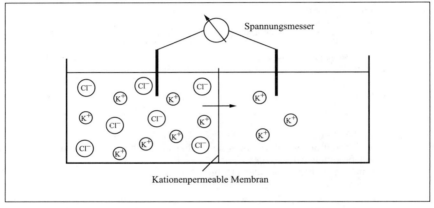

Da in beiden Kammern Wasser enthalten ist, wird vor der Zugabe der Kaliumchloridlösung zwischen diesen keine Potenzialdifferenz festgestellt (U = 0 V).
Ab der Zeit t = t_0 gibt man in die linke Kammer Kaliumchloridlösung.
Aufgrund des Konzentrationsgefälles diffundieren Kaliumionen in die rechte Kammer. Es kommt zu einem Überschuss an positiver Ladung in der rechten Kammer und einem ebenso großen Überschuss an negativer Ladung in der linken. Die Potenzialdifferenz strebt einem Endwert U_1 zu, der bei der Zeit t = t_1 erreicht ist. Das Maximum der Konzentration an Kaliumionen in der rechten Kammer ist dann erreicht, wenn sich der vom Konzentrationsgefälle zwischen beiden Kammern erzeugte Ausstrom an Kaliumionen („Diffusionsdruck") und der von der Potenzialdifferenz erzeugte Rückstrom dieser Ionen gleich groß ist (Gleichgewichtszustand).
Die Spannung bleibt also konstant, wenn sich die **Tendenz zum Konzentrationsausgleich** und die **Tendenz zum Ladungsausgleich** die Waage halten.

63.2 – Die **Membran** im Modellversuch entspricht der **Axonmembran**. Sie ist ebenfalls **selektiv durchlässig** für bestimmte Ionen (z. B. K+).
– Die gemessene Spannung entspricht der **Ruhespannung**. Wie am Axon entspricht sie einem **K+-Diffusionspotenzial**.
– Kammer 1 entspricht dem **Axoninneren** ⟶ negativer Ladungsüberschuss.

63.3 Ionenarten, die beim AP eine Rolle spielen: Kaliumionen (K+) und Natriumionen (Na+).
Vergleich: Axonmembran-Modellmembran

	Axonmembran	Modellmembran
Durchlässigkeit	selektiv durchlässig für best. Kationen **und** Anionen (z. B. Cl⁻)	selektiv durchlässig für alle Kationen, nicht für Anionen
Durchlässigkeit in Abhängigkeit von der Membranspannung	spannungsgesteuerte Ionenkanäle für Na⁺⁻ und K⁺-Ionen	keine spannungsgesteuerten Kanäle
Ionenpumpen	Kalium-Natrium-Pumpe	kein aktiver Transport

64 Diese Meeresschnecke hat in ihrem Nervensystem nur fünf Ganglien mit einer geringen Anzahl von Neuronen. Ein derart einfach gebautes Nervensystem ermöglicht auf einfache Weise die **Identifizierung einzelner Neurone und deren Verschaltung**. Auch die verhältnismäßig großen Nervenzellenkörper erleichtern die Durchführung **neurophysiologischer Experimente**.

65 Skizze: **Messanordnung für intrazelluläre Ableitung**

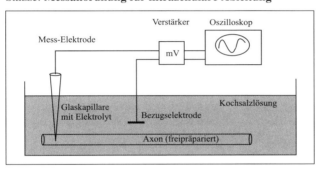

66 Zu betrachten sind in der Skizze neben der Bezeichnung der einzelnen Neurone im Eingeweideganglion die Aktivität der einzelnen Neurone im Eingeweideganglion nach der Freisetzung der Substanzen aus den Beutelzellen. Es ergeben sich dann die folgenden Zuordnungen:
α-Beutelzellfaktor: löst eine Aktivität der Neurone L1 und R1 aus.
β-Beutelzellfaktor: hemmt die Aktivität der Neurone L2, L3, L4 und L6.
ELH: erhöht die Aktivität des Neurons R15. Die Aktionspotenziale folgen hier sehr dicht aufeinander. Die Frequenz der AP ist der Reizstärke proportional. Man spricht von einer Frequenzmodulation

67 Die Schnecke wird beim Ausstoßen der Laichschnur in eine Art Alarmbereitschaft versetzt. Entsprechend der Wirkung des Sympathikus werden z. B. die Atem- und Herzschlagfrequenzen erhöht. Dies bewirken die Substanzen L1, R1 und R15 (siehe Abb. 5). Aus der zweiten Zeile der gleichen Abbildung wird ersichtlich, dass für das Kriechen und Fressen die Substanzen L2, L3, L4 und L6 zuständig sind. L1, R1 und R15 bewirken auch die Kontraktion des Genitaltraktes.

68 **Mögliche Wirkungen** nach Bindung des Endorphins an Rezeptoren der Membran von Axon A:
- Hyperpolarisierung der Endknöpfchenmembran → ankommende Erregung wird gehemmt
- Hemmung der Depolarisierung → z. B. durch Blockierung der Na⁺-Kanäle
- Blockierung der Vesikelentleeerung in Endknöpfchen A

In allen Fällen wird die Schmerzleitung von A nach B gehemmt.

69 Die Weiterleitung von Erregungen an Synapsen kann bezüglich der Bereitstellung bzw. Ausschüttung von Transmittersubstanz wie folgt beeinflusst werden:
- Blockierung von Ionenkanälen,
- Behinderung der Entleerung der Vesikel,
- schlagartige Entleerung aller Vesikel,
- Behinderung der Bildung der Vesikel,
- Behinderung der Resynthese des Transmitters.

70 **Unterschiede:**
Menschen besitzen 2 Sehsysteme mit insgesamt 4 verschiedenen Sehfarbstoffen: Rhodopsin im Stäbchensystem und 3 Zapfenfarbstoffe mit jeweils verschiedenen Absorptionsmaxima im Blau-, Grün- und Rotbereich.
Abbildung 8 zeigt, dass **Neuweltaffen** ebenfalls das Stäbchensystem besitzen, da Rhodopsin gefunden wurde. Die beiden anderen Sehfarbstoffe müssen zum Zapfensystem gehören. Man findet aber nur 2 statt 3 Zapfenfarbstoffe.
Leistungsfähigkeit des Affenauges: Stäbchensehen (= Dämmerungssehen) wie beim Menschen. Das Zapfensehen (= Farbensehen) müsste im Rotgrünbereich eingeschränkt sein, da nur ein Farbpigment vorhanden ist.

71 In den Nachthäusern der Zoos muss Tag und Nacht künstlich vertauscht werden. Nachts muss taghell beleuchtet werden, damit die nachtaktiven Tiere schlafen. In den Besuchszeiten muss durch spärliche Beleuchtung Dämmerung vorgetäuscht werden.
Die Besucher, die aus der Helligkeit schlagartig in die Dämmerung eintreten, empfinden die ersten Minuten als völlige Dunkelheit und können sich kaum orientieren.
Grund: Die **Dunkeladaptation** dauert relativ lange. Wenn trotz Pupillenvergrößerung (= physikalische Adaptation) die Lichtempfindlichkeit der Zapfen unterschritten wird, dann müssen die vom Tageslicht gebleichten Stäbchen erst genügend Rhodopsin regenerieren, bis ihre Lichtempfindlichkeit für Dämmerungssehen ausreicht (= biochemische Adaptation). Dieser Vorgang kann bis zu 15 min dauern.

72.1 Skizze eines Stäbchens:

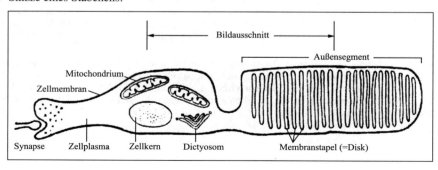

72.2 Ablauf der Sehvorgänge im Stäbchen (vereinfacht):
- Licht fällt auf die lichtabgewandten Außensegmente der Stäbchen.
- Rhodopsinmoleküle in der Diskmembran absorbieren die Lichtenergie und eine fotochemische Reaktion wird gestartet: Der farbgebende Bestandteil des Rhodopsins, das 11-cis-Retinal wandelt sich in das stabilere all-trans-Retinal um und trennt sich vom Opsin (= Membranprotein).
- Das freie Opsin setzt nun über weitere Botenstoffe **(= second messenger)** eine Reaktionskette in Gang, die zu einer Veränderung der Membrandurchlässigkeit für Na^+-Ionen führt. Ergebnis der Signalverstärkung durch „second messenger" = **„Sehkaskade"** ist das **Rezeptorpotenzial**.

(Bei Wirbeltieren wird die Na^+-Durchlässigkeit geringer → Hyperpolarisation von −20 mV nach −60 mV)

- Das Rhodopsin wird unter Energieaufwand wieder regeneriert. Über mehrere Zwischenstufen entsteht wieder das 11-cis-Retinal und vereinigt sich mit Opsin wieder zu Rhodopsin.

Die genauen Vorgänge sind immer noch nicht ganz aufgeklärt, lassen sich aber beim Menschen vereinfacht folgendermaßen zusammenfassen:
Dunkelheit: *Die Stäbchenzelle ist* **de***polarisiert, die Na^+-Kanäle sind geöffnet.*
→ *An der Synapse werden ständig* **hemmende** *Transmitter ausgeschüttet,*
→ *die nachfolgenden Zellen sind gehemmt.*
Licht: *Es entsteht das Rezeptorpotenzial.*
→ *Die Lichtsinneszelle wird hyperpolarisiert,*
→ *die Transmitterausschüttung wird gedrosselt,*
→ *die Hemmung der Bipolaren fällt weg,*
→ *Erregung des Sehnervs.*

72.3 Die genauen Vorgänge, die zur Bildung eines Rezeptorpotenzials führen sind nicht verlangt. Deshalb wird auf die vergleichbaren Vorgänge an der postsynaptischen Membran verwiesen.

Zur Orientierung, wo die Potenziale gemessen werden:

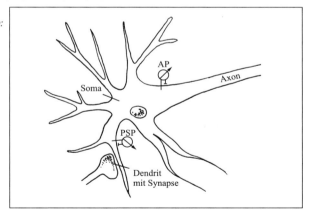

	Rezeptorpotenzial bzw. PSP	Aktionspotenzial (AP)
Membranvorgänge Entstehung	Reiz → Depolarisierung (bzw. Hyperpolarisierung) proportional zur Reizstärke, d. h. Änderung der Membrandurchlässigkeit proportional zur Reizstärke.	überschwelliger Reiz → Membrandurchlässigkeit für Na^+-Ionen steigt, bis Depolarisierung einen **Schwellenwert** erreicht. Ab dann: Alles-oder-Nichts-Gesetz, d. h. Umpolung der Membran mit konstanter Amplitude.
Informationscodierung	Reizstärke: **Amplitude** der Depolarisierung (bzw. Hyperpolarisierung) Reizdauer: Dauer der Depolarisierung (bzw. Hyperpolarisierung)	Reizstärke: AP-**Frequenz** Reizdauer: Dauer der Impulsfolgen

73 Möglichkeiten der Beeinträchtigung der Erregungsübertragung an Synapsen:
*"Beeinträchtigung" kann sowohl **Hemmung** als auch **Enthemmung** der Synapse bedeuten. Somit sind viele Antworten möglich.*
a) Hemmung des Ca^{2+}-Ioneneinstroms
b) Hemmung oder Beschleunigung der Vesikelentleerung
c) Hemmung der Acetylcholinesterase
d) Blockade der Rezeptoren der postsynaptischen Membran
e) Hemmung der Resynthese des Acetylcholins
(2 Antworten sind verlangt)
jeweilige Erläuterung:
zu a) Hemmung der Erregungsübertragung, da ohne Ca^{2+}-Einstrom keine Vesikelentleerung d. h. keine Transmitter-Ausschüttung.
zu b) Hemmung oder Übererregung der Synapse durch Transmittermangel oder -Überschuss.
zu c) Übererregung durch anhaltend hohe Transmitter-Konzentration im synaptischen Spalt → Rezeptoren bleiben besetzt → Na^+-Kanäle bleiben geöffnet → Dauererregung
zu d) Hemmung der Erregungsübertragung, da Rezeptoren für Acetylcholin unzugänglich → Na^+-Kanäle bleiben geschlossen.
zu e) Hemmung der Erregungsübertragung durch Transmittermangel.

74 **Humorale Immunantwort** auf Viren:
a) **Infektion:** Die Viren dringen in den Körper ein (Atemwege, Wunden).
b) **Erkennungsphase:** Hier sind 3 Typen von Immunzellen beteiligt:
– **Makrophagen** (Fresszellen) nehmen die Viren mit fremder Oberfläche (Antigene) in sich auf (= Phagozytose) und zerlegen sie enzymatisch. Charakteristische Bruchstücke werden auf der Membranoberfläche präsentiert (= Antigenpräsentation).
– Bestimmte T-Lymphozyten, die **T-Helferzellen**, deren Rezeptoren zu diesem präsentierten Antigen passen, werden aktiviert und schütten Signalstoffe aus, die **B-Lymphozyten** zur Teilung aktivieren.
– Diese **B-Lymphozyten** kommen in Millionen Varianten vor, die sich durch ihre AK-ähnlichen Rezeptoren auf der Membranoberfläche unterscheiden. Der eingedrungene Erreger „sucht sich seinen passenden B-Lymphozyt selbst aus", indem er an den passenden Rezeptortyp andockt und so diesen B-Lymphozytentyp aktiviert, sich zu teilen (= Klon-Selektion). Hierzu sind die T-Helferzellen notwendig.
c) **Differenzierungsphase:** Die B-Lymphozyten teilen sich und differenzieren sich in **Plasmazellen** und **B-Gedächtniszellen**.

d) **Wirkungsphase:** Die Plasmazellen produzieren große Mengen antigenspezifischer Antikörper, die mit den Antigenen zu **AK-AG-Komplexen** verklumpen. Folge: Viren werden unschädlich gemacht.
Verklumpung von Zellen = Agglutination
Verklumpung von gelösten Eiweißen = Präzipitation (Virushüllen, Gifte)
e) **Abschaltphase:**
   – Makrophagen räumen die AK-AG-Komplexe durch Phagozytose ab.
   – Die Produktion der AK in den Plasmazellen wird von so genannten **T-Unterdrückerzellen** durch Hemmstoffe gedrosselt.
   – Spezifische **B-Gedächtniszellen** bleiben zurück und warten in „Produktionsbereitschaft" auf eine erneute Infektion mit dem gleichen Antigen.

Kurzform:
Phagozytose der Antigene durch Makrophagen, Antigenpräsentation, spezifische Aktivierung von T-Helferzellen, Aktivierung von B-Lymphozyten, Bildung eines B-Zellklons, Differenzierung zu Plasmazellen, Produktion antigenspezifischer AK, AK-AG-Komplex, B-Gedächtniszellen.

75 Ohne Thymusdrüse fehlen dem Immunsystem die **T-Lymphozyten**. Die humorale Immunantwort ist jedoch auf **T-Helferzellen** angewiesen, um **Antikörper** zu produzieren. (T-Helferzellen aktivieren B-Lymphozyten zur Teilung und zur Differenzierung in Plasmazellen) → keine Antigen-Antikörper-Reaktion, d. h. keine Verklumpung von Krankheitserregern.
Ohne Thymusdrüse gibt es auch keine zelluläre Immunantwort. Es entstehen keine T-Killerzellen zur Bekämpfung von virusinfizierten Körperzellen oder Bakterienzellen.

Bedeutung der Thymusdrüse:
In der Thymusdrüse reifen die Lymphozyten, die aus dem Knochenmark einwandern zu T-Lymphozyten heran.
Dies geschieht dadurch, dass alle Lymphozytentypen, deren Rezeptoren auf der Membranoberfläche auch gegen körpereigene Zellen sensibel wären, abgetötet werden. Nur selbsttolerante T-Lymphozyten bleiben übrig und vermehren sich.

76 Mäuse aus dem gleichen **Inzuchtstamm** haben weitgehend **identisches Erbgut**. Deshalb sind auch ihre **Gewebsantigene** identisch.
Thymuslosen Mäusen fehlen die T-Zellen d. h., sie sind nicht fähig zu Transplantatabstoßung.
V1: keine Abstoßung trotz verschiedener Gewebsantigene, da Empfängermaus ohne T-Zellen nicht zur Transplantatabstoßung fähig ist.
V2: keine Abstoßung, da gleiche Gewebsantigene.
V3: Abstoßungsreaktion: Die fremden Gewebsantigene lösen eine Immunreaktion aus, in deren Verlauf das Transplantat von T-Killerzellen abgestoßen wird.
V4: Schnellere Abstoßung, da bei der 1. Transplantation T-Gedächtniszellen gebildet wurden, die nun eine beschleunigte Abstoßung bewirken.

77.1 Die F_1-Mäuse haben von beiden Inzuchtstämmen die Gewebsantigen-Muster vererbt bekommen. Sowohl das Antigen-Muster des Stammes A, als auch des Stammes B wird deshalb als „eigen" anerkannt.
Hier: Der Bastard hat vom Elter B die Gewebsantigene geerbt, also toleriert er das Transplantat.

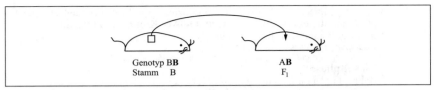

A = Gen für Gewebsantigen A, B = Gen für Gewebsantigen B

77.2 Abstoßungsreaktion: Für das Immunsystem der Empfängermaus aus Stamm A ist das Gewebe von Stamm B fremd. Die Hälfte der Gewebsantigene der Spendermaus sind aber vom Typ B.

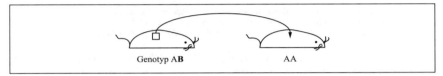

78 Knochenmarkspender und Knochenmarkempfänger sind auch bei Verwandten **nicht** erblich identisch. Von den gespendeten Knochenmarkszellen – unter ihnen immunkompetente Lymphozyten – werden also einige Lymphozytentypen die Gewebsantigene der Empfängergewebe als „fremd" einstufen und das für sie fremde Gewebe schädigen.

79 Schema des Aufbaus einer **Bakterienzelle**

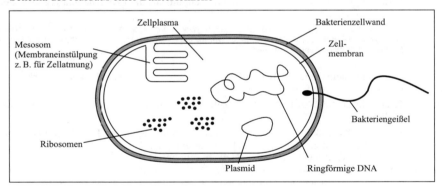

80 Eine übliche Methode, um den Weg einer chemischen Verbindung in Zellen oder in komplexen Organismen nachzuvollziehen, ist die Autoradiografie.
Das Hormon Thyroxin ist eine Iodverbindung. Anstelle des nicht radioaktiven Iod wird der Schilddrüse ein radioaktives Iod angeboten. Diese synthetisiert daraus Thyroxin, das jetzt radioaktiv markiert ist. Diese Substanz wird in den zellulären Vorgängen des Organismus wie die natürliche Substanz Thyroxin behandelt, da sie sich weder chemisch noch physiologisch von dieser unterscheidet. Die radioaktive Strahlung kann autoradiografisch (durch Schwärzung von Röntgenfilmen oder anderen strahlungsempfindlichen Schichten) oder mit geeigneten Zählern in noch sehr geringen Portionen nachgewiesen werden.

81.1 Bei dieser Impfung handelt es sich um eine aktive Immunisierung, in deren Verlauf der Organismus mit einer **spezifischen Immunantwort** reagiert.

Ablauf einer humoralen Immunantwort **(auf inaktivierte Viren)**:
a) **Injektion:** Die inaktivierten Viren werden in den Körper eingespritzt.
b) **Erkennungsphase:** Hier sind 3 Typen von Immunzellen beteiligt:
 – **Makrophagen** (Fresszellen) nehmen die Viren mit fremder Oberfläche (**Antigene**) in sich auf (= **Phagozytose**) und zerlegen sie enzymatisch. Charakteristische Bruchstücke werden auf der Membranoberfläche präsentiert (= **Antigenpräsentation**)
 – Bestimmte T-Lymphozyten, die sog. **T-Helferzellen**, deren Rezeptoren zu diesem präsentierten Antigen passen, werden aktiviert und schütten Signalstoffe (Lymphokine) aus, die **B-Lymphozyten** zur Teilung aktivieren.
 – Diese **B-Lymphozyten** kommen in Millionen Varianten vor, die sich durch ihre AK-ähnlichen Rezeptoren auf der Membranoberfläche unterscheiden. Der eingedrungene Erreger „sucht sich seinen passenden B-Lymphozyt selbst aus", indem er an den passenden Rezeptortyp andockt und so diesen B-Lymphozytentyp aktiviert, sich zu teilen (= **Klon-Selektion**).
c) **Differenzierungsphase:** Die aktivierten B-Lymphozyten differenzieren sich in **Plasmazellen** und **B-Gedächtniszellen**.
d) **Wirkungsphase:** Die Plasmazellen produzieren große Mengen **antigenspezifischer Antikörper (AK)**, die mit den Antigenen (AG) zu **AG-AK-Komplexen** verklumpen.
e) **Abschaltphase:**
 – Makrophagen räumen die AG-AK-Komplexe durch Phagozytose ab.
 – Die Produktion der AK in den Plasmazellen wird von sog. T-Unterdrückerzellen durch Hemmstoffe gedrosselt.
 – **spezifische B-Gedächtniszellen** bleiben zurück und warten in „Produktionsbereitschaft" auf eine erneute Infektion mit dem gleichen Antigen.

Da nun bei Infektion mit dem gleichen Virus die Erkennungsphase und Differenzierungsphase sehr schnell ablaufen, kann der Erreger sofort mit passenden AK bekämpft werden. → Sehr schnelle und viel stärkere AK-Produktion (= Sekundärantwort). (Siehe 26.2)

Kurzform:
Phagozytose der Antigene durch Makrophagen; Antigenpräsentation; spezifische Aktivierung von T-Helferzellen; Aktivierung von B-Lymphozyten; Bildung eines B-Zellklons; Differenzierung zu Plasmazellen; Produktion antigenspezifischer AK; AG-AK-Komplex; B-Gedächtniszellen.

81.2
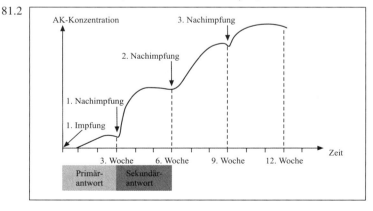

Deutung:
1) **Primärantwort:**
Bei Erstkontakt mit dem Erreger: siehe 26.1.
Zunächst langsamer Anstieg der AK-Konzentration in der 1. Woche, da erst die Erkennungs- und Differenzierungsphase ablaufen müssen. Am Ende der 2. Woche liegen spezifische B-Gedächtniszellen vor, die in Produktionsbereitschaft auf einen Zweitkontakt mit dem Ebolavirus warten.

2) **Sekundärantwort: (Nachimpfung)**
Die B-Gedächtniszellen werden aktiviert, teilen sich und produzieren sofort große Menge spezifischer AK → schneller und heftiger AK-Anstieg in kurzer Zeit auf höheres Niveau (und länger anhaltend). Zahl der Gedächtniszellen ist gestiegen (Booster-Effekt).

3) + 4) Dies wiederholt sich jeweils auf höherem Konzentrationsniveau.

81.3 Ziel der Experimente von G. J. Nabel war die aktive Immunisierung von Meerschweinchen mithilfe eines „**Gen-Impfstoffes**". Üblicherweise werden Virus-Antigene (inaktivierte Viren oder isolierte Proteine aus der Viruskapsel) als Impfstoff von außen in das Versuchstier injiziert, um die Immunreaktion auszulösen. Beim Genimpfstoff wird nicht das Antigen (Virusprotein) injiziert, sondern das **Gen für das Antigen** (Virusprotein).
→ Das Versuchstier baut das Gen in seine Zellen ein (Plasmid als Genfähre) und **produziert das Antigen selbst**. Durch zusätzlichen Einbau eines „Enhancers" (Zeile 13) wird die Produktion der Virusproteine noch gesteigert. Diese Impftechnik scheint die Erkennungsphase zu begünstigen (Zeile 25–29).

Die Darstellung dieser Versuche in schematischer Form enthält also 4 Versuchsreihen: (Zeile 15/16)
I) Plasmid mit Gen für „Nukleoprotein" (+ Regulatorgen)
II) Plasmid mit Gen für „sezerniertes Glykoprotein" (+ Regulatorgen)
III) Plasmid mit Gen für „membranständiges Glykoprotein" (+ Regulatorgen)
IV) Kontrollversuch mit Plasmiden ohne eingebautes Virus-Gen. (Zeile 20)

	Versuchsreihe I: Meerschw.-gruppe I		Versuchsreihe II: Meerschw.-gruppe II		Versuchsreihe III: Meerschw.-gruppe III		Versuchsreihe IV: Kontrollgruppe	
Impfstoff	Plasmid mit Gen für Nukleoprotein (+ Enhancer)		Plasmid mit Gen für sezerniertes Glykoprotein (+ Enhancer)		Plasmid mit Gen für membranständiges Glykoprotein (+ Enhancer)		Plasmidring ohne Virus-Gen	
Injektion	intramuskulär							
Gruppe:	Ia	Ib	IIa	IIb	IIIa	IIIb	IVa	IVb
Dreimalige Wiederholung der Impfung	innerhalb von 5 Wochen	innerhalb von 12 Wochen	innerhalb von 5 Wochen	innerhalb von 12 Wochen	innerhalb von 5 Wochen	innerhalb von 12 Wochen	innerhalb von 5 Wochen	innerhalb von 12 Wochen
Danach: Infektion der Tiere mit Ebola-Viren	Tiere beider Gruppen überleben! Bildung spezifischer Antikörper und spezifischer T-Lymphozyten		Tiere beider Gruppen überleben! Bildung spezifischer Antikörper und spezifischer T-Lymphozyten		Tiere beider Gruppen überleben! Höchste Konzentration an Antikörpern und spezifischen T-Lymphozyten		Alle Tiere sterben	

82.1 Injektion der Plasmide (in Muskelgewebe)
→ Aufnahme der Plasmide in die Zellkerne des Meerschweinchens (Transformation)
→ Transkription: (Das Virus-Gen wird „abgelesen"). Umschreibung der Virus-DNA in mRNA (RNA-Nukleotide, RNA-Polymerase)
(→ mRNA wandert in das Zellplasma zu den Ribosomen)
→ Translation: Übersetzung der Basensequenz der mRNA in die Aminosäuresequenz eines Virus-Proteins
→ Das körperfremde Virusprotein wird von Lymphozyten an spezifischen Rezeptoren gebunden. → Präsentation des Ebola-Antigens

82.2 Vergleich: aktive Immmunisierung – passive Immunisierung – Gen-Impfstoff

	Aktive Immunisierung	**Passive Immunisierung**	**Immunisierung mit Gen-Impfstoff**
Impfstoff	**Antigene** z. B. abgeschwächte Erreger oder Erreger-Proteine	spezif. **Antikörper**	**Gene** für Antigene d. h. **Erreger-Gene**
Wirkung	Anregung der körpereigenen **Antikörper**-Produktion	„geborgte" **Antikörper** von außen	körpereigene **Antigen**-Produktion → Anregung der körpereigenen **Antikörper**-Produktion.
Langzeitschutz	Ja Gedächtniszellen	Nein **Keine Gedächtniszellen**	Ja Gedächtniszellen

| | **Profil-/Neigungsfach Biologie (Baden-Württemberg): Abiturprüfungen** |
| | **Lehrplaneinheit: Evolution** |

Die Familie der Entenschnabelechsen oder *Hadrosauridae* entfaltete sich während der Kreidezeit aus einer Urform. Abbildung 25 zeigt Fundschichten mit den darin gefundenen weiterentwickelten Formen.

	Fundschichten aus der Oberkreide	Funde (Gattungsnamen)
Jung	1	 A) Anatosaurus 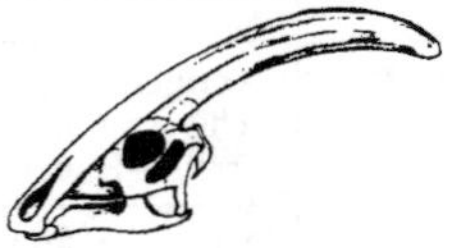 B) Parasaurolophus
	2	 C) Edmontosaurus 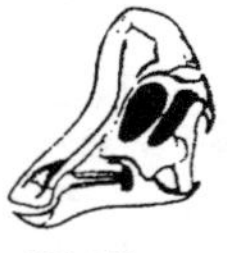 D) Hypacrosaurus
	3	 E) Parasaurolophus
	4	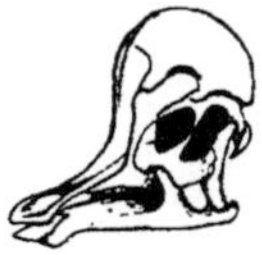 F) Lambeosaurus
alt	5	 G) Claosaurus

Abb. 25: Schädel der Entenschnabelechsen (Hadrosauridae) aus der Oberkreide

83   Die Ausbildung ähnlicher Strukturen bei nicht näher verwandten Lebewesen wird immer wieder beobachtet. So zeigen bestimmte Schädel von heute lebenden Säugern ähnliche Strukturen wie z. B. Schädel B.

Benennen Sie das Phänomen und belegen Sie es mit zwei weiteren Beispielen Ihrer Wahl.

84 Konstruieren Sie einen möglichen Stammbaum der Formen (ausgehend von der Urform „G") und geben Sie die von Ihnen dabei berücksichtigten Ordnungsmerkmale an.

85 Wie erklärt die synthetische Evolutionstheorie die zeitgleiche Existenz der Formen A und B in Fundschicht 1?

In Abbildung 26 sind Körperproportionen und Körperhaltung von Schimpanse und Mensch dargestellt.

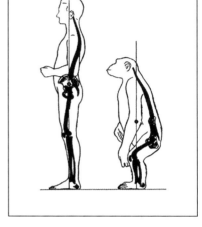

86 Beschreiben Sie die erkennbaren Unterschiede in den Körperproportionen und den Zusammenhang mit der jeweiligen Fortbewegungsweise.
Nennen Sie drei Unterschiede in der Körperhaltung von Schimpanse und Mensch (Abbildung 26). Begründen Sie, weshalb der Schimpanse im Vergleich zum Menschen nur unter relativ größerem Energieaufwand aufrecht stehen kann.

Abb. 26:
Körperproportionen
und Körperhaltung
von Schimpanse und Mensch

Mit der Entwicklung des aufrechten Ganges gehen weitere Veränderungen einher (Abb. 27).

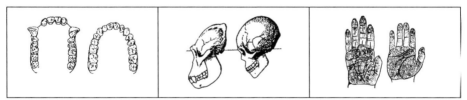

Abb. 27

87 Beschreiben Sie drei erkennbare Unterschiede und erläutern Sie deren biologische Bedeutung.

Ein auffallender Unterschied zwischen dem Menschen und den übrigen Primaten ist die aufrechte Körperhaltung. Damit ging im Verlauf der Evolution eine Umformung des Skeletts einher.

88 Beschreiben Sie mit dem aufrechten Gang verbundene Unterschiede zwischen dem Skelett des Menschen und dem eines Menschenaffen (drei Angaben).

Das Gewichtsverhältnis Großhirnrinde zu Stammhirn beträgt bei der Meerkatze 34, beim Schimpansen 49 und beim Menschen 170.

89   Interpretieren Sie die oben genannten Verhältniszahlen im Hinblick auf die Evolution der Primaten.

Die nahe Verwandtschaft zwischen Orang-Utan, Schimpanse und Mensch äußert sich auch in der Ähnlichkeit der Blutserumproteine.

90   Nennen Sie eine Methode, mit der man die Ähnlichkeit der Blutserumproteine von Mensch, Schimpanse und Orang-Utan untersuchen kann. Erklären Sie, warum Ihre vorgeschlagene Untersuchungsmethode eine Aussage über den Verwandtschaftsgrad erlaubt.

Die Synthese des Bitterstoffs ist für das Wachstum der Lupinenpflanzen unerheblich; die Produktion benötigt aber einen erhöhten Stoff- und Energieaufwand. Dennoch haben sich im Laufe der Evolution die bitterstoffhaltigen Pflanzen durchgesetzt.

91   Erklären Sie diesen Sachverhalt mithilfe der Synthetischen Evolutionstheorie.

Die zur Familie der Spechte *(Picidae)* gehörenden Arten Grünspecht *(Picus viridis)* und Grauspecht *(Picus canus)* sind einander in Körperbau, Gefiederfarbe und Balzruf sehr ähnlich. Das Hauptverbreitungsgebiet des Grauspechtes ist Osteuropa, das des Grünspechtes ist Westeuropa. Ähnlichkeit und Verbreitung lassen die Hypothese zu, dass beide Arten auf gemeinsame Vorfahren zurückzuführen sind, die vor der Eiszeit in Mitteleuropa gelebt haben.

92   Erklären Sie im Rahmen der Synthetischen Evolutionstheorie die Entstehung der beiden Arten.

In Mitteleuropa überlappen sich die Vorkommen beider Arten, ohne dass fruchtbare Bastarde beobachtet werden können. Man nimmt an, dass dafür die unterschiedliche Chromosomenzahl verantwortlich ist.

93.1 Erläutern Sie, warum unterschiedliche Chromosomenzahlen das Entstehen fruchtbarer Bastarde verhindern können.

93.2 Beschreiben Sie weitere Mechanismen, die einen Genaustausch verhindern (2 Angaben).

Der Axolotl zählt zu den Schwanzlurchen (Molche) die Zeit ihres Lebens das Aussehen der Larve beibehalten. Auch der Bergmolch zeigt gelegentlich diese Erscheinung. Der Tigerquerzahnmolch dagegen vollzieht in jedem Fall die Metamorphose zum Lungen atmenden Molch.

94   Wie lässt sich mit dem Serumtest zeigen, dass der Axolotl dennoch wesentlich näher mit dem Tigerquerzahnmolch verwandt ist als mit dem Bergmolch? Erläutern Sie die immunbiologischen Grundlagen dieses Tests.

Die folgende Tabelle zeigt eine Übersicht über das Vorkommen ausgewählter Lipide von Bio-membranen in Zellen und Zellorganellen verschiedener Organismen:

Ausgewählte Lipide	Zelle E. coli Plasmamembran	Zelle Cyanobakterium Plasmamembran	Leberzelle Mensch Plasmamembran	Mitochondrium Mensch (Leberzelle) innere Mitochondrienmembran	Chloroplast Spinat innere Chloroplastenmembran
Lipid-PE	+	–	+	+	–
Lipid-CL	+	–	–	+	–
MGDG (Monogalactosylacylglycerol)	–	+	–	–	+
Cholesterol	–	–	+	–	–

95.1 Welche Angaben dieser Tabelle stützen die Endosymbionten-Hypothese? Begründen Sie.

95.2 Führen Sie zwei weitere Belege für die Endosymbionten-Hypothese an.

Entzündungen der Magenschleimhaut gehören zu den häufigsten Erkrankungen des Magen-Darm-Traktes in unser Zivilisationsgesellschaft. Eine Ursache hierfür ist die Infektion durch *Helicobacter pylori*. Dieses Bakterium gelangt mit der Nahrung in den Magen und sucht dort aktiv die Epithelzellen der Magenwand auf. *Helicobacter pylori* ist an die besondere ökologische Nische im Magen angepasst.

96 Was versteht man unter einer ökologischen Nische?
Erläutern Sie den Prozess der Anpassung von *Helicobacter pylori* mithilfe der Synthetischen Evolutionstheorie.

Die Schmetterlinge der Familie der Bärenspinner *(Arctiidae)* sind Nachtfalter mit häufig hell/dunkel gemusterten Vorderflügeln. Diese bedecken in Ruhestellung das oft rot/schwarz bzw. gelb/schwarz gezeichnete Hinterflügelpaar. Die Raupen sind lang und dicht behaart. Abbildung 28 zeigt den Braunen Bär *(Arctia caja)*, der in Eurasien und Nordamerika vorkommt.

Abb. 28: Brauner Bär *(Arctia caja)*, Schmetterling und Raupe

Heidelberger Forscher untersuchen eine Bärenspinner-Art, deren Raupen Pflanzen fressen, die ein Pyrrolizidin-Alkaloid (PA) enthalten. Diese Substanz ist giftig und stellt für die Pflanze in den meisten Fällen einen Fraßschutz dar. Die Schmetterlingsraupe besitzt allerdings ein spezifisches Transportprotein in ihren Darmzellen, das ausschließlich das PA bindet und es zu den Hautschichten transportiert, wo es eingelagert wird. Damit ist das Alkaloid für die Raupe unschädlich. Dieses PA findet sich in allen Entwicklungsstadien des Schmetterlings wieder.

97.1 Nennen Sie die Entwicklungsstadien eines Schmetterlings in der richtigen Reihenfolge.

97.2 Erklären Sie mithilfe der Synthetischen Evolutionstheorie, wie alkaloidproduzierende Pflanzen entstanden sein könnten.
Weshalb stellt die Bildung des spezifischen Transportproteins für diese Schmetterlingsart einen doppelten Selektionsvorteil dar?

97.3 Welche Bedeutung könnte die unterschiedliche Zeichnung der Vorder- und Hinterflügel dieser Schmetterlinge haben?

Der Sehfarbstoff der Stäbchen (Rhodopsin) und die Sehfarbstoffe der Zapfen haben beim Menschen ähnliche Aminosäuresequenzen. In Abbildung 29 sind die Unterschiede in den Aminosäuresequenzen zwischen jeweils zwei Sehfarbstoffen schwarz markiert. Es wird angenommen, dass sich im Verlauf der Evolution aus einem Ur-Gen die Gene für die Codierung von Sehfarbstoffen gebildet haben. Gehen Sie davon aus, dass jeder Sehfarbstoff von einem Gen codiert wird.

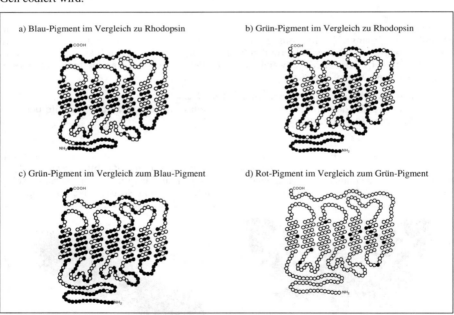

Abb. 29: Unterschiede in den Aminosäuresequenzen zwischen verschiedenen Sehfarbstoffen

98.1 Stellen Sie mithilfe der Informationen aus Abbildung 29 einen möglichen Stammbaum der Sehfarbstoff-Gene auf. Begründen Sie Ihr Ordnungsschema.

98.2 Zeichnen Sie, ausgehend vom genannten Ur-Gen, einen Stammbaum für die Sehfarbstoff-Gene der Neuweltaffen unter Berücksichtigung der Information aus Abb. 30.

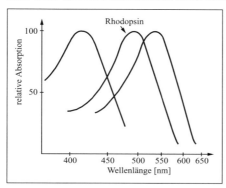

Abb. 30: Relative Absorption der Sehpigmente im Auge eines Nachtaffens

Um den Verwandtschaftsgrad zwischen Nachtaffen, Schimpansen und Menschen zu überprüfen, gibt es mehrere Möglichkeiten.

99 Beschreiben Sie eine Methode, mit deren Hilfe Verwandtschaftsverhältnisse ermittelt werden können.

Der Mittelgrundfink *(Geospiza fortis,* Abb. 31) und der Kleingrundfink *(Geospiza fuliginosa,* Abb. 31a) gehören zu den Finken der Galapagos-Inseln.
Beim Messen der Schnabellängen in Populationen des Mittelgrundfinks ergaben sich interessante Beobachtungen: Wenn die Mittelgrundfinken seit langer Zeit als einzige Finkenart auf einer dieser Inseln leben, so ergibt sich eine Verteilung der Schnabellängen in einer Population nach Abbildung 31b. Teilen sich aber die Mittelgrundfinken eine Insel mit den Kleingrundfinken, so ergibt sich eine Verteilung der Schnabellängen in einer Population nach Abbildung 31c.

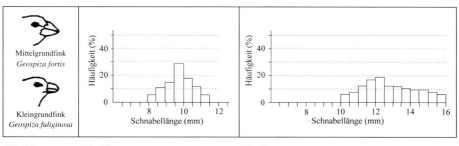

Abb. 31a   Abb. 31b   Abb. 31c

100.1 Erläutern Sie diese Beobachtungen auf der Grundlage der Synthetischen Evolutionstheorie.
100.2 Erläutern Sie den Begriff „Präadaptation". Welche Rolle könnte sie in diesem Fall gespielt haben?
100.3 Wie hätte LAMARCK diese Beobachtungen gedeutet?

Im Jahre 1924 wurde in einem Kalksteinbruch in Taung (Südafrika) der Schädel des so genannten Kindes von Taung (Abb. 32a) gefunden, das der Anthropologe RAYMOND DART als Fossil eines Hominoiden identifizierte. Weitere Knochenfunde vervollständigten das Bild dieser Art, die vor drei bis zwei Millionen Jahren in Südafrikas Savannen lebte. Abbildung 32b zeigt den Schädel eines erwachsenen Vertreters dieser Art. Abbildung 32c zeigt die Schädel-Unterseiten von Schimpanse, *Homo sapiens* und eines Vertreters der in Abbildung 32b dargestellten Art.

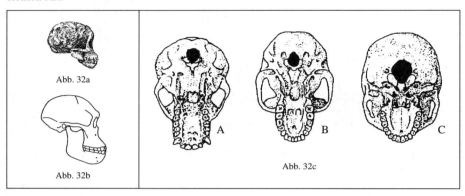

101 Ordnen Sie die drei Schädelabbildungen (Abb. 32c) den genannten Lebewesen zu. Ordnen Sie das Fossil (Abb. 32b) einer Gattung aus dem Stammbaum des Menschen zu und begründen Sie mithilfe der in Abbildung 32c und 32b erkennbaren Merkmale. Erläutern Sie auch den Zusammenhang zwischen Schädelbau und Fortbewegungsweise.

Um die genetische Distanz zwischen Mensch und Menschenaffen zu bestimmen, kann man entsprechende DNA-Sequenzen vergleichen. In Abbildung 33 sind einige der insgesamt 79 Basentripletts des Gens für das Enzym NAD-Hydrogenase-5 dargestellt, das in Mitochondrien vorkommt.

Triplett-Nr.	...	*16*	*17*	*18*	*19*	*20*	*21*	*22*	...
Mensch	...	TAA	GGG	GGG	TAG	GAA	TGG	TGG	...
Schimpanse	...	TAA	GAG	GGG	TAG	GAG	TGG	TGG	...
Gorilla	...	TAA	GGG	GGA	TAG	GAA	TGG	TGG	...
Orang-Utan	...	TAG	GGG	GGG	TAA	TGG	CGA	TGG	...
Gibbon	...	TAA	GGG	GGG	TAA	TGT	CGG	TGG	...

Abb. 33: DNA-Sequenzen für Teile der NAD-Hydrogenase-5 in Mitochondrien verschiedener höherer Primaten

102.1 Zeichnen und beschriften Sie das Schema eines Mitochondriums entsprechend dem elektronenmikroskopischen Bild und erläutern Sie die Aufgabe der Mitochondrien in der Zelle.

102.2 Ermitteln Sie am Beispiel der Basensequenzen in Abbildung 33 den vermutlichen Grad der Verwandtschaft zwischen dem Menschen und den dort erwähnten Primaten. Weshalb kann Ihre Aussage in diesem Fall nur begrenzte Gültigkeit haben?

102.3 Begründen Sie, warum der Austausch von Basen in diesem Fall zu keiner Veränderung der Enzymwirkung führt. Verwenden Sie dabei auch die Code-Sonne (Abb. 34).

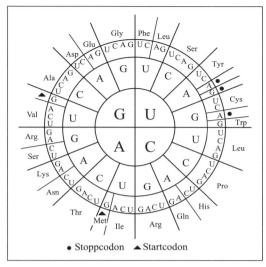

Abb 34: Code-Sonne

DNA findet man nicht nur im Zellkern, sondern auch in anderen Zellorganellen.

103 Führen Sie aus, wie man sich das Auftreten von Organellen mit eigener DNA in Tierzellen und Pflanzenzellen erklären kann.
Welche Befunde stützen Ihre Erklärung (zwei Angaben)?

Die in den Grasländern Afrikas lebenden Zebras haben ein hell-dunkel gestreiftes Fell. Es gibt Hinweise darauf, dass auch die Vorfahren unserer Pferde zumindest teilweise gestreift waren.

104 Erläutern Sie die Entstehung der Fellmusterung bei Zebras auf der Grundlage der Synthetischen Evolutionstheorie. Geben Sie eine Erklärung für das Verschwinden dieser Fellmusterung bei domestizierten Pferden.

Das Quagga, ein Huftier aus dem südlichen Afrika, ist seit 100 Jahren ausgestorben. Abbildung 35 zeigt die vollständige Nukleotidsequenz eines Ausschnitts aus der mitochondrialen Quagga-DNA. Zum Vergleich sind die Sequenzen des entsprechenden DNA-Abschnitts anderer Säuger angegeben, wobei nur die von der Quagga-DNA abweichenden Basen eingetragen sind, während Punkte Übereinstimmung bedeuten.

```
Berg-    3' G . . . . . . . . T . . . . . . . . . . . . . . . . . . . . . . G . . . . . . . .
zebra:      . . . . . . . . . . . . . . . . . . . . . . . . C . . . . . . . . . . . . . . . . . . 5'

Mensch:  3' . . . . . . C . . . A . . . . . . . . . T . . C . . . . . . . . . . . C . . . . . C . .
            A G . . . . . . . . . A C . . C . . . . . C . . T . . C . . T . . C . . . . . . A . C . . 5'

Quagga:  3' A G G A G G A T T C G T T C A C T G A T T C C C T C T A T T C T C A G G A T A C A C A C T
            C A A C C A A A C C T G A G C A A A A A T T C A C T T T A C A A T T A T A T T C G T A G G 5'

Rind:    3' . . . . . . . . . T . . . . . T . . . . . . A . . . . . . . . . . . T . . T . . T . .
            . . . . G . T . . A . . . . . C . . . . . C . . . . . C G . . . . . . . . . . . T . . . . . 5'

Steppen- 3' . . . . . . . . . . . . . . . . . . . . . . . . . . . . . . . . . . . . . . . . . . . .
zebra:      . . . . . . . . . . . . . . . . . . . . . . . . . . . . . . . . . . . . . . . . . . . . 5'
```

Abb.35: Nukleotidsequenz entsprechender einsträngiger DNA-Abschnitte verschiedener Säuger (aus Platzgründen zweizeilige Darstellung der Nukleotidsequenzen).

105   Erstellen Sie aufgrund dieser Befunde ein Stammbaumschema, und begründen Sie.

Lösung

83 Parallelentwicklungen in der Evolution nennt man **Konvergenz**, oder **analoge** Entwicklung. Ursache ist die **Anpassung an ähnliche Umweltbedingungen**.
Beispiele:
– Torpedoform bei Fisch, Delfin und Pinguin
– Flügel bei Insekten und Fledermäusen
– Blattdornen und Sprossdornen
– Sukkulenz (= Kaktusform) bei verschiedenen Pflanzenfamilien

84
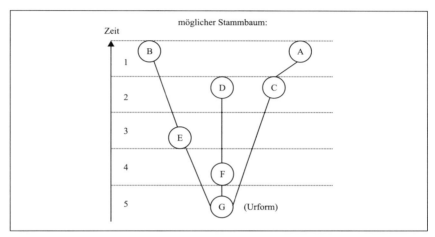

Begründung:
a) Linie mit Sonderentwicklung: „Horn" (+ gemeinsamer Name)
G → E → B
b) Linie mit Sonderentwicklung: Schädelwölbung
G → F → D
c) Entwicklungslinie ohne Sonderentwicklung:
G → C → A

Hinweis: Andere sinnvolle Lösungen sind möglich.

85 Bedingungen, dass 2 Arten zur selben Zeit existieren können:
a) Um die Artdefinition zu erfüllen, müssen sie **getrennte Genpools** besitzen → kein Genaustausch, d. h. keine fruchtbaren Bastarde möglich (= Isolation).
b) Um zeitgleich überleben zu können, müssen sie totale Konkurrenz um Nahrung etc. vermeiden:
– entweder durch Besetzung verschiedener **ökologischer Nischen** oder
– durch räumliche Trennung, Separation (= geografische Isolation) durch z. B. Gebirge.

Schema:

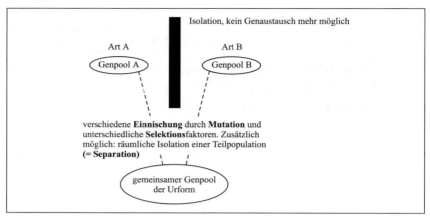

Def. Einnischung:
Evolutionäre **Anpassungen** an biotische und abiotische Umweltfaktoren, die notwendig sind, um die Art zu erhalten.

Unterschiede in den Körperproportionen:

Schimpanse	Mensch
Arme länger als Beine *oder: Verhältnis: Rumpf zu Armlänge* ↓ Klettern, Hangeln (vierbeiniges Laufen)	Beine länger als Arme *oder: Verhältnis: Rumpf zu Beinlänge* ↓ zweibeiniges Laufen

Unterschiede in der Körperhaltung:

	Schimpanse	**Mensch**
Körperschwerpunkt	vor Wirbelsäule	im Becken (Körperachse)
Wirbelsäule	einfach gebogen (S-förmig)	doppelt S-förmig
Kopf	vor der Wirbelsäule nicht im Schwerpunkt	auf der Wirbelsäule balancierend
Knie	abgewinkelt	durchgedrückt

Beim Menschen ist der Körperschwerpunkt in der Achse Kopf – Becken – durchgestreckte Beine. Er kann also die Balance mit nur geringer Muskelkraft halten, da die Hauptlast auf der knöchernen Hauptachse liegt. Beim Schimpansen muss mit großem Energieaufwand durch die Muskelarbeit des Nackens, des Rumpfs und der abgewinkelten Beine (Kniegelenke) der Gleichgewichtszustand erhalten bleiben.

87 — Reduktion der Eckzähne → Verschwinden der Zahnlücken
- geschlossener Zahnbogen
biologische Bedeutung: Nahrungsumstellung, Voraussetzung für Sprache?
- Schnauzenreduktion
- Reduzierung des Gesichtsschädels
- Kieferknochen zierlicher
biologische Bedeutung: Nahrungsumstellung, Rückgang des Geruchssinnes
- Vergrößerung des Gehirnschädels (Stirnbildung)
biologische Bedeutung: komplexere Hirnleistungen
- Knochengrate am Schädel reduziert
biologische Bedeutung: schwächere Nackenmuskel-Ansätze; schwächere Kaumuskel-Ansätze
- Lage des Daumengelenks, Fingerlänge
biologische Bedeutung: Daumen besser opponierbar zu den restlichen Fingern → Greifhand mit feinmechanischen Fähigkeiten

(3 Unterschiede sind verlangt)

88 **Unterschiede bei den Extremitäten:** Die ausschließlich aufrechte Gangart des Menschen bringt es mit sich, dass der Fuß das gesamte Gewicht des Körpers zu tragen hat. Dementsprechend ist seine Form dieser Belastung angepasst. Die Hauptbelastungslinie liegt nahe der großen Zehe. Diese kann nicht mehr abgespreizt werden und ist auch nicht mehr opponierbar. Das bedeutet, sie kann den anderen Zehen nicht mehr gegenübergestellt werden. Bei den Menschenaffen ist dies sehr wohl möglich. So sind sie in der Lage, beim Klettern Äste mit dem Fuß zu ergreifen und festzuhalten (**Standfuß – Greiffuß**).

Unterschiede beim Skelett: Durch den aufrechten Gang ergeben sich statische Notwendigkeiten für die Abwandlung des Skeletts. Die **Wirbelsäule** des Menschen ist doppelt S-förmig gekrümmt. Sie trägt den Kopf und Rumpf federnd und erreicht ihr Extrem in der Beckengegend. Hier ermöglicht ein regelrechter Knick in der Reihe der Wirbel die senkrechte Stellung. Der **Brustkorb** ist breiter als tief. Das **Becken** ist schüsselförmig.

Haltung des Schädels: Die Affen gehen überwiegend vornübergebeugt auf allen vier Extremitäten. Der Kopf hängt an der schräg stehenden Wirbelsäule. Er muss durch eine starke Nackenmuskulatur gehalten werden. Die Ansatzstelle der Wirbelsäule wird durch das Hinterhauptsloch gebildet, wo das Rückenmark in den Schädel eintritt. Dementsprechend liegt das Hinterhauptsloch bei den Affen weit hinten am Schädel. Der Mensch dagegen geht aufrecht. Er balanciert den Schädel auf der senkrecht stehenden Wirbelsäule, die den Kopf direkt unterhalb des Schwerpunktes stützt. Das **Hinterhauptsloch** liegt etwa in der Mitte der Schädelbasis im **Schwerpunkt**.

89 Im Evolutionsgeschehen nahm die Höherentwicklung der Lebewesen von der Meerkatze über Schimpanse zum Menschen hin zu. Gleichzeitig entwickelte sich in dieser Richtung auch die Ausbildung des Großhirns. Die relative Größe der Großhirnrinde entwickelte sich in der angegebenen Weise. Das Stammhirn (Instinkte) tritt zugunsten des Großhirns (Bewusstsein) in den Hintergrund.

90 **Vergleich der Serumproteine:**
a) Serumpräzipitin-Test (= Serumreaktion)
b) Aminosäuresequenz-Analyse
c) *DNA-Basensequenz-Analyse* (falls das Gen d. h. der entsprechende DNA-Abschnitt bekannt ist)

Erklärung des Verwandtschaftsgrades:
zu a): Je größer der Verklumpungsgrad der Seren von Orang-Utan bzw. Schimpanse mit „Anti-Mensch"-Serum, desto größer ist die Ähnlichkeit der Affen-Serumproteine mit Menschen-Serumprotein. Da die Primärstruktur der Proteine durch die Basensequenz der DNA codiert wird, entspricht die Ähnlichkeit der Proteine der genetischen Distanz, d. h. dem Verwandtschaftsgrad.

nicht verlangt:
Ablauf des Serumpräzipitin-Tests in diesem Fall:
Angenommene Fragestellung: Ist das Blutserum des Schimpansen dem des Menschen ähnlicher oder dem des Orang Utans?

Ablauf:
a) Einem Schimpansen wird Blut entnommen. Daraus isoliert man das Blutserum.
b) Einem möglichst weit entfernt verwandten Testtier (z. B. Kaninchen) wird dieses Serum injiziert, sodass eine aktive Immunantwort gegen die fremden Blutproteine erfolgt.
c) Dem Testtier wird nach einigen Wochen Blut entnommen und daraus das „Anti-Schimpansen"-Serum isoliert. Es enthält Antikörper spezifisch gegen Bluteiweiße von Schimpansen.
d) 100 %-Eichung: Dieses „Anti-Schimpansen"-Serum wird mit Schimpansenserum vermischt, um den beobachteten Verklumpungsgrad als 100 %-Marke festzulegen.
e) Nun wird das Testserum mit den Blutseren der Tiere vermischt, deren Verwandtschaftsgrad gemessen werden soll. Hier: Menschenserum und Orangserum. Je stärker die Verklumpung (= Präzipitation), desto größer ist die Ähnlichkeit der Serumproteine mit denen der Schimpansen, desto enger die Verwandtschaft.

91 Die **synthetische Evolutionstheorie:** Diese Theorie fasst die Erkenntnisse verschiedener biologischer Disziplinen zusammen, um die Abstammung zu beweisen. So wirken besonders die drei Evolutionsfaktoren **Mutation, Rekombination** und **Selektion** zusammen. Es gibt jedoch noch weitere Evolutionsfaktoren: **Isolation** (z. B. durch Genaustausch verhindert wird (z. B. geographische I. = **Separation**) und **Gendrift** (Zufallswirkungen in kleinen Populationen).

Hier genügen die Evolutionsfaktoren Mutation (Rekombination) und Selektion:
Die zufällig durch **Mutation** bitterstoffhaltigen Lupinen erhalten hierdurch einen **Selektionsvorteil**. Schnecken, Raupen, ... meiden diesen Phänotyp → Diese Pflanzen werden mehr Samen bilden, d. h. **mehr Nachkommen** als bitterstofffreie Lupinen. → In vielen Generationen wird sich also das Allel für Bitterstoff durch **Rekombination** im **Genpool** durchsetzen.

92 Deutung mit der **Synthetischen Evolutionstheorie:**

*Diese Theorie fasst die Erkenntnisse verschiedener biologischer Disziplinen zusammen, um die Abstammung zu beweisen. So wirken besonders die drei Evolutionsfaktoren **Mutation, Rekombination** und **Selektion** zusammen. Es gibt jedoch weitere Evolutionsfaktoren: **Gendrift** (Zufallswirkungen in kleinen Populationen) und hier **Isolation:** Verhinderung von Genaustausch zwischen Teilpopulationen (z. B. durch geographische Barrieren = **Separation**).*

Im Fall der Spechte kam es (durch die Eiszeit) zur Separation in 2 **Teilpopulationen**, die einige 1 000 Jahre anhielt. Da der Genaustausch unterbrochen war, konnten sich **Mutationen** nicht in der jeweils anderen Population ausbreiten. Da in jeder Teilpopulation durch unterschiedliches Klima unterschiedliche **Selektionsbedingungen** herrschten, passten sich die Teilpopulationen unterschiedlichen **ökologischen Nischen** an. So kam es im Lauf der Zeit zur Ausbildung von 2 Arten, die sich nach der Eiszeit nicht mehr fruchtbar untereinander fortpflanzen konnten.

93.1 Die unterschiedliche Chromosomenzahl führt zu Störungen im Ablauf der Meiose, da z. B. ein eventuell überzähliges Chromosom beim Ablauf der Keimzellenbildung keinen homologen Partner findet. Die Ausbildung der Keimzellen ist dann gehemmt. Dies führt dazu, dass **Bastarde** in diesem Fall nicht fruchtbar sind.

93.2 Ein Genaustausch kann durch folgende Mechanismen verhindert sein:
- **ethologische Isolation:** z. B. unterschiedliches Balz- und Brutverhalten

    Es ist bekannt, dass sich die Sandregenpfeifer beim Brüten so ablösen, dass der ankommende Vogel den brütenden Partner von der Seite her von den Eiern drängt. Das Ablöseverhalten der Flussregenpfeifer erfolgt dagegen so, dass der ankommende Vogel von hinten auf das Nest fliegt und der brütende dieses nach vorne verlässt. Derartige Verhaltensunterschiede erschweren die Kommunikation zwischen möglichen Kreuzungspartnern so stark, dass keine Kreuzung mehr stattfinden kann. Die unterschiedlichen Verhaltensweisen sind dann zum Isolationsfaktor geworden; jede Gruppe entwickelt sich zu einer eigenen Art.

- **ökologische Isolation:** Verschiedenartige Einnischung

    *Ein bekanntes Beispiel sind die **Darwin-Finken**. Bei diesen gibt es solche mit spitzen Schnäbeln und solche mit einem massiven Kernbeißerschnabel. Durch diese durch Mutation entstandenen neuen Erbmerkmale erhalten die Vögel neue Ernährungs- und Wohnmöglichkeiten. Dadurch sind sie dem Konkurrenzdruck entzogen und können sich nahezu ungestört entwickeln.*

- **jahreszeitliche Isolation:** z. B. unterschiedliche Balzzeiten
- **mechanische Isolation:**

    Bei manchen Insekten- und Spinnenarten sind die Geschlechtsorgane artspezifisch wie „Schlüssel" und „Schloss".

- **genetische Isolation:** (siehe Aufgabe 93.1)
- **geografische Isolation** = Separation: (siehe Aufgabe 92)

    (Es sind nur 2 Angaben verlangt!)

94 **Serum-Test** (Serum-Präzipitintest)
Angenommene Fragestellung: Ist der Axolotl näher mit dem Tigerquerzahnmolch oder dem Bergmolch verwandt?
Ablauf:
a) Einem Axolotl wird Blut entnommen. Daraus isoliert man das **Blutserum**.
b) Einem möglichst weit entfernt verwandten Testtier (z. B. Kaninchen) wird dieses Serum injiziert, sodass eine aktive Immunantwort gegen die fremden Blutproteine erfolgt.
c) Dem Testtier wird nach einigen Wochen Blut entnommen und daraus das „Anti-Axolotl"-Serum isoliert. Es enthält Antikörper spezifisch gegen Bluteiweiße von Axolotl.
d) 100 %-Eichung: Dieses „Anti-Axolotl"-Serum wird mit Axolotl-Serum vermischt, um den beobachteten Verklumpungsgrad als 100 %-Marke festzulegen.
e) Nun wird das Testserum mit den Blutseren der Tiere vermischt, deren Verwandtschaftsgrad gemessen werden soll. Hier: Tigerquerzahnmolch-Serum und Bergmolch-Serum. Je stärker die Verklumpung (= Präzipitation), desto größer ist die Ähnlichkeit der Serumproteine mit denen der Axolotl, desto enger die Verwandtschaft.

95.1 *Es soll hier zunächst der Begriff **Endosymbionten-Hypothese** erklärt werden:*
Die Endosymbionten-Hypothese besagt, dass Plastiden und Mitochondrien von ehemals frei lebenden Einzellern abstammen. Diese wurden auf einer sehr frühen Evolutionsstufe von solchen Zellen aufgenommen, die noch frei von Organellen waren, jedoch über die Entwicklungsstufe der Prokaryoten hinausgingen. Dabei könnten die Mitochondrien von aeroben Bakterien, die Plastiden hingegen von Blaualgen abstammen. Für diese Hypothese sprechen das eigene, genetische und in wesentlichen Merkmalen prokaryotische System der Zellorganellen, sowie die doppelte Organellmembran, wobei die äußere und innere Membran eine unterschiedliche Zusammensetzung haben.

Die folgenden Angaben der vorgegebenen Tabelle in der Aufgabe stützen die Endosymbionten-Hypothese:
- Lipid-CL nur in innerer Mitochondrienmembran und *E. coli*-Plasmamembran
- Lipid MGDG nur in Chloroplastenmembran und in Plasmamembran von Cyanobakterien

Die Ähnlichkeit der inneren Membranen der Organellen mit den Membranen frei lebender Mikroorganismen stützen die Annahme, dass Mitochondrien und Chloroplasten durch Endosymbiose in die Zellen gelangten.

95.2 Weitere Belege für die Endosymbionten-Hypothese sind, dass Mitochondrien und Plastiden
- eine eigene DNA und Ribosomen besitzen
- selbstständig eine eigene Proteinsynthese durchführen
- von einer Zelle nicht völlig neu gebildet werden können. Sie entstehen nur durch Teilung aus ihresgleichen.

96 **Ökologische Nische:** Summe aller Umweltfaktoren (biotisch/abiotisch), die einer Tier- oder Pflanzenart das Überleben ermöglichen *("Beruf" eines Lebewesens)*.
Anpassung an neue ökol. Nische (= **Einnischung**) von *Helicobacter*:
- **Mutation:** Ursprünglich freilebende Bakterien konnten durch eine **schon vorher** aufgetretene Mutation im Magen überleben (= Präadaptation).
- **Selektion:** Alle anderen Bakterien starben in der Magensäure ab. Das mutierte Bakterium überlebte und vermehrte sich ohne Konkurrenz.
- **Einnischung:** Durch weitere Mutationen kam es schließlich zu einer spezifischen Anpassung an die neuen Überlebensbedingungen.

97.1 Entwicklung eines Schmetterlings:
Ei → Raupe → Puppe → Schmetterling
Oder: allgemeine Begriffe für Insekten mit vollständiger Verwandlung (befruchtetes) Ei → Larve → Puppe → Vollinsekt (= Imago)

97.2 *Die* **synthetische Evolutionstheorie:** *Diese Theorie fasst die Erkenntnisse verschiedener biologischer Disziplinen zusammen, um der Abstammung zu beweisen.*
So wirken besonders die drei Evolutionsfaktoren **Mutation, Rekombination** *und* **Selektion** *zusammen. Es gibt jedoch noch weitere Evolutionsfaktoren:* **Isolation**, *bei der Genaustausch verhindert wird (z. B. geographische I. =* **Separation**) *und* **Gendrift** *(Zufallswirkungen in kleinen Populationen).*

Hier genügen als Erklärung die Evolutionsfaktoren **Mutation** und **Selektion**.

Mögliche Entstehung der alkaloidproduzierenden Pflanzen:
- Durch eine **Mutation** verändert sich ein Pflanzengen so, dass ein Alkaloid produziert wird. *
- Das Alkaloid stellt für die Pflanze einen Überlebensvorteil dar, da es als **Fraßschutz** dient → **Selektionsvorteil**.
- Das neue Allel setzt sich in den folgenden Generationen im Genpool der Pflanzenpopulation durch, da die alkaloidproduzierenden Pflanzen mehr Nachkommen hinterlassen als die ungeschützten.

*: Da Alkaloide chemisch nicht zu den Proteinen gehören, wirkt die Mutation indirekt. Durch die Mutation wird wahrscheinlich ein Enzym verändert, das dann durch einen veränderten Reaktionsweg die Bildung des Alkaloids katalysiert.

Vorteile des Transportproteins für die Schmetterlinge:
a) **neue Nahrungspflanzen:** Durch das Transportprotein können die Schmetterlingsraupen Pflanzen gefahrlos fressen, die für andere konkurrierende Pflanzenfresser giftig sind.
→ neue Nahrungsquellen (neue ökologisch Nische!)
→ keine Nahrungskonkurrenten (z. B. andere Schmetterlingsarten)
b) **Schutz vor Fraßfeinden:** Da die Raupen das Gift nicht verdauen, sondern in ihre Haut einlagern, werden sie selbst giftig für ihre Fressfeinde. Werden die Raupen z. B. von Vögeln gefressen, wird das Transportprotein verdaut, und das Gift wird aus der Haut freigesetzt.
(Die Fressfeinde der Raupen werden durch das (tödliche) Gift dezimiert oder das (nicht tödliche) Gift führt zu künftiger Meidung dieser Raupen.)

97.3 **Vorderflügel:** Hell-dunkel-Musterung → **Tarnfarbe**, die der Rinden-Musterung von Bäumen entspricht. Schutz vor Fressfeinden.
Hinterflügel: grelles Farbmuster als **„Schrecktracht"** ebenfalls gegen Fressfeinde.

Die „augenförmigen" Muster werden ruckartig unter den Vorderflügeln hervorgezogen und sollen z. B. einen Vogel erschrecken.
Denkbar wäre auch: artspezifische Erkennung von Geschlechtspartnern.

98.1 *Die 4 Sehfarbstoffe unterscheiden sich nur im räumlichen Aufbau des Opsinanteils. Das lichtabsorbierende Pigmentmolekül ist bei allen das cis-Retinal. Deshalb nimmt man an, dass alle 4 Sehfarbstoffe aus einem „Uropsin"-Gen entstanden sind. Die verschiedenen Absorptionsmaxima entstehen durch die verschiedenen Opsin-Raumstrukturen, in die das cis-Retinal eingebettet ist.*

Unterschiede in der Aminosäuresequenz	*Rhodopsin*	*Grünpigment*
Blaupigment	*großer Abstand: ~ 200 Aminosäuren*	*großer Abstand: ~ 220 Aminosäuren*
Grünpigment	*großer Abstand: ~ 230 Aminosäuren*	–
Rotpigment	–	*geringer Abstand: ~ 15 Aminosäuren*

Rhodopsin hat zum Blaupigment wie zum Grünpigment einen großen genetischen Abstand, da sehr viele Aminosäuren durch Mutation ausgetauscht sind → frühe entwicklungsgeschichtliche Aufspaltung.
Das gleiche gilt für den Abstand von Blau- zu Grünpigment. Grün- und Rotpigment jedoch sind chemisch sehr ähnlich und haben sich deshalb erst sehr spät getrennt entwickelt.

(siehe Nachtaffen, wo diese Trennung noch nicht vollzogen ist!)

Vermutlicher Stammbaum:

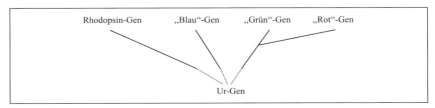

98.2 Abbildung 8 zeigt, dass bei den Neuweltaffen die Trennung in rotempfindlichen und grünempfindlichen Sehfarbstoff (noch) nicht erfolgt ist. Sie haben nur 2 Zapfenpigmente: Blaupigment und „Rot-Grün"-Pigment.

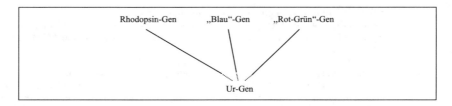

99 *Hier darf ein biochemischer Verwandtschaftsbeweis selbst ausgewählt werden z. B.*
- *Serumreaktion (Serumpräzipitin-Test)*
- *Aminosäuresequenz-Vergleich (Proteinvergleich) z. B. Cytochrom c oder Hämoglobin*
- *DNA-Sequenz-Vergleich*
- *DNA-Hybridisierungsmethode*

*Am häufigsten wird der Serumpräzipitin-Test verlangt. Hier ist nur eine **Beschreibung**, keine Deutung verlangt!*

Deutung:
Diese Methode beruht auf der Fähigkeit des Immunsystems, mithilfe von Antikörpern chemische Oberflächen zu unterscheiden. In diesem Fall vergleicht man im Blutserum gelöste Proteine verschiedener Wirbeltiere. Je ähnlicher diese Bluteiweiße, desto ähnlicher die zugrundeliegende DNA, d. h. desto geringer die genetische Distanz und desto näher die Verwandtschaft, d. h. desto näher ist der zeitliche Abstand zu einem gemeinsamen Ahnen.

Angenommene Fragestellung: Ist der Nachtaffe näher mit dem Menschen oder dem Schimpansen verwandt?

Ablauf:
a) Einem Nachtaffen wird Blut entnommen. Daraus isoliert man das **Blutserum**.
b) Einem möglichst weit entfernt verwandten Testtier (z. B. Kaninchen) wird dieses Serum injiziert, sodass eine aktive Immunantwort gegen die fremden Blutproteine erfolgt.
c) Dem Testtier wird nach einigen Wochen Blut entnommen und daraus das „Anti-Nachtaffen"-Serum isoliert. Es enthält Antikörper spezifisch gegen Bluteiweiße von Nachtaffen.
d) 100 %-Eichung: Dieses „Anti-Nachtaffen"-Serum wird mit Nachtaffenserum vermischt, um den beobachteten Verklumpungsgrad als 100 %-Marke festzulegen.
e) Nun wird das Testserum mit den Blutseren der Tiere vermischt, deren Verwandtschaftsgrad gemessen werden soll. Hier: Menschenserum und Schimpansenserum.

Je stärker die Verklumpung (= Präzipitation), desto größer ist die Ähnlichkeit der Serumproteine mit denen der Nachtaffen, desto enger die Verwandtschaft.

100.1 Die synthetische Evolutionstheorie:

*Diese Theorie fasst die Erkenntnisse verschiedener biologischer Disziplinen zusammen, um die Abstammung zu beweisen. So wirken besonders die drei Evolutionsfaktoren **Mutation**, **Rekombination** und **Selektion** zusammen. Es gibt jedoch noch weitere Evolutionsfaktoren: **Isolation**, bei der Genaustausch verhindert wird (z. B. geographische I. = **Separation**) und **Gendrift** (Zufallswirkungen in kleinen Populationen).*

Die Abbildung 10 und 11 stellen jeweils eine typische **Variationskurve** *(Beachte: Abb. 10/11 dürfen nicht mit **Modifikationskurven** verwechselt werden, da nicht die Schnabellängen **erbgleicher** Finken gemessen wurden.)* für eine bestimmte Population dar. Aus Abbildung 11 ist ersichtlich, dass die mittlere Schnabellänge bei dieser Population gegenüber der von Abbildung 10 größer ist. Tiere mit Schnäbeln, die kleiner als 10 mm sind, gibt es offenbar gar nicht mehr. Zwischen den Finkenarten kam es zur **Nahrungskonkurrenz**. Vor allem die Kleingrundfinken mit ihren kurzen Schnäbeln hatten bald alles für sie Erreichbare aufgefressen. Nahrung war mit der Zeit nur noch ausreichend an den Stellen zu finden, an denen sie Tiere mit längeren Schnäbeln aufspüren konnten. Im Laufe der Zeit kam es auch immer wieder zu **Mutationen**, die z. B. längere Schnäbel zur Folge hatten. Der **Selektionsdruck** ging nun in die Richtung derjenigen Finken, die einen längeren Schnabel hatten. Im Laufe der Zeit verschob sich die Schnabellänge der Vögel, wie in Abbildung 11 dargestellt. Tiere mit kürzeren Schnäbeln fanden allmählich keine Nahrung mehr und konnten sich nicht mehr fortpflanzen. Man spricht in diesem Fall von einer **transformierenden Selektion** aufgrund von **Konkurrenzvermeidung**.

100.2 Unter **Präadaptation** versteht man die Entstehung von Eigenschaften bei einem Individuum, die erst später im Evolutionsgeschehen Sinn bekommen können. Eine Präadaptation ist aber kein Beleg für eine zielgerichtete Evolution, sondern sie tritt dadurch ein, dass Mutationen ungerichtet und ohne nachfolgenden Selektionswert stattfinden. So kommt es vor, dass beim Eintreten neuer Lebensbedingungen einzelne Individuen zufällig bereits angepasst sind.
Im Fall der Finken haben in Konkurrenzsituationen mit Kleingrundfinken die präadaptierten Mittelgrundfinken, also solche mit bereits längeren Schnäbeln, einen deutlichen Selektionsvorteil.

100.3 **Erklärung nach LAMARCK:**
 a) **Umweltänderung:** Die Nahrung für Mittelgrundfinken wird knapper durch Konkurrenz.
 b) **Inneres Bedürfnis** nach Vervollkommnung führt zu **verstärktem Gebrauch** (oder Nichtgebrauch) eines Organs. Hier: Die Schnäbel werden z. B. für größere Samen „trainiert" sie werden größer und kräftiger.
 c) **Vererbung dieser erworbenen Eigenschaften:** Die längeren Schnäbel werden weitervererbt.
 a) bis c): Die Finken passen sich **aktiv** an.

101 **Zuordnung:** A = Schimpanse   B = Taung-Mensch   C = *Homo sapiens*
Stammbaumzuordnung des Fossils: Schädel B bzw. Abbildung 32a/b gehören zur Gattung der **Australopithecinen**
Begründung: Der Schädel stammt aus dem Tier-Mensch-Übergangsfeld → er zeigt noch viele „äffische" Merkmale: (siehe auch Altersangabe im Text!)
– Schnauze noch relativ groß
– Gehirnvolumen relativ klein
– Überaugenwülste, fliehende Stirn, fliehendes Kinn

Hominiden-Merkmale:
– Zahnbogen geschlossen – ohne Zahnlücke
– Eckzähne klein
– Zahnbogen-Form menschenähnlich
– Hinterhauptloch unter dem Schädel (in Richtung Schwerpunkt)
Fazit: früher Hominide mit nahezu aufrechtem Gang.

Aus den drei Schädeln in Abbildung 32c ist auch sehr gut die Bedeutung des Hinterhauptloches erkennbar. Schimpansen gehen überwiegend vornübergebeugt auf allen vier Extremitäten. Der Kopf hängt an der schräg stehenden Wirbelsäule und muss durch eine starke Nackenmuskulatur gehalten werden. Die Ansatzstelle der Wirbelsäule wird durch das Hinterhauptsloch gebildet, wo das Rückenmark in den Schädel eintritt. Dementsprechend liegt das Hinterhauptsloch beim Schimpansen weit hinten am Schädel. Der Mensch dagegen geht aufrecht. Er „balanciert" den Schädel auf der senkrecht stehenden Wirbelsäule, die den Kopf direkt unterhalb des Schwerpunkts stützt. Das Hinterhauptsloch liegt etwa in der Mitte der Schädelbasis. Die Lage des Hinterhauptsloches von Schädel B in Abbildung 32c zeigt die Entwicklungsstufe des zugehörigen Lebewesens zwischen Schimpanse und Homo sapiens.

102.1

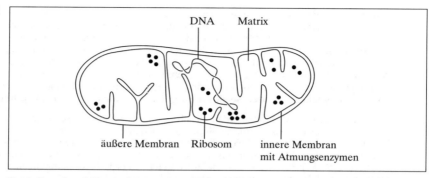

Funktion der Mitochondrien: Energiebereitstellung für die Zellen. Mitochondrien sind die „Kraftwerke" der Zelle. Sie gewinnen die Energie durch **aeroben Glukoseabbau (= Zellatmung)** und speichern die Energie in Form von Adenosintriphosphat = ATP.

102.2 Im Vergleich zur menschlichen DNA-Sequenz beträgt bei den einzelnen Tieren die Anzahl der ausgetauschten Basen beim

Schimpansen 2 Gorilla 1
Orang-Utan 7 Gibbon 5.

Aus diesen Untersuchungen wäre eine Abnahme des Verwandtschaftsgrades vom Menschen zu den anderen Primaten in der folgenden Richtung denkbar:

Mensch → Gorilla → Schimpanse → Gibbon → Orang-Utan.

In Wirklichkeit ist aber der Verwandtschaftsgrad zwischen Mensch und Gibbon viel geringer als der zu den genannten Menschenaffen. Der Grund für diese Fehlbestimmung liegt in der Untersuchungsmethode. Hier wurde nur ein Ausschnitt von 7 Tripletts aus einem bestimmten Gen und nicht das ganze Gen untersucht.

102.3 Es werden nur die Änderungen der Basen und die sich daraus ergebenden Folgen innerhalb der Tripletts untersucht.

Triplett-Nr.	Codogen	Codon	codierte Aminosäure
16	TAA	AUU	Ile (Isoleucin)
	TAG	AUC	Ile (Isoleucin)
17	GGG	CCC	Pro (Prolin)
	GAG	CUC	Leu (Leucin)
18	GGG	CCC	Pro (Prolin)
	GGA	CCU	Pro (Prolin)
19	TAG	AUC	Ile (Isoleucin)
	TAA	AUU	Ile (Isoleucin)
20	GAA	CUU	Leu (Leucin)
	GAG	CUC	Leu (Leucin)
	TGG	ACC	Thr (Threonin)
	TGT	ACA	Thr (Threonin)
21	TGG	ACC	Thr (Threonin)
	CGA	GCU	Ala (Alanin)
	CGG	GCC	Ala (Alanin)

Bei den Tripletts 16, 18 und 19 wird trotz Veränderung einer Base gegenüber dem entsprechenden Codon beim Menschen die gleiche Aminosäure codiert. Da es für viele Aminosäuren mehrere Codons gibt, spricht man von einem **degenerierten Code**.
Bei den Tripletts 17, 20 und 21 werden gegenüber dem entsprechenden Codon des Menschen andere Aminosäuren codiert. Diese Änderung einer einzelnen Aminosäure bleibt aber offenbar ohne Bedeutung für die Wirkung des Enzyms, da die **Tertiärstruktur** des betreffenden Proteins nicht geändert wurde. → **Aktives Zentrum** des Enzyms ist nicht betroffen.

103 Zellorganellen **mit eigener DNA** in Tierzellen: Mitochondrien
in Pflanzenzellen: Mitochondrien und Chloroplasten (Plastiden)
Deutung mit **Endosymbionten-Hypothese**:
Mitochondrien und Chloroplasten sind aus ursprünglich freilebenden Prokaryoten durch Endosymbiose entstanden.
Endo = Innerhalb der Zelle
Symbiose = Zusammenleben zu gegenseitigem Nutzen.
Mitochondrien: Ursprünglich anaerobe Prokaryoten nahmen zur Zellatmung fähige Bakterien in ihr Zellplasma auf, um von deren **aerober Energiegewinnung** zu profitieren.
Chloroplasten: Endosymbiotische Aufnahme von **Cyanobakterien** (Blaualgen), um von deren Fähigkeit zur **Fotosynthese** zu profitieren.
Befunde für die Endosymbionten-Hypothese:
– die DNA in beiden Organellen ist wie bei Prokaryoten **ringförmig**
– beide Organellen besitzen eigene **Ribosomen**
– beide Organellen vermehren sich nur „aus sich selbst"
– beide Organellen haben eine **Doppelmembran** (wobei die innere bakterienähnlich ist)

104 *Die* **Synthetische Evolutionstheorie:** *Diese Theorie fasst die Erkenntnisse verschiedener biologischer Disziplinen zusammen, um die Abstammung zu beweisen. So wirken besonders die drei Evolutionsfaktoren* **Mutation, Rekombination** *und* **Selektion** *zusammen. Es gibt jedoch noch weitere Evolutionsfaktoren:* **Isolation***, bei der Genaustausch verhindert wird (z. B. geografische I. =* **Separation***) und* **Gendrift** *(Zufallswirkungen in kleinen Populationen).*
Entstehung des Zebramusters:
– **Mutation:** Neues Allel für Fellmusterung in der Population
– **Rekombination:** Durch sexuelle Fortpflanzung wird das Allel in der Population in vielen Genkombinationen verbreitet.
– **Selektion:** Tiere mit Streifenmuster haben einen Überlebensvorteil, da sie besser getarnt sind (Auflösung von Konturen in offener Graslandschaft). Tiere mit diesem Allel werden einen **größeren Fortpflanzungserfolg** haben. In vielen Generationen setzt sich das neue Allel in der Population durch.
Domestizierte Pferde: Durch **künstliche Selektion** der Züchter, die einfarbige Tiere für die Fortpflanzung bevorzugten.

105 **Deutung** der DNA-Sequenz-Analyse:
Je mehr Abweichungen in der Basensequenz, desto größer die genetische Distanz, d. h. desto entfernter die Verwandtschaft. Begründung: Je früher die Auseinanderentwicklung, desto mehr Zeit für Mutationen!
Ergebnis: Quagga und Steppenzebra sind am engsten verwandt. Quagga und Mensch sind am entferntesten verwandt, ihr gemeinsamer Ahne muss am weitesten zurückliegen, da die meisten Basenabweichungen.

Stammbaum-Vorschlag: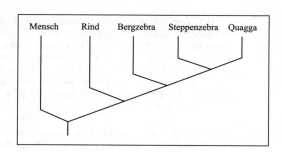

Profil-/Neigungsfach Biologie (Baden-Württemberg): Abituraufgaben
Lehrplaneinheit: Angewandte Biologie

Die Phenylketonurie ist eine angeborene Stoffwechselkrankheit.
Eine bislang theoretische Möglichkeit, Betroffenen zu helfen, stellt die Gentherapie dar. Hierbei wird das defekte Allel durch ein intaktes ersetzt. Bei der somatischen Gentherapie werden Körperzellen gentechnisch verändert. Bei der Keimbahn-Gentherapie werden die Keimzellen gentechnisch verändert.

106 Vergleichen Sie die Auswirkungen von somatischer Gentherapie und Keimbahn-Gentherapie auf das Individuum selbst und auf die folgende Generation.

107 Erläutern Sie am Beispiel von Bakterien, wie diese heute schon gentechnisch verändert werden können.
Beschreiben Sie ein Verfahren zum Nachweis gentechnisch veränderter Bakterien.

Die jährliche Milchleistung des Rindes wurde seit Beginn der Domestizierung durch den Menschen um etwa das Achtfache gesteigert. In den Vereinigten Staaten wird die Milchleistung jetzt noch weiter erhöht, indem den Tieren das gentechnisch hergestellte Rinderhormon Somatotropin injiziert wird.

108.1 Nennen Sie zwei weitere Zuchtziele bei Rindern.
108.2 Nennen Sie die grundlegenden Verfahrensschritte, die zur gentechnischen Herstellung von Rinder-Somatotropin notwendig sind.
108.3 Wenn Somatotropin mit dem Futter verabreicht wird, kann es seine Wirkung nicht entfalten. Begründen Sie.

Bakterien und Viren spielen in der Gentechnik eine wichtige Rolle.

109.1 Warum eignen sich Bakterien besonders gut für die gentechnische Gewinnung von Proteinen (drei Angaben)?
109.2 Aus welchen Gründen wird heute Insulin gentechnisch hergestellt (zwei Angaben)?
109.3 Zu welchem Zweck werden Viren in der Gentechnik eingesetzt?

Die Tomate, ein Nachtschattengewächs, ist eine wichtige Nahrungsquelle und liefert Vitamine und Mineralstoffe. Durch die Entwicklung neuer Sorten und die Verbesserung der Anbaumethoden stellt die Tomate einen bedeutenden Wirtschaftsfaktor in der Agrarindustrie dar.

110 Geben Sie die Bedeutung eines Vitamins und eines Mineralstoffs für den menschlichen Körper an.

Gentechnische Verfahren haben in den letzten Jahren bei bestimmten Erbkrankheiten erste Ansätze zu einer Gentherapie erbracht, so z. B. bei der Mucoviscidose (Cystische Fibrose, CF). Ursache für diese Krankheit ist eine Mutation im CF-Gen. Dadurch bedingt leiden die Patienten u. a. an einer lebensbedrohlichen Verschleimung der Atemwege.

Als Maßnahme hat man ein Spray entwickelt, durch das genmanipulierte Viren mit eingebautem, nicht mutiertem CF-Gen in die Lunge inhaliert werden (Somatische Gentherapie). Dort infizieren sie Schleimhautzellen.

111 Beschreiben Sie die bei einer Genübertragung mithilfe von Viren ablaufenden Vorgänge. Warum muss ein Mucoviscidose-Patient die Behandlung ständig wiederholen?

112 Vergleichen Sie die Auswirkungen von somatischer Gentherapie und Keimbahn-Gentherapie auf das Individuum selbst und auf die folgende Generation.

Neuerdings ist man in der Lage, mithilfe der Gel-Elektrophorese Gene zu untersuchen. Mithilfe dieser Methode lassen sich mutierte und nicht mutierte CF-Gene von einander trennen. Abbildung 36 zeigt die Ergebnisse für die CF-Gene der oben genannten Familienangehörigen.

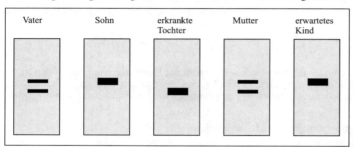

Abb. 36: Gel-Elektrophoresemuster.

113.1 Schildern Sie in Stichworten die Grundlagen der Gelelektrophorese.

113.2 Erläutern Sie die in Abbildung 36 gezeigten Untersuchungsergebnisse und geben Sie die Genotypen der beteiligen Personen an.

Bestimmte Bodenbakterien produzieren das Antibiotikum Phosphinothricin. Phosphinothricin bildende Bakterien müssten sich eigentlich selbst vergiften. Sie produzieren jedoch das Enzym PAT, welches Phosphinothricin inaktiviert.
Phosphinothricin kann als Herbizid in der Landwirtschaft eingesetzt werden, schädigt jedoch auch Mais und andere Nutzpflanzen.

114.1 Schildern Sie einen möglichen Weg, um – ausgehend von Maiszellkulturen – Phosphinothricin resistente Maispflanzen zu erhalten.

114.2 Welchen Vorteil bieten Phosphinothricin resistente Maispflanzen für die landwirtschaftliche Praxis?
Welche Risiken sehen Sie beim Einsatz von Phosphinothricin in der Landwirtschaft (zwei Angaben)?

Das Ebola-Virus gehört zu den RNA-Viren mit einzelsträngiger RNA. Um Erbgut des Virus in einen Plasmidring einbauen zu können, muss zunächst eine copy-DNA (cDNA) hergestellt werden. Copy-DNA – das heißt DNA, die ausgehend von RNA hergestellt wird.

115 Beschreiben Sie ein Verfahren, mit dem doppelsträngige cDNA in einen Plasmidring eingebaut werden kann.

Die Sequenzierung der DNA von Mitochondrien eignet sich besonders gut zur Klärung von Verwandtschaftsverhältnissen. Allerdings benötigt man hierfür mindestens 10^{11} identische DNA-Moleküle.

116 Beschreiben Sie ein mögliches Verfahren, mit dem ein DNA-Abschnitt identisch vermehrt werden kann.

Eine der Varietäten der Kulturbanane ist triploid.

117.1 Erklären Sie das Zustandekommen einer triploiden Pflanze.
117.2 Welche Vorteile zeigen polyploide Kultursorten im Vergleich zur Wildform?
117.3 Auf welche Weise mus die triploide Kulturbanane vermehrt werden? Begründen Sie.

Lösung

106 **Somatische Gentherapie:** Es werden nur Körperzellen therapiert, keine Keimzellen. Eine Heilung wird also nicht vererbt an die Nachkommen, sie betrifft nur das behandelte Individuum.
Keimbahn-Gentherapie: Hier werden Keimzellen genetisch verändert. Das „reparierte" Gen müsste z. B. in die Eizelle einer Kranken eingeschleust werden. Die Heilung würde sich nur auf die Nachkommen auswirken, nicht auf die kranke Mutter.

107 Erfolgreich gentechnisch veränderte Bakterien produzieren z. B. Human-Insulin. Diese Bakterien wurden nach der **Plasmidtechnik** verändert.
Ablauf (vereinfacht):
a) Isolierung des Insulin-Gens aus menschlicher DNA mit Schneideenzymen (= Restriktionsenzymen), die DNA nach einer ganz bestimmten Basensequenz durchschneiden.
b) Isolierung von Plasmiden aus Bakterienzellen.
c) Öffnen der Plasmid-Ringe mit dem gleichen Schneideenzym und Zugabe der Insulin-Gene. → Die Insulin-DNA fügt sich passend in die Schnittstelle. Mit einem weiteren Enzym (Ligase) werden die Schnittstellen geschlossen → rekombinierte Plasmidringe mit Insulin-Gen.
d) Einbau der rekombinierten Plasmide in Bakterienzellen.

Nachweis, ob der Einbau des Insulin-Gens geglückt ist:
hier sind mehrere Antworten denkbar: z. B.
– Nachweis des neuen Genprodukts
– Nachweis des neuen Gens durch Gensonden (siehe Lösung zu Frage 8.1)
*– Nachweis transformierter Bakterien über „**Marker-Gene**" z. B. Gene für Antibiotika-Resistenz*

→**Selektion** der gentechnisch veränderten Bakterienkolonien mithilfe von Marker-Genen:
In der gentechnischen Praxis werden Plasmide eingesetzt, die **zwei** Resistenzgene tragen. **Ein** Resistenzgen wird (durch die Wahl eines geeigneten Schneideenzyms) beim Einbau des Insulingens zerschnitten und verliert seine Wirksamkeit. Das andere Resistenzgen bleibt erhalten und wirksam.
Erfolgreich veränderte Bakterienzellen lassen sich jetzt durch Vermehrung auf unterschiedlichen Nährböden erkennen.

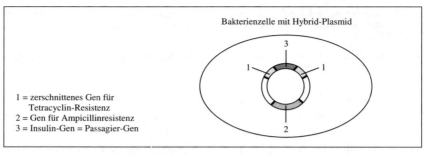

1 = zerschnittenes Gen für Tetracyclin-Resistenz
2 = Gen für Ampicillinresistenz
3 = Insulin-Gen = Passagier-Gen

Bakterien mit erfolgreich eingebautem Passagier-Gen lassen sich auf ampicillinhaltigem Nährboden vermehren, aber nicht (mehr) auf tetracyclinhaltigem. Bakterienzellen, bei denen zwar der Einbau der Plasmide geglückt ist, aber **nicht** der Einbau des Insulin-Gens, werden auf Nährböden wachsen, die Tetracyclin enthalten.

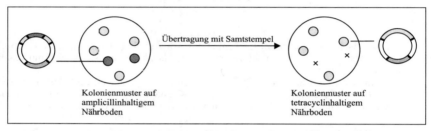

Die beiden dunklen Kolonien müssen die erfolgreich rekombinierten Plasmide enthalten → Isolierung und Zucht in Reinkultur.

108.1 Zuchtziele bei Rindern: Fleischqualität (Fettanteil), Milchleistung, Fellfarbe, Felllänge, Hornlänge, -form, Krankheitsresistenz

108.2 Verfahren zur gentechnischen Herstellung von Proteinen z. B. Rinder-Somatotropin (=**B**ovines **S**omato**t**ropin): **Plasmidtechnik** (vereinfacht)
a) Isolierung des Somatotropin-Gens aus Rinder-DNA
b) Isolierung der Plasmide (= Vektor) aus Bakterienzellen
c) Öffnen der Plasmide mit Restriktionsenzymen und Einbau des BST-Gens mit dem Enzym Ligase
d) Einbau der rekombinierten Plasmide in die Bakerienzellen
e) Selektion der Bakterienzellen mit erfolgreich eingebautem BST-Gen
f) Gewinnung des Genprodukts

108.3 Somatotropin ist chemisch ein Eiweißhormon (Polypeptid). Proteine werden im Magen und Dünndarm von Proteasen verdaut → keine Wirkung.

109.1 Bakterien eignen sich aus folgenden Gründen besonders gut für die gentechnische Gewinnung von Proteinen:
– Fremd-DNA kann in eine Bakterienzelle sehr leicht eingeschleust werden.
– Da Bakterien eine kurze Generationszeit haben, wird die Fremd-DNA rasch vervielfältigt.
– Die Kulturbedingungen für die Mikroorganismen sind einfach und nicht sehr teuer.

109.2 Zwei Gründe, warum heute überwiegend gentechnisch erzeugtes Insulin verwendet wird, sind unter anderem:
- a) Die Herstellung des Hormons ist, wenn die apparativen Voraussetzungen gegeben sind, in **unbegrenzter Menge** möglich.
- b) Das gentechnisch hergestellte Insulin muss keinem so aufwändigen Reinigungsprozess unterworfen werden wie das Hormon aus Schlachttieren. Schon geringste Mengen von tierischem Eiweiß, das durch den Reinigungsprozess nicht völlig entfernt werden konnte, führten zu **allergischen Reaktionen** bei den zuckerkranken Patienten.

109.3 Viren werden als „Genfähren" (oder Vektoren) eingesetzt. Man nutzt ihre natürliche Fähigkeit, DNA in eine Zelle einzuschleusen.

110 **Bedeutung eines Vitamins** (naheliegend aus dem Stoffgebiet des Neigungskurses):
- Vitamin A: Aufbau Sehfarbstoff Rhodopsin in den Stäbchen (Vorstufe des Retinals)
- (Vitamin C: Stärkung der Immunabwehr)

Bedeutung eines Mineralstoffes:
naheliegend aus dem Stoffgebiet des Neigungskurses:
- Jodid-Ionen (J^-): Schilddrüse, notwendig zur Thyroxin-Synthese.
- Calcium-Ionen (Ca^{2+}): Vesikelentleerung an der Synapse.
- Na^+, K^+, Cl^--Ionen: Membranpotenzial

111 Genmanipulierte Viren mit menschlichem, nicht mutiertem CF-Gen schleusen ihr Erbgut nach dem üblichen Ablauf einer Virusinfektion in die Wirtszellen ein (Hier: Schleimhautzellen der Atemwege).
- a) Andocken der Viren an die Zellmembran der Wirtszelle („Schlüssel-Schloss-Prinzip").
- b) Das ganze Virus bzw. sein Erbgut wird in die Zelle aufgenommen.
- c) Das Virus-Erbgut inklusive CF-Gen wird in die DNA der Wirtszelle integriert.
- d) Das CF-Gen veranlasst die Produktion des fehlenden Genprodukts.

Folge: Die lebensbedrohliche Verschleimung wird dünnflüssig und kann abgehustet werden.

Es handelt sich hier um Viren, die als Krankheitserreger der menschlichen Atemwege bekannt sind. Nur sie haben den „Schlüssel" für Schleimhautzellen.
Durch zwei genetische Manipulationen werden sie zu „Genfähren" oder „Vektoren":
- *Einbau des menschlichen CF-Gens in die Virus-DNA.*
- *Genetische Veränderung der Virus-DNA, sodass sie zwar noch in Wirtszellen eindringen kann, aber sich nicht mehr vermehren kann.*

Schleimhautzellen haben jedoch nur eine begrenzte Lebensdauer, da sie ständig „abschilfern" und durch neue ersetzt werden. Folge: Die gentherapierten Zellen gehen verloren, und die nachwachsenden Zellen müssen wieder neu infiziert werden.

Außerdem kann das zelleigene Reparatursystem oft die Viren-DNA erkennen und wieder herausschneiden. Folge: Verlust des CF-Gens.

112 **Somatische Gentherapie:** *(Soma = Körper)*
Es werden nur Körperzellen therapiert, keine Keimzellen.
Eine Heilung wird also nicht vererbt an die Nachkommen, sie betrifft nur das behandelte Individuum.

Keimbahn-Gentherapie:
Hier werden Keimzellen genetisch verändert. Das CF-Gen müsste z. B. in die Eizelle einer CF-Kranken eingeschleust werden. Die Heilung würde sich nur auf die Nachkommen auswirken, nicht auf die kranke Mutter.

113.1 **Gelelektrophorese:**
DNA wird mithilfe bestimmter Restriktionsenzyme, die nach einer spezifischen Basensequenz schneiden, in Bruchstücke zerlegt. Die Fragmente unterscheiden sich in Größe und Ladungsmuster. Durch Anlegen einer Gleichspannung wandern die DNA-Stücke (d. h. auch das Bruchstück mit dem CF-Gen) unterschiedlich schnell zum Pluspol. Als Trägermaterial wird Agargel benutzt. Die CF-Bande wird dadurch identifiziert, dass man künstlich hergestellte, zum CF-Gen komplementäre und radioaktiv markierte DNA-Stücke (einsträngig) als „Gensonde" einwirken lässt. Diese binden sich an das gesuchte CF-Gen. Durch Auflegen eines Röntgenfilms „verraten sich" die CF-Gene bzw. deren Allele als schwarze Banden (= Autoradiografie). Die Dicke der Bande ist auch ein Maß für die DNA-Menge (siehe Abb. 1). Anwendung findet dieses Verfahren z. B. für Vaterschaftsgutachten, Kriminalfälle („genetic fingerprint").

113.2 **Erkrankte Tochter** (Genotyp aa): Form: nur eine, aber dicke Bande, da doppelte DNA-Menge des Allels a
Lage: etwas tiefer

Vater und Mutter (Gentyp Aa): Form: 2 dünnere Banden Allel a und Allel A
Lage: untere Bande (siehe Tochter) = a
obere Bande muss Allel A sein

Sohn (Genotyp laut Bande AA): Form / eine dicke Bande oben liegend
(laut Erbschema könnte er auch Aa haben) Lage: homozygot AA

Zu erwartendes Kind: Bande ist identisch mit gesundem Sohn
Folgerung: Kind wird erbgesund sein!

114.1 *Def. Herbizid: Gift, das unerwünschte Wildkräuter (= „Unkraut") vernichtet.*
*Der neu gezüchtete „Genmais" enthält ein Gen einer anderen Lebewesenart. Man nennt solche Pflanzen **transgene** Pflanzen.*

Eine Phosphinothricin resistente Maissorte müsste das PAT-Gen besitzen.

Herstellung einer transgenen Pflanze (vereinfacht):
hier: Herstellung einer Maissorte mit PAT-Gen.
a) **Gen-Isolierung und Vermehrung:**
Das PAT-Gen wird mithilfe von Schneideenzymen aus Bakterien-DNA isoliert und vermehrt.
b) **Genübertragung:**
In einzelne Maispflanzenzellen wird das PAT-Gen eingeschleust. Entweder mit Viren/Bakterien als „Genfähren" oder die DNA wird direkt in die Zellen gebracht, nachdem vorher chemisch die Zellwände entfernt wurden (= Maiszellprotoplasten).
c) **Selektion** (Erfolgskontrolle):
Die Zellen mit erfolgreichem Gentransfer werden ausgelesen: Man gibt zur Zellkultur, in der sich auch die transformierten Zellen befinden, Phosphinothricin hinzu.
→ Nur resistente Zellen mit erfolgreich eingebautem PAT-Gen überleben.

d) **Kultur/Zucht der transgenen Lebewesen:**
Aus den Zellkulturen werden ganze Maispflanzen regeneriert, die die gewünschte Resistenz besitzen.

114.2 Vorteil: Mais-Monokulturen können durch Besprühen mit dem Herbizid von unerwünschten Unkräutern freigehalten werden, ohne dass die Maispflanzen geschädigt werden.

Risiken:
– Phosphinothricin schädigt Bodenbakterien → Störung der Ökologie des Bodens.
– Phosphinothricinrückstände im Mais(mehl) könnten in die Nahrungskette gelangen.
– Phosphinothricin könnte durch Ausschwämmung ins Grundwasser und schließlich ins Trinkwasser gelangen.
– Das Enzym PAT könnte allergenes Potenzial haben, da es im Mais als neues Eiweiß enthalten ist.
– Wildkräuter könnten die Resistenz z. B. über Transformation ebenfalls erhalten.

115 Einbau der cDNA in einen Plasmidring:
a) Öffnen des Plasmidrings mit einem Schneideenzym (Restriktionsenzym (mit der „sticky end"-Methode s. Schema)
b) Einsetzen der cDNA *(Die noch „glatten" Enden der cDNA müssen vorher durch spezifische chemische Verlängerung zu „sticky ends" gemacht werden.)*
c) Schließen des Plasmidringes mit dem Enzym Ligase.

Schema:

nicht verlangt:
Herstellung *der copyDNA (cDNA) aus* **einsträngiger** *RNA mithilfe der* **reversen Transkriptase** *und* **DNA-Nukleotiden***, zunächst zu einem RNA-DNA-Hybridstrang und nach Ablösung der RNA mit* **DNA-Polymerase** *zu einem* **DNA-Doppelstrang***.*

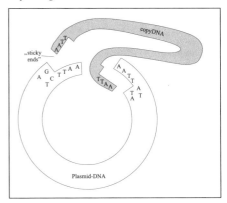

116 Klonierungsverfahren für DNA-Abschnitte:

Hier gibt es zwei mögliche Verfahren: a) Die „klassische" Methode mit Bakterien, die als Wirtszellen die Fremd-DNA mitvermehren oder b) die seit 1993 bekannte PCR-Methode. Zur Beantwortung muss nur eines der folgenden Verfahren beschrieben werden.

DNA-Klonierung mit der Plasmidtechnik:
a) Isolierung der DNA (hier aus Mitochondrien) und Zerlegung in Abschnitte mithilfe von Restriktionsenzymen.
b) Isolierung von Plasmiden und Einbau der DNA-Fragmente in das Plasmid.
c) Einbau des rekombinierten Plasmids in Bakterienzellen (Transformation)
d) Vervielfältigung der Plasmide in der Bakterienzelle bzw. Vermehrung der Bakterien mit den Plasmiden (= Klonierung)
e) Isolierung der DNA

Polymerase-Kettenreaktion: „In vitro" (im Reagenzglas)-Replikation der DNA
Schema (vereinfacht):

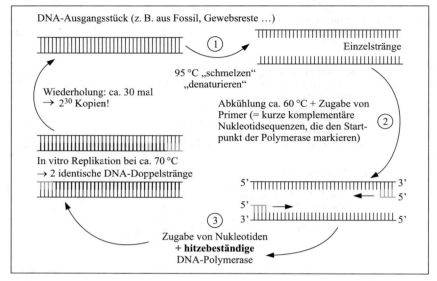

Ablauf (vereinfacht):
a) Isolierung des DNA-Fragments
b) Aufspaltung des DNA-Doppelstrangs in Einzelstränge (durch Erhitzen auf ca. 90 °C werden die H-Brücken gespalten)
c) Abkühlung und Zugabe von Primer (markiert für die DNA-Polymerase den Startpunkt)
d) Zugabe von **DNA-Nukleotiden** und **hitzebeständiger DNA-Polymerase** (verknüpft die komplementär angelagerten Nukleotide) → 2 identische Doppelstränge
e) Wiederholung von Schritt b) und c) beliebig oft. (Da die Polymerase hitzebeständig ist, wird sie in Schritt b nicht zerstört!)
f) Isolierung der vermehrten DNA

117.1 Triploid bedeutet, in jeder Zelle sind drei Chromosomensätze enthalten. Entstehung: Stoppt man z. B. in den männlichen Blütenteilen durch Hemmstoffe die Keimzellbildung *(Nondisjunktion in der 1. oder 2. Reifeteilung)*, dann entstehen diploide Keimzellen. Verschmelzen diese mit normalen haploiden Eizellen, dann entstehen triploide Zygoten.

117.2 Vorteile der Polyploidie:
– Vervielfachung der Gene bewirkt eine höhere Stoffwechselleistung
– Viel mehr Möglichkeiten zur Heterozygotie, da von jedem Gen mehr als zwei Allele vorliegen
Folge: Riesenwuchs, größere Erträge, größere Vitalität.

117.3 Triploide Pflanzen sind steril. Grund: Bei Zellen mit 3n kann keine geordnete Meiose stattfinden, da von jedem Chromosom drei Homologe vorliegen. → Keine sexuelle Fortpflanzung → keine Samen.
Ausweg: **Vegetative Vermehrung** über Stecklinge, Ableger, Kalluskulturen usw.

Profil-/Neigungsfach Biologie (Baden-Württemberg): Übungsaufgaben
Aufgabe 1: Genregulation, Enzymaktivität

Um verdächtige Substanzen auf ihr Risiko zu testen, Mutationen oder Krebs auszulösen, wird der AMES-Test durchgeführt (benannt nach dem Mikrobiologen BRUCE AMES). Man benötigt dafür einen Stamm der Salmonellenbakterien, der durch eine Mutation die Fähigkeit verloren hat, die lebensnotwendige Aminosäure Histidin selbst herzustellen (his⁻ Mutante).

1 Nennen Sie zwei weitere mögliche Auslöser für Mutationen.

Der Ablauf des AMES-Tests ist im folgenden Schema dargestellt:

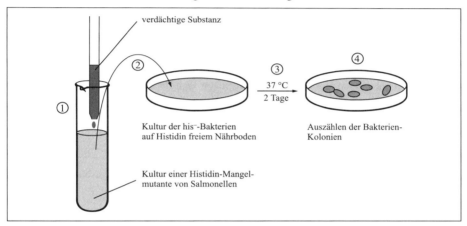

2.1 Beschreiben Sie den Ablauf des Tests und analysieren Sie die Aussagekraft des Tests.
2.2 Wie müsste ein entsprechender Kontrollversuch aussehen?

Wildtyp-Salmonellen können die Aminosäure Tryptophan über mehrere Zwischenschritte selbst herstellen. Für jeden Reaktionsschritt ist ein Enzym notwendig.

$$A \xrightarrow{E_1} B \xrightarrow{E_2} C \xrightarrow{E_3} \text{Tryptophan}$$

Die Konzentration eines dieser Enzyme wird gemessen. In der nachfolgenden Abbildung ist das Ergebnis dieser Untersuchungen dargestellt:

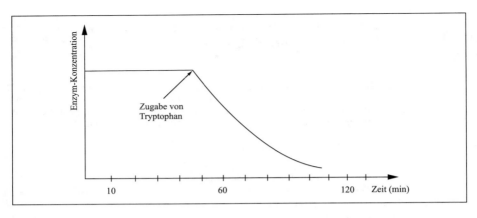

3.1 Erklären Sie die dargestellten Ergebnisse auf der Basis des Operon-Modells von JACOB-MONOD.
3.2 Erläutern Sie den biologischen Sinn dieser Stoffwechselregulation.
3.3 Welche Folgen hätte eine Mutation im Regulator-Gen für das oben beschriebene Experiment?

Bei einem weiteren Enzymtest – wieder geht es um die Synthese einer Aminosäure – wird nicht die Konzentration eines Enzyms gemessen, sondern die Enzymaktivität. Im vorliegenden Fall geht es um die Synthese der Aminosäure Isoleucin. Sie wird ebenfalls über mehrere enzymabhängige Reaktionsschritte hergestellt.

$$A \xrightarrow{E_1} B \xrightarrow{E_2} C \xrightarrow{E_3} \text{Isoleucin}$$

4 Gemessen wird die Enzymaktivität des ersten Enzyms E_1 in der Stoffwechselkette. Zum Zeitpunkt t wird Isoleucin zugegeben. Interpretieren Sie die Grafik.
(Hinweis: Ausgangsstoff A zeigt keine chemische Ähnlichkeit mit Isoleucin)

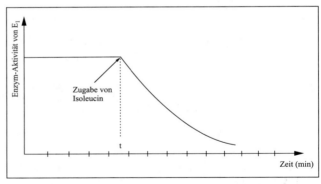

5 Welche der beiden Arten von Stoffwechsel-Regulierung aus Frage 3 und 4 ist a) schneller, b) spart der Zelle mehr Energie? Begründen Sie.

Lösungen

1. Weitere Mutationsauslöser:
   - Ionisierende Strahlung (z. B. Alpha-Strahlung)
   - Elektromagnetische Strahlung (z. B. UV-Licht, Röntgenlicht, Gamma-Strahlung)
   - Temperaturschocks

2.1 ①: Die mutagene Substanz wird in die his⁻-Bakterienkultur gemischt und soll dort auf deren DNA einwirken. ②: Danach werden die Bakterien auf einem Histidin freien Nährboden ausgestrichen und 2 Tage bei 37 °C kultiviert. ③:Nur diejenigen Bakterien können sich vermehren und sind als Kolonie sichtbar, die durch eine **zufällige** (Rück)-Mutation die Fähigkeit zur Histidinsynthese erlangt haben. ④
Aussagekraft des Tests: Je größer die Zahl der Kolonien, desto größer ist die mutagene Potenz der untersuchten Substanz, d. h. ihre Gefährlichkeit, Mutationen bzw. Krebs auszulösen.
(Die meisten mutagenen Substanzen sind krebsauslösend und umgekehrt!)

2.2 Im Kontrollversuch gibt man keine Substanz zu und kultiviert die his⁻-Bakterien ebenfalls auf Histidin freiem Nährboden → Messung der Spontan-Mutationsrate.

3.1 FRANCOIS JACOB und JACQUES MONOD erforschten die **Regulation der Genaktivität**, d. h. sie suchten nach den Mechanismen, wie Gene ein- und ausgeschaltet werden. Hier handelt es sich um das Problem, wie die Enzymproduktion durch ein Endprodukt der gesteuerten Stoffwechselkette abgeschaltet wird **(Endproduktrepression)**.
Ohne Tryptophan produziert das **Regulatorgen** einen **inaktiven Repressor**. Dieser kann sich nicht an den Operator anlagern, sodass die RNA-Polymerase ungehindert die Transkription der Strukturgene in mRNA bewirken kann → Die Enzyme E_1, E_2 und E_3 werden durch Translation an den Ribosomen synthetisiert (siehe die **hohe Enzym-Konzentration** vor der Tryptophanzugabe) → Das Endprodukt Tryptophan wird enzymkatalysiert hergestellt.
Die Tryptophanzugabe bewirkt, dass der Repressor aktiviert wird, d. h. durch Anlagerung wird die räumliche Form so verändert, dass der Repressor jetzt an den Operator bindet → die RNA-Polymerase wird gestoppt → die Transkription bzw. Translation wird gestoppt → die Produktion der Enzyme wird eingestellt → Rückgang der Enzymkonzentration (langsam).

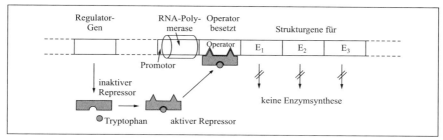

3.2 In der DNA einer Zelle ist das gesamte Erbgut enthalten. Für einen bestimmten Zelltyp, oder bei Einzellern für eine bestimmte Stoffwechselsituation gilt aber, dass nur ganz bestimmte Enzyme benötigt werden, d. h. dass nur deren Gene angeschaltet sind. Alle anderen Gene sind ausgeschaltet und sparen so Energie und Rohstoffe.

3.3 Eine Mutation im Regulatorgen könnte z. B. bewirken, dass ein verändertes Repressor-Protein entsteht. Die Tertiärstruktur könnte so verändert sein, dass die Anbindung des Tryptophan unmöglich ist → inaktiver Repressor → die RNA-Polymerase kann ungehindert zu den Strukturgenen gleiten → Die Biosynthese von E_1 bis E_3 kann nicht mehr gehemmt werden → maximale Enzymkonzentration.

4 Isoleucin senkt die Enzymaktivität von Enzym 1. Da die Vorstufe A und Isoleucin kaum chemische Ähnlichkeit zeigen, liegt keine kompetitive Hemmung vor, sondern **allosterische Hemmung**. Stoffe, die keine chemische Ähnlichkeit mit dem Substrat haben, können indirekt die Enzymaktivität steuern. Neben dem **aktiven Zentrum**, das das Substrat bindet, haben viele Enzyme noch ein so genanntes **allosterisches Zentrum**. Eine Substanz, die hier gebunden wird, bewirkt indirekt eine Änderung der Raumstruktur des aktiven Zentrums. Folge: Das Substrat kann nicht mehr umgesetzt werden. Auch eine Erhöhung der Substratkonzentration kann die Hemmung nicht aufheben.
Hier liegt eine **Endprodukthemmung** vor: Das Endprodukt einer Stoffwechselkette hemmt das erste Enzym und schaltet dadurch seine eigene Produktion durch **negative Rückkopplung** an und ab.

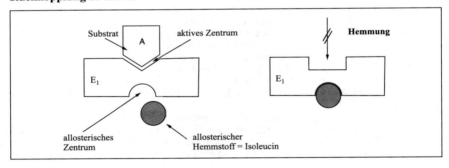

5 Beide Arten der Stoffwechsel-Regulierung steuern die Geschwindigkeit, mit der bestimmte Stoffwechselschritte ablaufen. Die Genregulation durch Steuerung der Enzym**konzentration** (An-und Abschalten **der Enzymproduktion**), die allosterische Hemmung/Aktivierung durch Steuerung der Enzym**aktivität**.

Vergleich: Genregulation – Regulation der Enzymaktivität

	Allosterische Hemmung/ Aktivierung	Genregulation
Geschwindigkeit der Regulation	Sehr schnell, da hier eine direkte Rückkopplung erfolgt. Keine Änderung der Enzymkonzentration durch Enzymsynthese oder Abbau notwendig.	Langsamer, da die Genaktivierung/Genrepression über mehrere Zwischenschritte erfolgt (Transkription, Translation).
Energieaufwand für die Zelle	Hoher Energieaufwand, da die Konzentration aller Enzyme, egal ob sie gerade benötigt werden oder nicht, ständig durch Neusynthese konstant gehalten werden muss.	Energiesparende Regelung, da je nach Stoffwechselbedürfnis nur die Enzyme produziert werden, die benötigt werden.

Schematische Darstellung, der verschiedenen Arten, auf die die Synthese eines Stoffes reguliert werden kann (nicht verlangt):

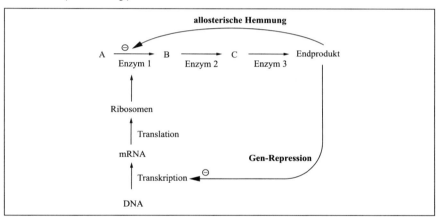

Profil-/Neigungsfach Biologie (Baden-Württemberg): Übungsaufgaben
Aufgabe 2: Gelelektrophorese, Gendiagnose, Restriktionsenzyme

Die roten Blutzellen gesunder Menschen enthalten den roten Blutfarbstoff Hämoglobin A. Bei Menschen mit der Erbkrankheit Sichelzellanämie liegt aufgrund einer Mutation ein verändertes Protein vor, das Hämoglobin S. Die Folge ist eine mangelnde Sauerstoffversorgung der Organe, die früh zum Tod führt. Heterozygote Alleleträger sind phänotypisch gesund. Angehörige aus Familien mit dieser Erbkrankheit könnten also ein Interesse daran haben, ihren Genotyp bezüglich dieser Allele durch eine Gendiagnose zu erfahren.
Das Hämoglobinmolekül besteht aus 4 Proteinuntereinheiten (2 α-Ketten und 2 β-Ketten), die zu einer Funktionseinheit zusammengeschlossen sind.

1 Erklären Sie, wie die biologisch aktive Raumstruktur eines Proteins zustande kommt.

Die Basensequenz des Hämoglobin-Gens ist aufgeklärt.

Ausschnitt aus dem Gen für die β-Kette ohne Mutation: .....$^{3'}$TGAGGACTTCTT$^{5'}$.....
(Der obere Strang ist codogen)   ......ACTCCTGAAGAA.....

Ausschnitt aus dem mutierten Sichelzell-Gen: .....$^{3'}$TGAGGACATCTT$^{5'}$.....
                                                        ......ACTCCTGTAGAA.....

2.1 Welche Form der Genmutation liegt hier vor?
2.2 Ermitteln Sie mithilfe der Codesonne die alte und neue Aminosäuresequenz.

Durch die Wahl geeigneter Restriktionsenzyme (1–3) ist es gelungen, ein Teilstück (= Fragment a) des Hämoglobin-Gens aus dem Genom herauszuschneiden.

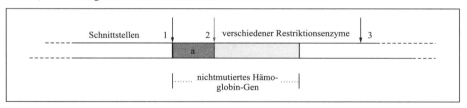

3.1 Restriktionsenzyme werden aus Bakterienzellen isoliert. Welche biologische Aufgabe erfüllen sie dort?
3.2 In der Gentechnik sind Restriktionsenzyme heute unentbehrliche „Werkzeuge". Erläutern Sie dies am Beispiel der Genklonierung mithilfe der Plasmidtechnik.

Das Restriktionsenzym Nr. 2 schneidet im Hämoglobin-Gen nach   ...$^{3'}$|GACTTC$^{5'}$.....
nebenstehender Basensequenz: ....CTGAAG|....

4 Kennzeichnen Sie die Schnittstelle im oben dargestellten Ausschnitt aus dem Gen für die β-Kette ohne Mutation.

5 Welche Folge hat die Mutation für die Schnittstellen im Sichelzell-Gen? Vergleichen Sie die Größe der DNA-Fragmente vor und nach der Mutation.

Im elektrischen Feld wandern große DNA-Fragmente langsamer zum Plus-Pol als kleinere. Man kann also das intakte und das mutierte Hämoglobin-Gen unterscheiden. Im folgenden Familienstammbaum ist unter jeder Person das Ergebnis der Elektrophorese abzulesen.

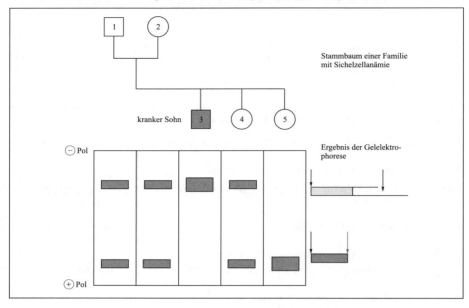

Sichelzellanämie wird autosomal rezessiv vererbt.

6   Geben Sie für die Personen 1–5 die Genotypen an. Begründen Sie jeweils mit der Verteilung der DNA-Banden. Welche Personen sind erbgesund oder für Sichelzellanämie erblich belastet? Begründen Sie, warum man mit dem Ergebnis der Gel-Elektrophorese entscheiden kann, dass diese Erbkrankheit nicht auf dem X-Chromosom vererbt wird?

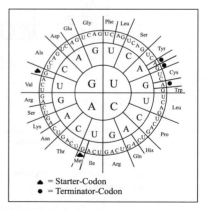

Abb. 1: Code-Sonne

Lösungen

1   Bau eines Proteins: Proteinmoleküle sind Riesenmoleküle aus unverzweigten Aminosäureketten. Sie falten und „knäueln" sich zu komplizierten Raumstrukturen (= Konformation), die dann eine biochemische Funktion als Enzym, Membranprotein oder wie im Falle des Hämoglobins als Transportprotein für Sauerstoff übernehmen.

Man unterscheidet:
– **Primärstruktur:** Die Abfolge der Aminosäuren in der Kette = Aminosäuresequenz, Bindungstyp: Peptidbindung
– **Sekundärstruktur:** Die Polypeptidkette liegt nicht gestreckt, sondern in Schraubenform (α-Helix) vor. Bindungskräfte: H-Brücken (In der β-**Faltblattstruktur** werden mehrere nebeneinanderliegende Polypeptidketten durch H-Brücken zusammengehalten.)
– **Tertiärstruktur:** Die schraubenförmigen Polypeptidketten liegen ihrerseits in einer übergeordneten Raumstruktur gefaltet und „geknäuelt" vor. Diese Konformation ist abhängig von der Primärstruktur. Je nachdem, welche Aminosäuren an bestimmten Kettenpositionen liegen, kommt es zu verschiedenen chemisch-physikalischen Wechselwirkungen zwischen den Aminosäureresten.
Bindungskräfte: – H-Brücken
– Ionenbindungen
– Van der Waals-Kräfte
– Disulfid-Bindungen
– **Quartärstruktur:** Mehrere in Tertiärstruktur vorliegende Peptidketten vereinigen sich zu einem Gesamtmolekül mit einer bestimmten biologischen Funktion. Hier: Transport von Sauerstoff.

2   Hier liegt eine Basenaustausch-Mutation vor. Das Leseraster ist nicht verändert, es ist lediglich ein neues Basentriplett entstanden, das eine andere Aminosäure codiert.
Im 3. Triplett wurde die Basenfolge CTC durch Austausch von T durch A zu CAT verändert.

Aminosäuresequenz vor der Mutation: DNA (codogener Strang): $^{3'}$TGA GGA CTT CTT$^{5'}$
                                        mRNA: $^{5'}$ACU CCU GAA GAA$^{3'}$

Aminosäuresequenz: Thr – Pro – Glu – Glu

Aminosäuresequenz nach der Mutation: DNA (codogener Strang): $^{3'}$TGA GGA CAT CTT$^{5'}$
                                        mRNA: $^{5'}$ACU CCU GUA GAA$^{3'}$

Aminosäuresequenz: Thr – Pro – (Val) – Glu

3.1 Bakterien benötigen Restriktionsenzyme zu ihrem Schutz vor Bakteriophagen. Diese Viren injizieren ihre DNA in die Bakterienzelle und programmieren den Stoffwechsel der Bakterien so um, dass nur noch Viren produziert werden. Durch spezielle Schneideenzyme (Restriktionsendonukleasen), die nur nach ganz spezifischen Basensequenzen schneiden, zerstören Bakterien die eingedrungene Virus-DNA.

3.2 Klonierungsverfahren für DNA-Abschnitte:
Die „klassische" Methode mit Bakterien, die als Wirtszellen die Fremd-DNA mitvermehren.

Schema:

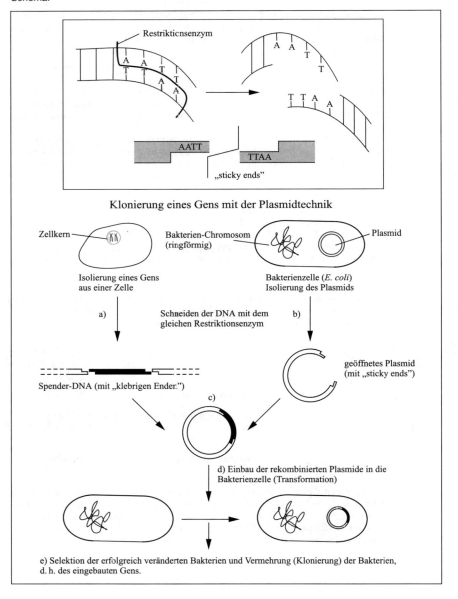

DNA-Klonierung mit der Plasmidtechnik:
1) Isolierung der DNA durch Herausschneiden mithilfe eines Restriktionsenzyms.
2) Isolierung von Plasmiden und Öffnung mit dem gleichen Restriktionsenzym.
(s. Schema)
3) Einbau der DNA-Fragmente in das Plasmid mit den „sticky ends" und Ligase.
4) Einbau des rekombinierten Plasmids in Bakterienzellen (Transformation).
5) Vervielfältigung der Plasmide in der Bakterienzelle bzw. Vermehrung der Bakterien mit den Plasmiden (= Klonierung).
6) Isolierung der kopierten DNA.

4 ....3'TGAG|GACTTCTT 5'....
   ....ACTCCTGAAG|AA....

5 Durch den Basenaustausch innerhalb der Schnittstelle des Restriktionsenzyms kann das Enzym nicht mehr schneiden (Substratspezifität). Deshalb fällt die Schnittstelle Nr. 2 weg → es entsteht ein viel größeres Fragment zwischen Schnittstelle 1 und 3.

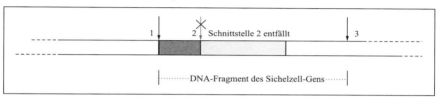

6 Die Personen 1, 2 und 4 sind heterozygot bezüglich des Sichelzell-Allels.
Beweis: Sie sind phänotypisch gesund, aber sie zeigen zusätzlich zum Hämoglobin-Fragment die DNA-Bande des Sichelzell-Allels (obere langsam gewanderte DNA-Bande).
Genotyp: Aa (A = Allel für Hämoglobin A; a = Allel für Hämoglobin S)
Person 3: Phänotypisch krank, doppelt breite Bande mit Sichelzell-Allel. Genotyp: aa
Person 5: Phänotypisch gesund, erblich unbelastet, da doppelt breite Bande mit nichtmutiertem Hämoglobin-Allel, Genotyp: AA

Diese Erbkrankheit muss autosomal vererbt werden!
Begründung:
a) Die männliche Person 1 dürfte, da sie gesund ist, **keine** Sichelzell-DNA-Bande zeigen.
Männer können für Gene auf dem X-Chromosom nicht heterozygot sein.
b) Die männliche, kranke Person 3 dürfte **keine doppelt breite** Sichelzell-DNA-Bande zeigen.

**Profil-/Neigungsfach Biologie (Baden-Württemberg): Übungsaufgaben
Aufgabe 3: zelluläre Immunantwort**

Grippeviren (Vogelgrippe)

*Virenvermehrung ist im neuen Lehrplan ein **Wahlthema**. Für das Verständnis der meisten molekulargenetischen und immunologischen Themen ist es jedoch unverzichtbar. Deshalb werden alle wesentlichen Informationen in einem **Vortext** angegeben.*

Viren sind Zellparasiten, die sich in Wirtszellen vermehren, indem sie deren Zellstoffwechsel zur Synthese der Virusbausteine benutzen. Zu den bekanntesten Viren gehört das Grippevirus (Influenza-Virus).
Das Influenza-Virus ist kugelförmig und hat eine Größe von ca. 100 nm. Die Eiweißkapsel des Virus ist zusätzlich von einer Doppellipidschicht umhüllt. Nach außen ragen zwei Sorten unterschiedlicher „*spikes*", das sind Glykoproteine, die für die Viren lebensnotwendig sind: Mit ihnen „docken" sie an spezifischen Rezeptoren auf der Wirtszellmembran an bzw. lösen sich wieder ab, wenn sie durch „Knospung" die Wirtszelle verlassen. Diese Spikes wirken für unser Immunsystem jedoch als Antigene, die bei Infektion oder Schutzimpfung für eine aktive Immunantwort sorgen. Man unterscheidet das H-Antigen (Hämagglutinin) und das N-Antigen (Neuraminidase). Deshalb erfolgt die Klassifizierung verschiedener Virusstämme nach der Herkunft (Schwein, Pferd, Huhn, Ente) und Art dieser beiden Oberflächenproteine. Bisher sind 15 H-Untertypen und 9 N-Untertypen bekannt, z. B. H_5N_1 (Erreger der Vogelgrippe) oder H_3N_2 (Erreger bei der Grippewelle im Jahr 2004).
Durch häufige Mutation bzw. Neukombination der Gene für die beiden Antigene ist das Grippevirus sehr variabel und kann immer wieder für Grippe-Epidemien sorgen z. B. „Spanische Grippe" 1918–1920 (Virus-Typ H_1N_1) mit über 30 Millionen Toten und „Hongkong-Grippe" 1969 und 1997.
Eine weitere Besonderheit des Grippevirus ist sein Erbgut: Es besteht aus acht einsträngigen RNA-Molekülen und einigen speziellen Enzymen zur Replikation der RNA bzw. zur Transkription der RNA in komplementäre mRNA.
Auch das N-Antigen wirkt als Enzym: Die Neuraminidase spaltet enzymatisch den H-Rezeptor der Wirtszellmembran und löst damit die Bindung zwischen Virus und Zellmembran nach der Ausschleusung.

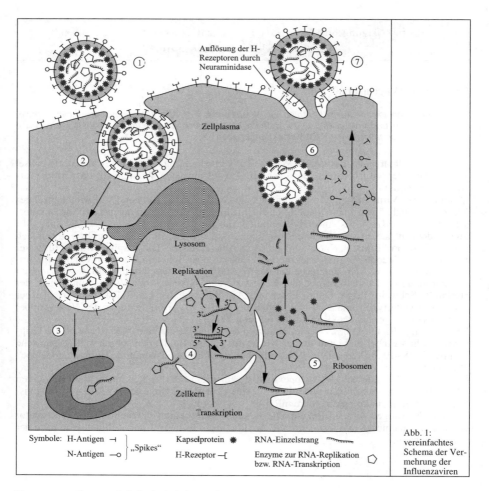

Abb. 1: vereinfachtes Schema der Vermehrung der Influenzaviren

Fragen, geordnet nach Schwierigkeitsgrad:

Lernfragen und Wissensfragen:

1 **Nennen Sie** 2 weitere Viruserkrankungen des Menschen.
2 **Schildern Sie** den Ablauf einer aktiven Immunantwort gegen das Grippevirus.
3 **Wie heißt** der Vorgang bei Nr. ⑤? **Beschreiben Sie** die Vorgänge, die sich an den Ribosomen abspielen.
4 **Nennen Sie** zwei mögliche Funktionen, die Membran-Rezeptoren normalerweise für die Zelle erfüllen.

Verständnisfragen:

5   Beschreiben Sie in korrekter Fachsprache die Vermehrung der Grippeviren, indem Sie mithilfe des Schemas die Vorgänge von Nr. 1–7 **analysieren**.

6   **Erklären Sie** die Entstehung der Doppellipidschicht um die Virushülle.

7   Formulieren Sie eine **begründete Vermutung**, warum z. B. „Katzengrippe" für den Menschen nicht ansteckend ist.

8   **Begründen Sie**, warum das Virus für die Replikation der **RNA** seine eigenen Enzyme mitbringen muss?

9   Man vermutet, dass es immer dann zu neuen, gefährlichen Virusvarianten kommen kann, wenn sich in einer Wirtszelle gleichzeitig Viren verschiedener Herkunft (Schwein, Ente) vermehren. **Begründen Sie.**

10 Auch das **HIV-Virus** (AIDS) ist ein RNA-Virus. Anders als die Grippeviren schreiben diese jedoch ihre RNA zunächst mithilfe eines ebenfalls mitgebrachten Enzyms (reverse Transkriptase) in doppelsträngige **DNA** um und integrieren diese in das Wirtsgenom. Welchen Vorteil könnte diese Strategie des HIV-Virus haben?

11 Seit 1999 gibt es ein neues Medikament gegen Grippeviren, Relenza®, das durch „Molekül-Design" am Computer entwickelt wurde. Zur Zeit gilt es, neben Tamiflu®, als einziges wirksames Medikament gegen die Vogelgrippe. Das Zanamivir (Wirkstoff im Relenza®) blockiert die Wirkung des N-Antigens d. h. das Enzym Neuraminidase wird gehemmt.
Begründen Sie, warum dieses Medikament, wenn es zu Beginn der Erkrankung (bis zu 48 h nach der Infektion) als Pulver auf die infizierten Schleimhäute verteilt wird, die Virenvermehrung stoppt.

Lösungen

1. Z. B. Masern, Mumps, Röteln, Tollwut, Hepatitis, HIV, Windpocken, FSME (Zeckenhirnhautentzündung), Kinderlähmung

2. Ablauf einer humoralen und zellulären Immunantwort gegen Viren:
   a) **Infektion:** Die Grippeviren gelangen über die Atemwege in den Körper *(Schleimhautzellen der Atemwege).*
   b) **Erkennungsphase:** Hier sind 3 Typen von Immunzellen beteiligt:
   – **Makrophagen** (Fresszellen) nehmen die Viren mit fremder Oberfläche (**Antigene**) in sich auf (**Phagozytose**) und zerlegen sie enzymatisch. Charakteristische Bruchstücke werden auf der Membranoberfläche präsentiert (**Antigenpräsentation**).
   – Bestimmte T-Lymphozyten, die so genannten T-Helferzellen, deren Rezeptoren zu diesem präsentierten Antigen passen, werden aktiviert und schütten Signalstoffe (Lymphokine) aus, die B-Lymphozyten und T-Lymphozyten zur Teilung aktivieren.
   – Diese Lymphozyten kommen in Millionen Varianten vor, die sich durch ihre Antikörper-ähnlichen Rezeptoren auf der Membranoberfläche unterscheiden. Der eingedrungene Erreger „sucht sich seinen passenden Lymphozytentyp selbst aus", indem er an den passenden Rezeptor andockt. Dadurch wird dieser Lymphozytentyp aktiviert (1. Signal). Um sich jedoch zu einem Klon zu vermehren, ist die Stimulierung durch die Signalstoffe der T-Helferzellen (2. Signal) nötig *(Klon-Selektionstheorie).*
   c) **Differenzierungsphase:**
   – humoral: Die aktivierten B-Lymphozyten differenzieren sich in Plasmazellen und B-Gedächtniszellen.
   – zellulär: Die aktivierten T-Lymphozyten differenzieren sich je nach T-Zelltyp in T-Killerzellen bzw. in T-Gedächtniszellen und T-Unterdrückerzellen.
   d) **Wirkungsphase:**
   – humoral: Die Plasmazellen produzieren große Mengen antigenspezifischer Antikörper, die mit den Antigenen zu Antigen-Antikörper-Komplexen verklumpen.
   – zellulär: Die Killerzellen lysieren infizierte Körperzellen, in denen sich gerade Viren vermehren.
   e) **Abschaltphase:**
   – Makrophagen räumen die Antigen-Antikörper-Komplexe durch Phagozytose ab.
   – Die Produktion der Antikörper in den Plasmazellen sowie die Aktivität der Killerzellen wird von so genannten T-Unterdrückerzellen durch Hemmstoffe gedrosselt.
   – spezifische B- und T-Gedächtniszellen bleiben zurück und warten in „Bereitschaft" auf eine erneute Infektion mit dem gleichen Antigen.

3. Vorgang: **Translation**, hier: Übersetzung der Basensequenz der viralen RNA in die Aminosäuresequenz eines Virus-Proteins
   Ablauf der Translation (vereinfacht):
   a) Die mRNA fädelt mit **Start-Triplett** (AUG oder GUG) im Ribosom ein. Jeweils zwei **Basentripletts** finden im Ribosom Platz.
   b) Zwei **transfer-RNA-Moleküle** (jede mit Aminosäure beladen) lagern sich, wenn ihr **Anticodon** komplementär passt an die mRNA-Tripletts (**Codons**) an.
   c) Die beiden mitgebrachten Aminosäuren werden durch eine **Peptidbindung** verknüpft.
   d) Das Ribosom rückt um ein Triplett weiter, die tRNA an erster Position wird freigesetzt und belädt sich im Zellplasma erneut mit ihrer spezifischen Aminosäure. Das freie nachgerückte mRNA-Codon „sucht" sich sein passendes komplementäres Anticodon d. h. ein weiteres tRNA-Molekül, mit Aminosäure beladen dockt im Ribosom an.

e) Erneute Peptidbindung; aus dem Dipeptid wird ein Tripeptid usw.
f) Am Ende der mRNA kommt ein **Stopp-Triplett**, das Ribosom zerfällt wieder in zwei Untereinheiten. Die mRNA wird freigesetzt und abgebaut. Die entstandene Aminosäurekette faltet sich je nach Aminosäuresequenz (Primärstruktur) zu einer spezifischen Sekundär- und Tertiärstruktur auf.
g) biologische Wirkung als: Enzym, Membranprotein, Rezeptorprotein, Hormon, Antikörper oder hier: Virusprotein.

4 Funktion der Membran-Rezeptoren:
 – **Abwehr:** Erkennung körpereigener und körperfremder Oberflächen (s. Killerzellen)
 – **Ernährung:** Erkennung von Stoffen bzw. Zellen zur Nahrungsaufnahme in die Zelle z. B. Endozytose (siehe Grippevirus)
 – **Kommunikation:** Erkennung von Botenmolekülen (Transmitter, Hormone, Lymphokine)

5 Ablauf der Vermehrung der Grippeviren:
 ① **Anheftung:** Die Virusoberfläche erkennt ihre Zielzelle an den passenden Rezeptoren: Das **H-Antigen** passt zum **H-Rezeptor** wie Schlüssel und Schloss.
 ② **Eindringen:** Die Zelle holt das Virus als Ganzes ins Zellinnere durch Einstülpung (**Endozytose**).
 ③ **Freisetzung:** Durch Verschmelzung mit einem Lysosom wird die Virus-RNA freigesetzt. *(Die Membran des Nahrungsvesikels verschmilzt mit der Membran, die das Virus umgibt.)* Die Virus-RNA und Enzyme gelangen in den Kern.
 ④ **RNA-Transkription** zu mRNA und **RNA-Replikation** zu neuer Virus-RNA mithilfe der mitgebrachten Enzyme.
 ⑤ **Translation:** Die entstandene mRNA bewirkt im Zellplasma an den **Ribosomen** die Synthese aller notwendigen Virusproteine: Kapselprotein, Enzyme und Virusantigene (N- und H-Spikes).
 ⑥ **Zusammenbau** *(self assembly)*: Die Virusbestandteile bauen sich selbst zusammen und bilden eine Proteinkapsel. Die N-und H-Spikes wandern an die Zellmembran und werden eingebaut.
 ⑦ **Ausschleusung:** Die Proteinkapsel wandert zur Zellmembran und wird ausgestülpt. Dabei umgibt sich das Virus mit der Doppellipidschicht und den viralen N-und H-Spikes. Jetzt haftet das Virus noch mit seinen H-Spikes an den H-Rezeptoren der Zellmembran. Das Virus kann sich erst von der Wirtszelle lösen, wenn der H-Rezeptor vom Enzym Neuraminidase des N-Antigens aufgelöst wurde.

6 Beim Ausschleusen des Virus wird die Zellmembran nicht geöffnet, sondern das Virus wird „ausgestülpt". Bei dieser „Knospung" nimmt jedes Virus eine Umhüllung aus Zellmembran mit d. h. eine Doppellipidschicht.

7 Der Virustyp, der Katzengrippe auslöst hat offensichtlich keinen „Schlüssel" für unsere Schleimhautzellen. Seine Spikes passen nicht auf einen der Rezeptoren unserer Zellen.

8 Unsere Zellen können nur **DNA** replizieren, da in ihrer Enzymausstattung eine **RNA**-Replikase *(kopiert RNA-Einzelstränge)* fehlt. Unsere Zellen können auch nur **DNA** zu mRNA transkribieren, da auch eine RNA-Transkriptase fehlt *(macht zu einem RNA-Einzelstrang einen komplementären Einzelstrang)*.

Schema (nicht verlangt):

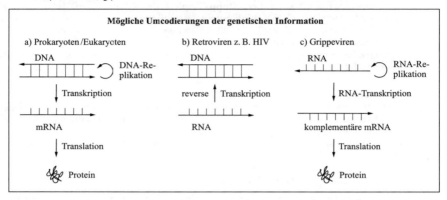

9   Neukombination der 8 RNA-Stränge, d. h. der Gene für die Oberflächen-Antigene N und H beim Zusammenbau der Viren unterschiedlicher Herkunft. Die Folge ist, dass ein Vogelvirus plötzlich menschliche Zellen infizieren kann und außerdem so stark veränderte Antigene hat, dass AK und Gedächtniszellen, die bei früheren Grippeinfektionen entstanden sind nicht mehr „passen". Dadurch kann es zum Ausbruch besonders gefährlicher Epidemien kommen.

10   (m)RNA dient in unseren Zellen nur als kurzlebige Genkopie. Da in diesem Fall das Virus-Erbgut in die menschliche DNA integriert wird, ist sie vor schnellem Abbau durch die Zelle geschützt und kann sogar mit der DNA der Wirtszelle vermehrt werden, um bei günstiger Gelegenheit (Immunschwäche) einen neuen Vermehrungszyklus zu starten.

11   Zanamivir (Relelnza®) blockiert gezielt das Enzym Neuraminidase (= Antigen N). Dadurch kann der H-Rezeptor in der Zellmembran nicht mehr abgebaut werden. Folge: Beim Ausstülpen der Viren kann sich das H-Antigen der Virusoberfläche nicht mehr vom H-Rezeptor auf der Zellmembran lösen. In der Folge können sich die neuen Viren nicht mehr von der Zelle ablösen und die Vermehrung wird gestoppt.

Profil-/Neigungsfach Biologie (Baden-Württemberg): Übungsaufgaben
Aufgabe 4: angewandte Immunologie: ELISA-Test, Zelldifferenzieung

Vor dem Hintergrund der BSE-Krise in Deutschland wollen Verbraucher und Gesundheitsbehörden sicher sein, dass in Fleischerzeugnissen auch nur das enthalten ist, was auf dem Etikett deklariert wird. Deshalb erforscht z. B. die Bundesanstalt für Fleischforschung in Kulmbach, wie man zuverlässig nachweisen kann, ob in Fleischprodukten Bestandteile des Rinds (Muskelfleisch, Innereien, Fettgewebe, Milchkomponenten) und insbesondere Gewebe des zentralen Nervensystems enthalten sind.

Dabei wird die Erkenntnis ausgenützt, dass der Bauplan einer jeden Lebewesenart durch ihre spezifische DNA codiert wird. Rinder besitzen also bestimmte DNA-Sequenzen und folglich auch Proteine, die in dieser Form nur bei ihnen vorkommen und somit charakteristisch sind. Die Nachweisverfahren zur Bestimmung der Tierart sind also DNA-Tests oder Protein-Tests.

Ein Proteintest ist der ELISA-Test (Enzyme-Linked-Immunosorbent-Assay). Er macht sich die spezifische Erkennungsreaktion zwischen Antigen und Antikörper zunutze und koppelt diese mit einer enzymgesteuerten Farbreaktion. (Abb. 1)

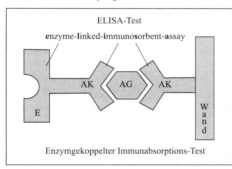

Abb. 1: Enzymgekoppelter Immunabsorptionstest:
E = Enzym, das eine Farbreaktion katalysiert (Substrat ist eine Farbstoff-Vorstufe)
AK = Antikörper-Molekül (gekoppelt an Enzymmolekül bzw. haftend an der Wand des Teströhrchens)
AG = Antigen = nachzuweisendes Tierprotein
Bei Anwesenheit von AG wird das Farbstoff bildende Enzym fest an die Wand des Teströhrchens gebunden.

Im folgenden Schema (Abb. 2) ist der Ablauf eines ELISA-Tests schematisch vereinfacht dargestellt.

1 Schildern Sie in korrekter Fachsprache die Abläufe 1 bis 4. Begründen Sie mit der Grafik in Abbildung 3 die Aussagekraft des Tests.

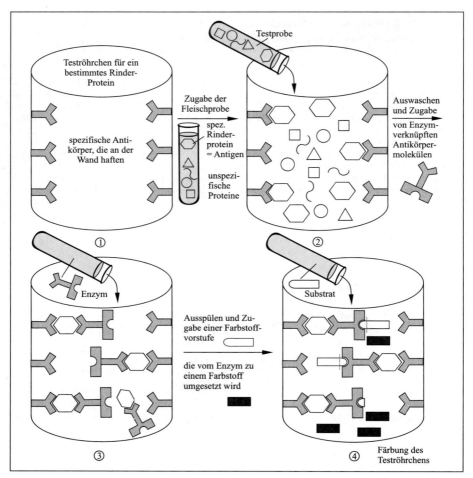

Abb. 2: Ablauf des ELISA-Tests

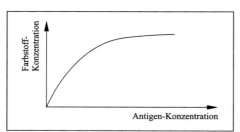

Abb. 3: Ergebnis des ELISA-Tests

2   Erläutern Sie kurz, wie man die spezifischen Antikörper gegen Rinderprotein gewinnen kann.

3   Begründen Sie mit den Eigenschaften der Enzyme, warum in Abbildung 2 vor dem Schritt 4 das Teströhrchen gespült werden muss.

4   Mit diesem Test kann zur Zeit nicht unterschieden werden, von welchem Gewebetyp – Muskelgewebe oder Nervengewebe – eine positive Probe stammt. Auch bei Wurst ohne Rindfleisch, aber mit Milchprotein reagiert der Test positiv. An welcher Stelle müsste der Test weiterentwickelt werden, um die Aussagekraft zu erhöhen?

5   Der ELISA-Test wird schwierig, wenn es sich bei der Lebensmittelkontrolle um hocherhitzte Konservenwurst handelt. Begründen Sie.

Lösungen

1 ①, ②: Die Fleischprobe enthält ein Gemisch aus vielen verschiedenen Proteinmolekülen. Die meisten von ihnen sind nicht artspezifisch, sondern finden sich auch bei anderen Säugetieren. Die speziell gegen Rinderproteine (= **Antigen**) hergestellten **Antikörper** *(Herstellung siehe Frage 2)* auf der Innenseite des Teströhrchens reagieren jedoch nur mit ihrem spezifischen Antigen. Ergebnis der **AG-AK-Reaktion**: Befindet sich Rinderprotein in der Testprobe, dann sind je nach Konzentration mehr oder weniger viele wandgebundene Antikörper fest mit dem Antigen verbunden und bleiben an der Innenwand haften.

③: Nach dem Auswaschen sind alle nicht gebundenen Bestandteile der Fleischprobe aus dem Teströhrchen entfernt. Nun wird durch Zugabe eines enzymgebundenen Antikörpers, der ebenfalls das Rinderprotein als Antigen erkennt, ein „Sandwich" erzeugt. Das nachzuweisende Antigen sitzt jetzt zwischen den beiden Antikörpern *(Sandwich-Technik)*. Auch hier gilt: Je mehr Antigen gebunden wurde, desto mehr enzymmarkierte Antikörper werden gebunden.

④: Nach dem Ausspülen aller Verunreinigungen und nicht gebundener Enzymmoleküle enthält das Teströhrchen eine bestimmte Konzentration an gebundenen **Enzymmolekülen**, die nach Zugabe einer Farbstoff-Vorstufe als **Substrat** eine chemische Reaktion katalysieren. Ergebnis der Reaktion: Das Teströhrchen verfärbt sich durch die Entstehung eines Farbstoffs.
Interpretation der Grafik in Abbildung 3: Je größer die Konzentration von Rinderprotein = Antigen in der Fleischprobe, desto größer ist die Konzentration an gebundenen Enzymmolekülen, desto größer ist die Enzymaktivität → höhere Farbstoffkonzentration *(nach einer bestimmten Zeit, bei gleicher Temperatur und gleicher Substratkonzentration)*.

2 – Isolierung eines rinderspezifischen Proteins als Antigen
 – Injektion des artfremden Proteins in ein Testtier, z. B. Maus. In diesem Tier läuft nun eine aktive Immunantwort ab, an deren Ende nach 1–2 Wochen Plasmazellen gebildet werden, die spezifische Antikörper gegen Rind produzieren.
 – Isolierung aus dem Blutserum des Testtiers *(oder gentechnisch über monoklonale Antikörper)*

3 Enzyme sind sehr empfindlich gegenüber Milieuveränderungen wie pH, Temperatur, Konzentration gelöster Ionen und Verunreinigungen (z. B. Konservierungsstoffe), die als Hemmstoffe wirken könnten. *Außerdem würden überschüssige, nicht gebundene Enzymmoleküle den Test verfälschen.*

4 Die Antikörper gegen das Rinderprotein sind offensichtlich nicht spezifisch genug!

Alle Körperzellen des Rindes enthalten zwar die gleiche DNA, aber durch unterschiedliche Genaktivität entstehen unterschiedlich differenzierte Zellen und Gewebe. Da in diesen Geweben unterschiedliche Gene „angeschaltet" sind, müssten sie auch eine unterschiedliche Proteinausstattung besitzen.

→ Man müsste ein Protein (oder Abkömmling) identifizieren, das spezifisch in Muskelzellen bzw. Nervenzellen bzw. Milch auftritt.

(Probleme: Auch Muskelgewebe enthält Nervenfasern! Viele typische Muskelproteine/Nervenproteine/Milchproteine sind nicht artspezifisch!)

5 Kochen führt bei Proteinen zu Hitzedenaturierung. Bei denaturierten Proteinen ist die Tertiärstruktur zerstört → die Antikörper erkennen die veränderte Antigen-Struktur nicht mehr → keine Enzymkopplung → keine Farbreaktion.

Profil-/Neigungsfach Biologie (Baden-Württemberg): Übungsaufgaben
Aufgabe 5: Immunbiologie, Großhirn

Albrecht Dürer schickte 1525 an seinen Arzt in Nürnberg ein Selbstportrait (Abb. 1) aus den Niederlanden, wohin er zu einem längeren Arbeitsaufenthalt gereist war. Er zeigt auf dem Portrait mit der rechten Hand auf einen markierten Fleck auf der linken Körperseite, wahrscheinlich auf die Milz. Er fügte folgende Bemerkung an: „Do der gelbe fleck ist und mit dem finger drauff deut, do ist mir we." Dürer überlebte die Erkrankung, von der Medizinhistoriker glauben, dass es ein Malaria-Anfall gewesen sei. Holland war zu Dürers Zeiten Malaria-Gebiet. Heute werden jährlich 300 Millionen Krankheitsfälle registriert und jährlich sterben mehr als 2 Millionen Menschen – vor allem Kinder unter 5 Jahren – an dieser Krankheit. Die Malariaerreger, winzige eukaryotische Einzeller der Gattung Plasmodium, werden durch den Stich der weiblichen Anopheles-Mücke übertragen. Zur Krankheit kommt es, wenn sich die Parasiten in den roten Blutkörperchen (Erythrozyten) vermehren. Durch das Platzen der Erythrozyten werden bis zu 20 Gramm Fremdprotein in die Blutbahn ausgeschüttet, was heftige Fieberschübe auslöst. Zum Krankheitsbild gehört außerdem eine vergrößerte Milz, da dieses Immunorgan die parasitierten Erythrozyten aus dem Blut abfängt und entsorgt.

Abb. 1: Albrecht Dürer (Selbstportrait)

1   Die Milz ist Teil unseres Immunsystems. Beschriften Sie in Abbildung 2 die Immunorgane 1 bis 5. Welche Aufgabe hat Organ Nr. 2?

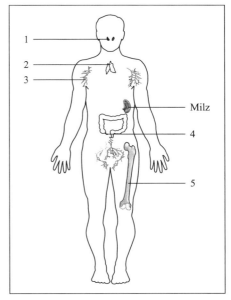

Abb. 2: Immunorgane im menschlichen Körper

2 Bis Ende des 19. Jahrhunderts glaubte man, dass die Krankheit durch gesundheitsschädliche Ausdünstungen aus Sümpfen verursacht wird. Malaria kommt von *mala aria*, „schlechte Luft".
Entwerfen Sie eine Versuchsreihe, die die Richtigkeit dieser Hypothese überprüft.

3 Eine aktive Immunisierung ist bis heute nicht gelungen, da der Erreger seine Oberfläche ständig verändert.
Nennen Sie zwei weitere denkbare Strategien von Parasiten, sich trotz Immunsystem erfolgreich im Wirt zu vermehren.

4 Im Menschen vermehrt sich der Erreger ungeschlechtlich (vegetativ), in der Mücke pflanzt er sich geschlechtlich (sexuell) fort. Welche unterschiedliche Rolle spielen diese beiden Fortpflanzungsarten in der Evolution des Parasiten in Bezug auf die erfolgreiche Eroberung des Menschen als „Lebensraum"?

5 Mit „Spleen" umschrieb man seit Mitte des 18. Jahrhunderts ein Krankheitsbild von Heimkehrern aus den Kolonien, die als Folge einer chronischen Malaria eine große Milz und eigentümliche seelische Verstimmungs-Zustände aufwiesen. Diese „zerebrale" Malaria entsteht dadurch, dass die Erreger die Zellmembranen der Wirts-Erythrozyten durch Einlagerung klebriger Oberflächen-Proteine verändern. Dadurch kann es zu Gefäßverstopfungen im Großhirn kommen. Als ein möglicher Dauerschaden wird die Seelenblindheit genannt.
Schildern sie Ursache und Auswirkungen dieser Krankheit. Nennen Sie zwei weitere mögliche Folgen einer Durchblutungsstörung im Großhirn.

6 Ein erfolgreicher Versuch, die Malaria in einem eng begrenzten Gebiet auszurotten wurde mit unfruchtbaren Mückenmännchen unternommen. Man züchtete männliche Anophelesmücken in großer Zahl, sterilisierte sie vor der Geschlechtsreife mit Röntgenstrahlung, um sie dann freizulassen. Diskutieren Sie Erfolg und Grenzen dieser Maßnahmen.

Lösungen

1
1. Mandeln
2. Thymus
3. Lymphknoten, Lymphbahnen
4. Wurmfortsatz
5. Knochenmark

Aufgabe des Thymus: Bildung von immunkompetenten T-Lymphozyten (Unterscheidung von „fremd und selbst")

2 **Fragestellung** der Versuchsreihe: Welche Faktoren des Sumpfes machen krank: Geruch, Schmutz, Mücken …?
Prinzip: Ein möglicher Krankheitsfaktor wird variiert, die anderen Faktoren werden konstant gehalten.
– Versuchstiere werden sumpfiger Luft ausgesetzt, aber von jedem anderem Kontakt mit Sumpf ferngehalten, z. B. durch ein feines Mückennetz. (T, Luftfeuchtigkeit, Nahrung, Dauer des Experiments = konstant). Überprüfung auf Krankheitssymptome.
– Kontrollversuche: a) Versuchstiere werden gefilterter Sumpf-Luft ausgesetzt ohne Kontakt mit Sumpf (Mückennetz)
  b) Gefilterte Luft aber mit Sumpfkontakt
  c) Ungefilterte Sumpfluft, mit Sumpfkontakt

3
– „Tarnung" der Oberfläche durch z. B. Schleimkapsel oder durch Übernahme wirtseigener Moleküle.
– Ausschaltung der Makrophagen oder der T-Helferzellen durch Giftstoffe.
– Hemmung der Signalstoffe (Lymphokine, Cytokine), die die Vermehrung und Differenzierung der Lymphozyten fördern.
– Hemmung der AK-Produktion durch Giftstoffe
– „Abstreifen" der Antigene bei der AG-AK-Reaktion → keine Verklumpung

4 **Vegetative Vermehrung** im Wirt: Schnelle Produktion sehr vieler erbgleicher Tochterzellen, um den Wirt zu besiedeln, bevor dessen Immunsystem abwehrbereit ist, d. h. bevor er mithilfe einer aktiven Immunantwort genügend Antikörper und Killerzellen zur Verfügung hat.

Sexuelle Fortpflanzung: Neukombination von Erbgut durch Meiose und Befruchtung führt zu neuen Varianten der Antigene an der Oberfläche der Erreger → bessere Chancen, das Immunsystem des Wirts zu überwinden.

5 **Seelenblindheit:** Gegenstände, Menschen werden zwar wahrgenommen, aber nicht erkannt.
Ursache: Das Seherinnerungszentrum (sekundäre Sehrinde) ist defekt oder die Verbindung mit dem Sehzentrum (primäre Sehrinde).
Weitere mögliche Schäden im Großhirn:
– Schädigung motorischer Felder → Lähmungen (Sprache, Mimik …)
– Schädigung sensorischer Felder → Ausfälle von Sinneswahrnehmungen (Rindenblindheit, …)
– Schädigung assoziativer Felder → Intelligenz, Gedächtnis, Lernfähigkeit.

6   Die unfruchtbaren Mückenmännchen begatten sich wie normale Männchen mit den Mückenweibchen. Da ihre Spermien durch die Röntgenbestrahlung aber unfruchtbar sind, legen die Weibchen ebenfalls unfruchtbare Eier ab. Bei genügend großer Zahl unfruchtbarer Männchen werden also statistisch fast alle Weibchen eines begrenzten Gebietes (Oase) ohne Nachwuchs bleiben. Grenzen: Für größere Gebiete zu teuer und durch Zuwanderung normaler Männchen nicht mehr effizient.

Profil-/Neigungsfach Biologie (Baden-Württemberg): Abituraufgaben 2004
Aufgabe I: Sinneszelle, Nerven, Enzyme

„Was ist das süße Geheimnis köstlicher Pralinen? Die gelungene Komposition verschiedener Empfindungen im Mund. Süßer Zucker weckt Appetit, bittere Schokolade liefert einen pikanten Gegensatz."

In Abbildung 1 ist eine Geschmacksknospe schematisch dargestellt.

Geschmackssinneszellen stehen in Kontakt mit Nervenzellen, deren Fortsätze sich in der Geschmacksknospe verzweigen. Dort, wo die Sinneszellen mit der Mundhöhle in Verbindung stehen, ist ihre Oberfläche durch Mikrovilli stark vergrößert.

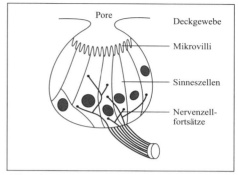

Abb. 1: Geschmacksknospe

1.1 Oberflächenvergrößerung ist ein häufig auftretendes Prinzip in unserem Körper. Welchen Vorteil bietet diese Oberflächenvergrößerung bei einer solchen Sinneszelle? Geben Sie ein weiteres Beispiel für Oberflächenvergrößerung in unserem Körper an.

1.2 Zeichnen Sie das Schema einer Nervenzelle (Größe ca. ½ Seite). Beschriften Sie Ihre Zeichnung. (4 VP)

In Abbildung 2 sind die Vorgänge in einer Geschmackssinneszelle vor und während des Kontakts mit einem Zuckermolekül schematisch dargestellt.

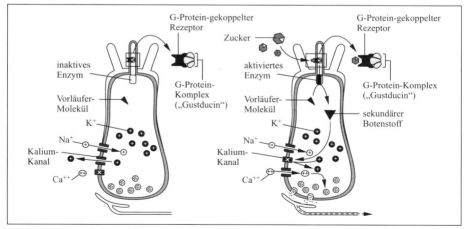

Abb. 2: Vorgänge in einer Geschmackssinneszelle

2.1 Beschreiben Sie mithilfe der Abbildung 2 die Vorgänge vom Kontakt der Geschmackssinneszelle mit Zucker bis zur Erregung der nachgeschalteten Nervenzelle. (5 VP)

2.2 Entwickeln Sie eine Hypothese, mit der die Öffnung der Calciumkanäle erklärt werden könnte. (3 VP)

2.3 Enzymaktivierungen beruhen häufig auf der Interaktion von Enzymen mit anderen Molekülen. Erläutern Sie anhand von Skizzen, wie ein Enzym durch ein weiteres Molekül in eine aktive Form überführt werden könnte. (3 VP)

Folgender Text stammt aus der Kundenzeitschrift einer Lebensmittelkette:

Naschen Sie richtig!

Gehören Sie auch zu den Menschen, die es schaffen, innerhalb von zehn Minuten eine Tafel Schokolade zu verdrücken?
Spätestens im November überkommt viele Menschen das unglaubliche Verlangen nach Süßem. Woher kommt das?
Was uns fehlt, ist das Licht. Licht und Süßes haben ähnliche Auswirkungen auf unser Gemütsleben: Sonnenschein verhindert den Abbau von Serotonin im Gehirn, während Süßes den Aufbau fördert.
Serotonin ist ein Botenstoff[1], der für Glücksgefühle sorgt. Jeder Mensch will sich intuitiv gut fühlen und so ist es umso verständlicher, dass wir gerade um die Weihnachtszeit gerne nach süßen Plätzchen und Schokolade greifen.
Mit dem Phänomen Serotonin haben sich viele Forscher lange Zeit beschäftigt. Dieser Stoff wird nicht, wie man vermuten könnte, aus Zucker gebaut, sondern aus dem Eiweißstoff[2] Tryptophan.

Diesen Stoff finden wir beispielsweise in Käse, Fleisch und Eiern. Tryptophan ist im Vergleich zu anderen Eiweißstoffen sehr wenig in der Nahrung enthalten.
Essen wir jedoch Süßes, stellt der Körper vermehrt Verdauungssäfte[3] zur Verfügung, die den Zucker und die stark vertretenen Eiweißstoffe aus der Blutbahn in die Zellen bringen. Jetzt ist der Weg für Tryptophan frei, um den „Gute-Laune-Stoff" im Gehirn bauen zu können.
Deshalb unser Tipp: Wenn Sie die Lust auf Süßes überkommt, sollten sie sich fragen: „Habe ich heute eigentlich schon Vitalstoffreiches wie z. B. frisches Obst, Gemüse oder ein zartes Steak gegessen?"
Wenn ja, sollten Sie anschließend die Schokolade auf der Zunge zergehen lassen wie ein Bonbon. Den zarten Schmelz spüren, sich freuen und sagen: „Ich will das Leben genießen".

Gemeint sind: (1): Neurotransmitter; (2): Aminosäure; (3): Insulin

3 Fassen Sie die Kernaussagen des Textes korrekt zusammen, so dass ersichtlich wird, warum das Essen von Schokolade Glücksgefühle auslösen kann. (5 VP)

(20 VP)

Lösungen

1.1 *Der Vortext jeder Frage muss genau und wenn nötig mehrfach durchgelesen werden! Da der „Aufhänger" der Frage meist ein im Unterricht nicht besprochenes Organ oder eine unbekannte Krankheit ist, stecken alle notwendigen Hinweise im Vortext. Wer also sofort die anschließende Frage liest, wird leicht zu vorschnellen und unvollständigen Lösungen verleitet. Überliest man z. B. bei Frage 1.1 den entscheidenden Halbsatz „Dort, wo die Sinneszellen mit der Mundhöhle in Verbindung stehen, ...", könnte man beim Betrachten der Abb. 1 auch die Verzweigung der Nervenzellen für die Oberflächenvergrößerung halten.*

Vorteil der **Oberflächenvergrößerung** durch **Mikrovilli**:
Die starke Faltung der Zellmembran (= Mikrovilli) in Richtung Mundhöhle vergrößert die Kontaktfläche der Sinneszellen mit den Nahrungsbestandteilen. Die Geschmackstoff-Moleküle (z. B. Zuckermoleküle), die im Nahrungsbrei enthalten sind, können optimal mit den Rezeptoren in der Sinneszellmembran in Wechselwirkung treten. Je größer die Membranoberfläche, desto mehr Rezeptormoleküle können in die Membran integriert werden, desto mehr Geschmackstoff-Moleküle können pro Zeiteinheit gebunden werden, desto stärker ist die Reizung, (desto empfindlicher kann die Sinneszelle reagieren), desto intensiver die Geschmacksempfindung.

Weitere Beispiele für Oberflächenvergrößerung *(gefordert ist 1 Beispiel ohne Erläuterung)*:
– Vergrößerung der respiratorischen Oberfläche in der Lunge durch viele winzige **Lungenbläschen**
– Vergrößerung der inneren Oberfläche des Darms durch Faltung der Darmwand (= **Darmzotten**) und durch **Mikrovilli** der Darmzellen
– Faltung der **Hirnrinde**
– Membranstapel (= **Disks**) in den Sehsinneszellen (zur Vergrößerung der Licht absorbierenden Fläche).
– Faltung der **inneren Membran** der Mitochondrien

1.2 Schematische **Skizze** einer Nervenzelle *(markhaltig oder marklos)*, z. B. Skizze eines Motoneurons:

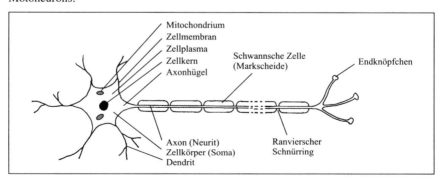

2.1 **Ablauf** der Vorgänge ab Kontakt der Sinneszelle mit Zucker:
– Zuckermoleküle docken an der Zelloberfläche am „Gustducin" = G-Protein-gekoppelter Rezeptor an (**Schlüssel-Schloss-Prinzip**).
– Inaktives Enzym im Zellinneren wird aktiviert.

- Ein Vorläufermolekül (= Substrat für dieses Enzym) wird in einen sekundären Botenstoff (= **second messenger**) umgewandelt.
- Dieser Botenstoff bewirkt die Schließung der Kaliumkanäle (= Rezeptor-gesteuerte K^+-Ionenkanäle) → **kein weiterer K^+-Ausstrom**.
- (Depolarisierung der Sinneszelle = Rezeptorpotenzial)
- Dies führt zur Öffnung der Ca^{2+}-Kanäle → **Ca^{2+}-Einstrom**.
- Dadurch werden die **Wanderung** der Transmitter-gefüllten Vesikel zur (präsynaptischen) Membran und **Verschmelzung** ausgelöst.
- Die Vesikel entleeren sich und schütten **Transmittermoleküle** in den synaptischen Spalt aus.
- Die Transmittelmoleküle diffundieren zur Nervenzell-Membran.
- Durch die Besetzung der Rezeptoren in der postsynaptischen Membran und Öffnung von Ionenkanälen entsteht ein **postsynaptisches Potenzial**.
- Die **Erregung** der Nervenzelle erfolgt ab Erreichung eines **Schwellenwerts**.

2.2 *„Entwickeln Sie eine Hypothese" – hier können auch mehrere Lösungen akzeptiert werden, wenn sie logisch konsequent erklärt werden.*

z. B. Die Ca^{2+}-Kanäle sind **spannungsgesteuert**:
Die Schließung der K^+-Kanäle bewirkt bei gleich bleibende Na^+-Einstrom eine **Depolarisierung** der Sinneszellmembran. Diese Spannungsänderung bewirkt, dass sich die Ca^{2+}-Kanäle öffnen.

oder:
- *Die Ca^{2+}-Kanäle sind **Rezeptor-gesteuert**:*
 Der sekundäre Botenstoff könnte nicht nur die K^+-Kanäle schließen, sondern auch die Ca^{2+}-Kanäle öffnen.
- *In der Skizze könnte **eine räumliche Kopplung** zwischen K^+-Kanälen und Ca^{2+}-Kanälen nahe gelegt werden. Die Schließung der K^+-Kanäle könnte eine räumliche Veränderung der Ca^{2+}-Kanäle bewirken, die zur Öffnung führt.*

2.3 Auch hier ist die Antwort nicht auf die Standard-Antwort „allosterische Aktivierung" beschränkt. Der Konjunktiv „...wie könnte..." lässt verschiedene Interaktionen zwischen einem Enzym und anderen Molekülen zu.

z. B. **allosterische Aktivierung**:
Ein Enzymmolekül besitzt neben dem aktiven Zentrum noch zusätzlich ein allosterisches Zentrum. Ohne Bindung eines aktivierenden Moleküls kann das aktive Zentrum kein Substratmolekül binden. Erst wenn das allosterische Zentrum besetzt ist, ändert sich die Raumstruktur des Enzymmoleküls so, dass das Substrat in das aktive Zentrum passt und umgesetzt werden kann.

schematische Skizze:

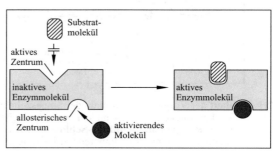

oder:
*Wegfall einer **allosterischen Hemmung**:*
Erst wenn ein hemmendes Molekül nicht mehr gebunden ist, wird das Enzym aktiviert.
schematische Skizze:

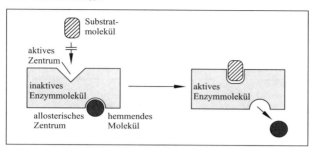

oder:
Interaktion des Enzymmoleküls mit Molekülen, die das aktive Zentrum für das Substrat „passend" machen: **Cosubstrate/Coenzyme**
schematische Skizze:

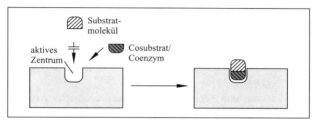

3 **Zusammenfassung** der Kernaussagen des Textes:
 – Serotonin ist für die Glücksgefühle verantwortlich.
 – Licht und Süßigkeiten bewirken beide Glücksgefühle: Licht, weil es den Serotonin-Abbau verhindert, Süßes, weil es den Serotonin-Aufbau fördert.
 – Serotonin wird aus der (in der Nahrung eher seltenen) Aminosäure Tryptophan aufgebaut.
 – Die Aminosäure Tryptophan wird durch Verdauung von Nahrungsproteinen aus dem Darm ins Blut und zu den Zellen gebracht.
 – Die Aufnahme von Tryptophan in die Zellen wird durch Insulin beschleunigt.
 – Das Hormon Insulin wird durch Essen von Süßigkeiten verstärkt ausgeschüttet.
 – Zuckerzufuhr beschleunigt also die Aminosäure-Aufnahme und damit auch die Tryptophan-Aufnahme aus dem Blut in die Zellen und ermöglicht damit die verstärkte Synthese von Serotonin.

Oder als **Tipp:** *Süßes macht dann besonders glücklich, wenn man vor dem Naschen Eiweiß gegessen hat!*

Profil-/Neigungsfach Biologie (Baden-Württemberg): Abituraufgaben 2004
Aufgabe II: Evolution

Lebewesen sind auf sehr unterschiedliche Weise an ihren Lebensraum angepasst. In Abbildung 1 sind die Umrisse einiger Tiere dargestellt, die zu verschiedenen Arten gehören. Mit Ausnahme einer Tierart gehören alle abgebildeten Tiere zum selben Tierstamm. Vereinfacht kann dieser Tierstamm in fünf Klassen unterteilt werden (nicht alle sind in Abbildung 1 dargestellt).

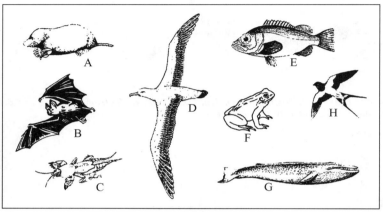

Abb. 1: Verschiedene Tiere

1.1 Benennen Sie diesen Tierstamm und geben Sie zwei charakteristische Kennzeichen an. Nennen Sie fünf Klassen dieses Tierstamms und geben Sie für jede Klasse zwei typische Merkmale an.

1.2 Tiere A (Maulwurf)/C (Maulwurfsgrille) und D (Albatros)/H (Rauchschwalbe) (vgl. Abbildung 1) zeigen Ähnlichkeiten in ihrem Körperbau. Hierfür gibt es zwei prinzipiell unterschiedliche Erklärungsmöglichkeiten. Erläutern Sie diese an den genannten Beispielen. (5 VP)

Abb. 2 zeigt die Entstehung der Artenvielfalt in vereinfachter Form am Beispiel der Säugetiere.

2 Welche Evolutionsmechanismen liegen der Entstehung der Artenvielfalt zugrunde? Erläutern Sie. (4 VP)

Abb. 2: Artenvielfalt bei den Säugetieren

Brehms Tierleben war das erste volkstümliche deutschsprachige Werk, in dem die Vielfalt der Tiere dargestellt wurde. Der nachfolgende Text findet sich im Kapitel „Menschenaffen" und stammt aus dem Jahre 1922:

„*Zweifellos springt dem unbefangenen Beobachter beim Anblick eines Menschenaffen die überraschende (1) **Ähnlichkeit mit dem Menschen** ins Auge, **nicht allein in Bezug auf die Gestalt**, sondern auch hinsichtlich seines Gebarens. Seit Darwin hat sich der Satz „Der Mensch stammt vom Affen ab" in der breiten Öffentlichkeit zum Teil als unantastbare Wahrheit, an der angeblich nichts mehr zu rütteln ist, eingebürgert. Nun leuchtet ja ohne weiteres ein, dass der heutige Mensch nicht vom heutigen Affen abstammen kann. Beide haben seit Urzeiten eine Entwicklung durchgemacht, die niemand leugnen wird. Wer nun der Urahn ist, das konnte mit Bestimmtheit bis heute noch nicht festgestellt werden. Aber eines steht fest: (2) **der Affe ist in bezug auf seine körperliche Entwicklung viel spezialisierter, also höher entwickelt, als der Mensch, der körperlich auf einer ursprünglicheren primitiveren Stufe stehen geblieben ist**. Man betrachte sich als Beispiel nur den Greiffuß eines Affen und vergleiche ihn mit dem gänzlich unspezialisierten Fuß eines Menschen: Alles weist auf eine einseitige Entwicklung zum Klettertier hin. Der Mensch hingegen hat nur ein Organ, und das aber ganz ausgeprägt, entwickelt: das Gehirn. (3) **Mit der Entwicklung dieses Organs war eine Sonderentwicklung anderer Organe, die andere Geschöpfe zu ihrer Erhaltung benötigen, überflüssig geworden**, denn der Mensch konnte sich mit Hilfe seines Verstandes ohne Zuhilfenahme spezialisierter Organe im Lebenskampf zurechtfinden."*

3   Erläutern Sie, ob die Aussagen aus Brehms Tierleben in den drei fettgedruckten Textstellen aus heutiger wissenschaftlicher Sicht Gültigkeit haben. (5 VP)

4   Beschreiben Sie ein molekularbiologisches Verfahren, mit dem man die Verwandtschaftsverhältnisse zwischen Mensch und Menschenaffe ermitteln kann. (3 VP)

Bereits 1975 veröffentlichten zwei amerikanische Wissenschaftler in der renommierten Zeitschrift *Science* einen Artikel, aus dem hervorging, dass die genetischen Unterschiede zwischen Schimpansen und Menschen vergleichsweise klein sind. Für den Laien klingt das wie ein Widerspruch. Müssten sich die vielen Unterschiede in Form und Funktion nicht auf der Ebene der Gene widerspiegeln?

5 Geben Sie eine mögliche Erklärung für die vielen phänotypischen Unterschiede zwischen Mensch und Schimpanse trotz weitgehend identischer genetischer Ausstattung. (3 VP)

(20 VP)

Lösungen

1.1 Bis auf C (Maulwurfsgrille) gehören alle abgebildeten Tiere zum **Stamm der Wirbeltiere**.

Kennzeichen der Wirbeltiere *(2 werden verlangt)*:
– Wirbelsäule
– Rückenmark
– Markhaltige Nervenfasern
– I. d. R. zwei Paar Extremitäten
– Spezifische Immunabwehr

Kennzeichen der fünf Wirbeltier-Klassen *(jeweils 2 werden verlangt)*:

Wirbeltierklasse	Typische Merkmale
Säugetiere	– Säugen ihre Jungen mit Muttermilch – Haare /Fell – gleichwarm – Lungenatmung – Zwerchfell – differenzierte Zahnformen
Vögel	– Federn – Vorderextremität als Flügel – Hornschnabel ohne Zähne – Eier mit Kalkschale – hohle Knochen – Lungen mit Luftsäcken – gleichwarm – Kloake (ein Ausführgang für Darm, Niere und Keimdrüsen)
Reptilien	– Hornschuppen – wechselwarm – Lungenatmung – Kloake – innere Befruchtung

Amphibien	– drüsenreiche nackte Haut (Wasser-/Feuchtlufttiere) – wechselwarm – Larven (Entwicklung mit Metamorphose) – Wechsel von Kiemen- zu Lungenatmung (Hautatmung) – Kloake – äußere Befruchtung – dreikammriges Herz (zwei Vorkammern, eine Hauptkammer)
Fische	– Knochenschuppen – Kiemenatmung – wechselwarm – einfacher Blutkreislauf (zweikammriges Herz)

1.2 Die Ähnlichkeit im Körperbau kann prinzipiell auf zwei Ursachen beruhen:
 – Anpassungs- oder Funktionsähnlichkeit → **Analogie**
 – Bauplan- oder Verwandtschaftsähnlichkeit → **Homologie**

Maulwurf – Maulwurfsgrille:

– Keine Bauplanähnlichkeit, da keine Verwandtschaft (Säugetier – Insekt)
– Anpassung an ähnliche Lebensräume: grabende unterirdische Lebensweise
⇒ Die Ähnlichkeit der Grabschaufeln beruht auf Funktionsähnlichkeit (**Analogie**).

*Anderer Begriff: Man nennt solche Parallelentwicklungen, ausgehend von ganz verschiedenen Verwandtschaftsgruppen ohne Bauplanähnlichkeit zu äußerlich sehr ähnlichen Körperformen **Konvergenz** oder **konvergente Entwicklung**.*

Albatross – Rauchschwalbe:

– Beide Tierarten sind eng verwandt (Tierklasse: Vögel).
– Die Baupläne, d. h. Bau und Lage der Körperorgane (Flügelskelett, Federn ...), sind aufgrund der gemeinsamen Erbinformation sehr ähnlich.
⇒ Die Ähnlichkeit der Flügel beruht auf Bauplanähnlichkeit (**Homologie**).

2 *Die Deutung der Entwicklung der Artenvielfalt der heutigen Säugetiere aus einer gemeinsamen Stammform ist natürlich unmöglich in wenigen Sätzen zu schaffen. Gemeint ist hier lediglich die Aufzählung der wichtigsten Evolutionsfaktoren mit jeweils knapper Erläuterung. Dennoch gehen hier viele Punkte verloren, wenn man die Fachsprache der synthetischen Evolutionstheorie nicht sicher beherrscht!*
*Die Gliederung der Antwort lässt sich entweder als Ablauf einer **adaptiven Radiation** vornehmen oder ganz allgemein im Rahmen der Deutung der Entstehung von neuen Arten.*

Spezielle Deutung als **adaptive Radiation**:

(Definition: beschleunigte Aufspaltung von Arten aus einer Stammform durch Anpassung an viele ökologische Nischen)

– Unspezialisierte Stammform (rattenähnliche Urinsektenfresser) hatte nach dem Aussterben der Saurier günstige Lebensbedingungen.
– Starke Vermehrung → große genetische Variabilität durch Mutationen und **Rekombination**
– Zunahme der intraspezifischen Konkurrenz
– Zunehmender **Selektionsdruck** in Richtung **Einnischung**; neue **ökologische Nischen** helfen, totale Konkurrenz zu vermeiden.
– Zunehmende Spezialisierung hinsichtlich Nahrungserwerb, Fortbewegung ...

Zusätzliche Faktoren:
- **Isolation:** Ausbildung von Fortpflanzungsbarrieren durch z. B. räumliche Trennung von Teilpopulationen = **Separation** (z. B. Eiszeiten, Kontinentaldrift ...) oder **ethologische Isolation** (Verhinderung des Gen-Austausches durch z. B. verändertes Balzverhalten in Teilpopulationen)
- **Gendrift:** Zufallswirkungen in kleinen isolierten Teilpopulationen (z. B. Besiedler einer Insel gehören alle zu einer Sippe und sind Träger eines seltenen Allels)

Eine Aufspaltung in Arten ist erfolgt, wenn zwischen Teilpopulationen aufgrund der vorher genannten Ursachen kein Genaustausch mehr möglich ist, d.h. wenn keine fruchtbaren gemeinsamen Nachkommen mehr möglich sind.

oder:
*Allgemeine Deutung mit **Evolutionsfaktoren**:*
Evolutionsmechanismen, die der Artbildung zugrunde liegen:
- *__Mutation__ und __Rekombination__: Mutation erzeugt neue Allele, die durch Rekombination zu immer neuen Allel-Kombinationen gemischt werden und so phänotypisch sichtbar werden.*
- *__Selektion__: Diese Allel-Kombinationen werden nach ihrem Anpassungswert bezüglich der jeweiligen Umweltbedingungen von der Selektion bewertet. Sie gibt der Evolution eine Richtung, d. h. die Allele, die größeren Fortpflanzungserfolg garantieren, werden sich im Genpool durchsetzen.*
*Artaufspaltung und Artenvielfalt ist das Ergebnis von **aufspaltender Selektion**. Bei diesem Selektionstyp sind die Umweltbedingungen so, dass sich zwei verschiedene Möglichkeiten der Anpassung anbieten z. B. verschiedene Fortbewegungstechniken, verschiedene Körpergrößen, verschiedene Tarnungsmöglichkeiten usw.*

Schema (nicht verlangt):

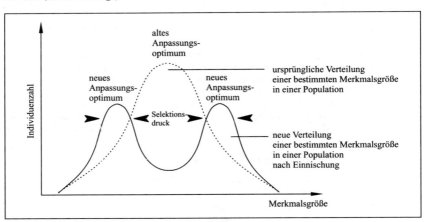

Zusätzliche Evolutionsmechanismen:
- **Isolation/Separation** (siehe oben)
- **Gendrift** (siehe oben)

Ergebnis ist in vielen Generationen die Aufspaltung in Rassen und schließlich in Arten mit unterschiedlicher Anpassung an die Umwelt.

3 *Auch bei dieser Frage kommt es weniger darauf an, die Gültigkeit einer Textstelle zu bejahen oder zu verneinen, als vielmehr seine Entscheidung fachsprachlich sauber zu begründen.*

1. **Textstelle:** „*... die Ähnlichkeit mit dem Menschen ... nicht allein in Bezug auf die Gestalt ...* "

Diese Aussage ist **richtig**: Die Ähnlichkeit ist nicht nur in der vergleichenden Anatomie („Gestalt") und in der Verhaltensforschung („Gebaren") bestätigt worden, sondern auch durch moderne Forschungsmethoden:
– Biochemie/Cytologie/Genetik: z. B. Blutgruppen-Ähnlichkeit, Proteinvergleiche, Chromosomenvergleiche
– Molekulargenetik: z. B. DNA-Ähnlichkeit
– Parasitologie: Gemeinsame Parasiten (Flöhe, Viren ...)

2. **Textstelle:** „*... der Affe ist ... viel spezialisierter ... als der Mensch, der ... auf einer primitiveren Stufe stehen geblieben ist ...* "

Diese Aussage ist **falsch**: Es ist umgekehrt: Der Übergang zur **Bipedie** d. h. zum aufrechten Gang ist eine Spezialisierung. Die Menschenlinie hat sich also mit dem Übergang zum Bodenleben weiterentwickelt z. B. Standfuß, Wirbelsäule, Becken ...), während die Affenlinie die ursprüngliche Lebensweise (Baumleben) beibehalten hat (Greiffuß).

3. **Textstelle:** „*... Mit der Entwicklung des Gehirns war eine Spezialisierung anderer Organe ... überflüssig geworden ...* "

Die Aussage ist **richtig und falsch**: Richtig ist die Aussage in der Hinsicht, dass der Mensch ein „Mängelwesen" ist. Im Tierreich finden wir für jede spezialisierte Fähigkeit eine weit überlegene Art (z. B. Sinneswahrnehmung, Körperkraft ...). Trotzdem ist der Mensch dank seiner Intelligenz auch hier überlegen und kann auf viele Spezialisierungen verzichten.
Beispiele:
– Fell → Kleidung, Häuser, Feuer.
– Sinnesorgane → Messgeräte.
– Eckzähne, Krallen, Kraft → Waffen, Werkzeuge, Maschinen.

Falsch ist die Aussage in folgender Hinsicht: Die Gehirnentwicklung ist keine isolierte Entwicklung. Die Spezialisierung anderer Organe war nicht überflüssig. Die Gehirnentwicklung ist sicher eine Sonderentwicklung, aber sie war nur denkbar durch Spezialisierung bestimmter anderer Organe.
Beispiele:
Wechselwirkung zwischen Gehirnentwicklung und
– Bewegungsapparat
– Kau-Organen und Gesichtsschädel
– Sprech-Organen

4 *Hier sind alle molekularbiologischen Verfahren zur Verwandtschaftsanalyse möglich:*
– *Aminosäuresequenz-Analyse wichtiger Proteine*
– *Serumpräzipitin-Test*
– *Basensequenz-Analyse wichtiger Gene*
– *DNA-Hybridisierungstest*

Erläuterung des **DNA-Hybridisierungs-Tests** *(vereinfacht)*:
– Isolierung von DNA der beiden zu untersuchenden Arten A und B.
– Bestimmung des Schmelzpunktes der artreinen DNA von A und B.

Bei Menschen und Schimpansen liegt er bei 88,2 °C. Gemessen wird er z. B. durch Messung einer charakteristischen Viskositätsänderung (= „Zähflüssigkeit" der DNA-Lösung), die durch die Spaltung der Doppelstränge in Einzelstränge (Öffnung der H-Brücken) bewirkt wird.
– Mischung geschmolzener DNA der artfremden Einzelstränge. Beim Abkühlen bilden sich Hybridstränge aus A- und B-Einzelsträngen.
– Der Schmelzpunkt dieser AB-Hybridstränge wird bestimmt und mit dem der artreinen DNA verglichen.

Hybrid-DNA schmilzt früher, weil wegen der genetischen Distanz nicht jede Base im Einzelstrang der Art A einen komplementären Partner im Einzelstrang der Art B findet. Je entfernter die Verwandtschaft, desto weniger Basen können sich paaren, desto weniger H-Brücken halten die Hybrid-Doppelstränge zusammen, desto niedriger ist der Schmelzpunkt. Z. B. Mensch/Schimpanse: 86,4 °C

Folgerung: Je näher der Schmelzpunkt der Hybrid-DNA dem Schmelzpunkt der artreinen DNA liegt, desto ähnlicher ist die DNA d. h. desto enger ist die Verwandtschaft.

5   Trotz Übereinstimmung der DNA von 98 % zwischen Mensch und Schimpanse heißt das nicht, dass auch 98 % Übereinstimmung im Phänotyp bestehen muss!
Mögliche **Begründungen** *(eine wird verlangt)*:
– Klassische Genetik: Bei ca. 30 000 Genen wären 2 % Unterschied immerhin 600 Gene. Diese würden leicht erklären, dass der Phänotyp erheblich abweicht. Außerdem weiß man von vielen Genen, dass sie sich auf mehrere Merkmale auswirken können (**Polyphänie**).
– Molekulargenetische Begründung: Genetische Unterschiede entstehen durch Mutationen. Eine **Punktmutation**, wie z. B. der Verlust einer Base (eine von ca. 3 Milliarden Basen) würde prozentual unmessbar wenig am Genom ändern, hätte aber unter Umständen eine große Wirkung auf den Phänotyp.
Durch den Ausfall eines Enzyms könnten ganze Genwirkketten gestört sein (z. B. Phenylalanin-Stoffwechsel mit Pigmentierungsstörungen und Wachstumsstörungen) oder ganz neue Stoffwechselwege ermöglicht werden → **neue Merkmale**.
– Stoffwechselregulation und differenzielle Genaktivität:
Viele Gene sind **Regulatorgene** d. h. sie codieren keine Enzyme oder Strukturproteine, sondern sind Bestandteile zentraler „Stoffwechselschalter", die z. B. schon in der Keimes- und Embryonalentwicklung durch „An- und Abschalten" von Genen ganze Organgruppen beeinflussen. **Differenzielle Genaktivität** sorgt dafür, dass sich Zellen in unserem Körper spezialisieren. Kleinste Änderungen bewirken hier bereits große anatomische Unterschiede.

Profil-/Neigungsfach Biologie (Baden-Württemberg): Abituraufgaben 2004
Aufgabe III: Immunbiologie, Molekulargenetik

AIDS ist die häufigste erworbene Immunschwächekrankheit. Sie wird durch das HI-Virus verursacht, welches zu jenen Viren gehört, bei denen das Genom aus RNA aufgebaut ist. Bei einer Infektion bindet das Virus bestimmte Membranprotein, z. B. das Protein CD4 (vgl. Abbildung 1) seiner Wirtszellen, den Makrophagen und T-Helferzellen und kann so in die Zellen eindringen. Das Virusgenom wird mithilfe eines speziellen Enzyms des Virus, der reversen Transkriptase, in DNA umgeschrieben. Die reverse Transkriptase arbeitet dabei im Vergleich zu unseren DNA-Polymerasen sehr ungenau. So entsteht sehr schnell eine Vielzahl von Varianten der Virus-DNA, die unterschiedliche Oberflächenproteine codieren. Die „Viren-DNA" wird in das Wirtsgenom integriert und bildet dort ein so genanntes Provirus. In diesem Zustand kann das Virus überdauern und wird bei jeder Zellteilung der Wirtszelle weiter gegeben. Der infizierte Mensch ist während dieser Zeit ohne Symptome. Nach etwa 2 bis 12 Jahren beginnt die Wirtszelle, die Virusgene zu transkribieren, und es kommt zur Produktion neuer Viren. Hierdurch werden z. B. die T-Helferzellen so stark geschädigt, dass sie zugrunde gehen. Dies erklärt die verheerenden Folgen dieser Virusinfektion. Sinkt die Anzahl der T-Helferzellen unter einen kritischen Wert, so können bestimmte Krankheiten (z. B. Pilzbefall, Lungenentzündung usw.) beobachtet werden, die allesamt auf eine starke Schwächung des Immunsystems zurückzuführen sind. Die Krankheit AIDS ist dann ausgebrochen.

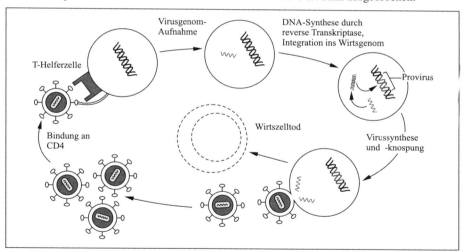

Abb. 1: HIV-Infektion

1.1 Warum sterben Menschen, die an AIDS erkrankt sind, letztlich an Infektionen, die ein Mensch mit einem intakten Immunsystem normalerweise überlebt? Erklären Sie diesen Sachverhalt. Gehen Sie hierbei ausführlich auf die Störung in der Immunantwort ein. (4 VP)

1.2 Unser Immunsystem ist nicht in der Lage, das HI-Virus effektiv zu bekämpfen. Im Text werden hierfür einige Gründe angeführt. Erklären Sie drei davon genauer. (3 VP)

Inzwischen sind einige Medikamente gegen AIDS auf dem Markt, die den Beginn der Erkrankung hinauszögern und den Ablauf der Krankheit dehnen. Manche dieser Wirkstoffe weisen große Ähnlichkeiten mit Bausteinen der DNA auf. Man nennt sie daher Nukleotid-Analoga. In Abbildung 2 ist die Bildung eines Dinukleotids dargestellt.
Die Abbildung 3 zeigt die Strukturformel des Wirkstoffs Lamivudin aus einem Medikament gegen AIDS.

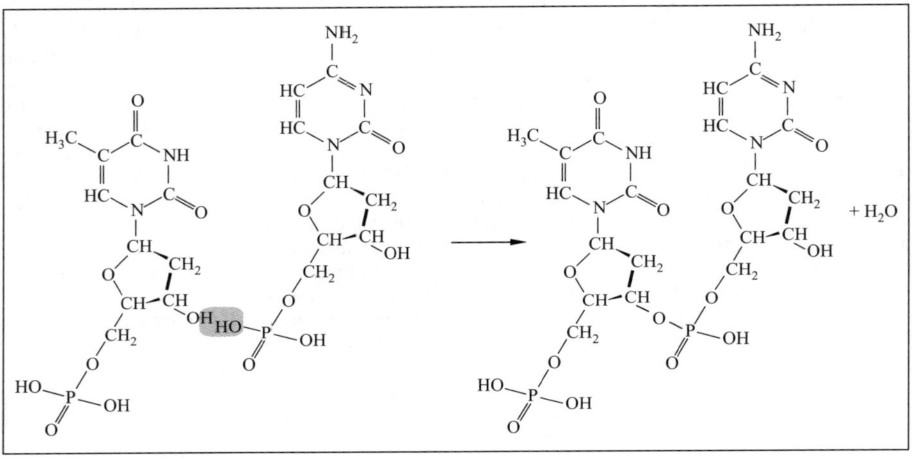

Abb. 2: Bildung eines Dinukleotids

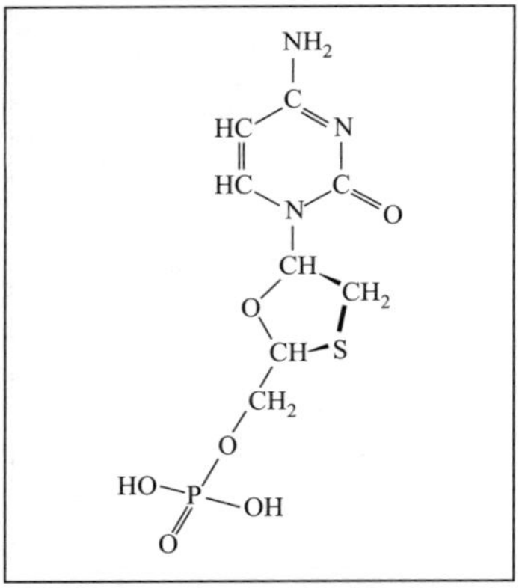

Abb. 3: Lamivudin

2.1 Erstellen Sie mithilfe von Symbolen für Base, Zucker und Phosphorsäure auf der Grundlage von Abbildung 2 ein Schema, an dem das Prinzip der Verknüpfung von zwei Nukleotiden zu einem Dinukleotid ersichtlich wird. (3 VP)

2.2 Erläutern Sie mithilfe der Abbildung 2 und 3 wie der Wirkstoff Lamivudin wirken könnte. Welche Nebenwirkung ist zu erwarten? (3 VP)

Etwa 1 % der europäischen Bevölkerung ist resistent gegen AIDS. Diese Personen erkranken trotz einer HIV-Infektion nicht an dieser Krankheit. Nach intensiven Forschungen stellte man fest, dass der Grund in einem mutierten Gen zu finden ist, welches ein Membranprotein der T-Helferzellen und der Makrophagen codiert.
Der in Abbildung 4 wiedergegebene Ausschnitt stammt aus dem mittleren Abschnitt dieses Membranprotein-Gens.
Dargestellt ist der Strang des normalen Gens, der transkribiert wird, sowie der des mutierten Gens mit dem Ort der Mutation.

Normales Gen:	3'... TGC GCG TTT GGC ATA AAT CGC TAA ...5'
Mutiertes Gen:	3'... TGC GCG TTG GCA TAA ATC GCT AA ... 5'

Abb. 4: Ausschnitte aus Membranprotein-Genen

3.1 Erstellen Sie die Aminosäuresequenzen für die beiden dargestellten Genausschnitte unter Zuhilfenahme von Abbildung 5.
Um welchen Mutationstyp handelt es sich?
Welche Folgen hat diese Mutation für das codierte Protein? (4 VP)

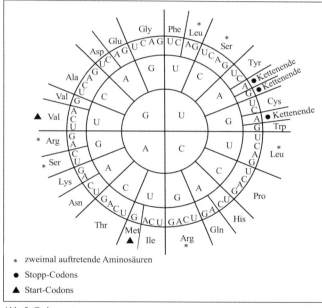

Abb. 5: Codesonne

3.2 Entwickeln Sie eine Hypothese, die diese Form der AIDS-Resistenz erklärt. (3 VP)

(20 VP)

Lösungen

*Da die Virusvermehrung ein **Wahlthema** ist, sind alle relevanten Informationen im Vortext bzw. in Abb. 1 enthalten.*

1.1 **Gründe** für die Immunschwäche:
Die HI-Viren befallen als Wirtszellen die Makrophagen und die T-Helferzellen. Diese beiden Typen von Immunzellen sind aber für die Immunantwort von zentraler Bedeutung. Ihre Dezimierung führt zu einer so starken Schwächung des Immunsystems, dass Infektionen mit Krankheitserregern (oder Krebszellen) nicht mehr bekämpft werden können und der Mensch daran stirbt.

Aufgabe der **Makrophagen**:
Sie bekämpfen unspezifisch alle fremden Strukturen, die in den Körper eindringen, indem sie die Eindringlinge phagozytieren und verdauen. Makrophagen bilden also die erste (unspezifische) Abwehrkette gegen Infektionen. Da sie oft gegen die schnelle Vermehrung der Erreger machtlos sind, übernehmen sie eine weitere wichtige Aufgabe: Sie alarmieren das spezifische Immunsystem, indem sie Teile des phagozytierten Erregers auf speziellen „Präsentiertellern" (= MHC II-Komplex) auf der Membranoberfläche präsentieren. Ruhende T-Helferzellen mit passenden Rezeptoren werden dadurch aktiviert.
→ Fehlende Makrophagen schwächen die unspezifische Abwehr und die spezifische Abwehr.

Bedeutung der **T-Helferzellen** für die spezifische Immunantwort:
T-Helferzellen sind sowohl für die **humorale** als auch für die **zelluläre** Immunantwort unentbehrlich: Sie produzieren hormonähnliche Botenstoffe (Cytokine), die sowohl die Vermehrung und Differenzierung der B-Lymphozyten als auch die Vermehrung und Differenzierung der T-Killerzellen stimulieren.

Wirkung auf die **humorale Immunantwort**:
Ruhende B-Lymphozyten mit passendem Rezeptor werden HI-Viren binden, phagozytieren und Bruchstücke ebenfalls auf MHC II-Komplexen nach außen präsentieren. Um jedoch die Produktion mit passenden Antikörpern zu starten, muss in der Regel ein Kontakt mit T-Helferzellen erfolgen. Die Helferzellen aktivieren danach mit Hilfe von Cytokinen die Differenzierung der B-Lymphozyten in AK-produzierende Plasmazellen und Gedächtniszellen.
→ Mangel an T-Helferzellen führt also zu Mangel an spezifischen AK gegen HIV.

Wirkung auf die **zelluläre Immunantwort**:
Ruhende T-Killerzellen erkennen mit passenden Rezeptoren die HIV-infizierten Körperzellen. (Diese „verraten" ihre Zellparasiten, indem sie Proteine des Virus auf MHC I-Komplexen auf ihrer Membran präsentieren.
Um sich zu aktiven Killerzellen zu differenzieren, muss ebenfalls eine Kontakt mit T-Helferzellen erfolgen. Erst jetzt können die Killerzellen die infizierten Körperzellen lysieren.
→ Mangel an T-Helferzellen lähmt also auch die zelluläre Immunantwort, d. h. die Bekämpfung Virus-infizierter Körperzellen (bzw. Krebszellen).

1.2 – Solange HI-Virus als **Provirus** in der Wirts-DNA integriert ist und keine Virusproteine produzieren lässt, ist es vor der Abwehr sicher und wird sogar mit der Zelle mitvermehrt.
– Wie in 1.1 beschrieben, sind die für die **Immunabwehr** wichtigen T-Helferzellen und Makrophagen **geschädigt**.

– Durch die ungenaue Arbeit der reversen Transkriptase entstehen ständig **neue Virus-Varianten**. Die Virus-DNA-Varianten codieren neue Oberflächenproteine, d. h. die Antigene wechseln ihre Oberfläche. → Die AK, die von den Plasmazellen produziert werden sind unwirksam. Bis eine neue spezifische AK-Sorte produziert wird, ist wertvolle Zeit verstrichen.

2.1 *Zur Bearbeitung dieser Aufgabe müssen im Formelbild der Aufgabe die Bausteine (Base, Zucker und Phosphatrest) eines Nukleotids erkannt und in ein schematisches DNA-Modell ohne Strukturformeln „übersetzt" werden. Die Verknüpfung der Nukleotide erfolgt über eine Esterbindung zwischen Zucker und Phosphorsäure unter Wasserabspaltung.*

Mögliche **Symbole** für Base, Zucker und Phosphorsäure:
– als Buchstaben B, Z und P:

$$\begin{array}{c} B1 \\ | \\ p-Z \end{array} + \begin{array}{c} B2 \\ | \\ p-Z \end{array} \longrightarrow \begin{array}{c} B1 \quad B2 \\ |\quad\quad | \\ p-Z-p-Z \end{array} + H_2O$$

– oder schematisch:

– oder chemisch (nicht verlangt):

2.2 Lamivudin ist ein „falsches" DNA-Nukleotid – ein so genanntes **Nukleotid-Analogon**. Es verhält sich in der Wirtszelle und bei der reversen Transkription wie ein DNA-Nukleotid. An Position 3' beim Lamivudin steht jedoch keine OH-Gruppe für eine Esterbindung zur Verfügung. (s. Abb. 2), stattdessen ist ein Schwefelatom eingebaut.
Folge für die Umschreibung der Virus-RNA in DNA :
Lamivudin wird wie in Abb. 1 an das vorangehende Nukleotid angehängt, kann aber seinerseits die Nukleotidkette nicht verlängern, weil die OH-Gruppe fehlt → die Synthese der DNA wird unterbrochen → die Virus-RNA kann nicht in DNA umgeschrieben werden → keine Integration als Provirus → keine Virenvermehrung.

*Schema der Wirkung von Lamivudin auf die **reverse Transkription** (nicht verlangt):*

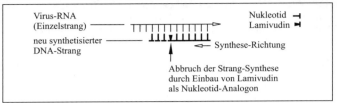

Nebenwirkung für die Wirtszelle:
Sie kann sich auch nicht vermehren, da bei der Replikation ebenfalls die Bildung der neuen Nukleotidketten unterbrochen wird → alle teilungsaktiven Zellen im Körper sind gehemmt.

*Schema der Wirkung von Lamivudin auf die **Replikation** (nicht verlangt):*

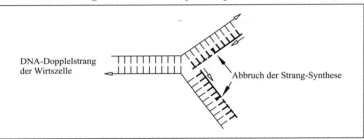

3.1 Codogener Strang des Membran-Gens:

DNA	3'	... TGC	GCG	TTT	GGC	ATA	AAT	GGC	TAA... 5'
mRNA	5'	... ACG	CGC	AAA	CCG	UAU	UUA	CCG	AUU 3'
AS-Sequenz		– Thr	– Arg	– Lys	– Pro	– Tyr	– Leu	– Ala	– Ile –

Codogener Strang des mutierten Gens:

DNA	3'	... TGC	GCG	TTG	GCA	TAA	ATC	GCT	AA ... 5'
mRNA	5'	... ACG	CGC	AAC	CGU	AUU	UAG	CGA	UU 3'
AS-Sequenz		– Thr	– Arg	– Asn	– Arg	– Ile	– Stopp		

Mutationstyp: **Genmutation** (genau: Rastermutation), da eine Base verloren gegangen ist.
Folge für das Protein: Einbau von drei falschen Aminosäuren und danach Kettenende (**Abbruch der Translation**) → viel zu kurzes Protein, völlig veränderte Tertiärstruktur

3.2 Kein Andocken des HI-Virus an die Wirtszelle mehr möglich, da das Membranprotein vermutlich Teil des CD 4-Proteins ist, das das Virus benötigt, um in die Zelle einzudringen.

oder:
Das veränderte Membranprotein ist Teil der Proteine, die für die aktive Aufnahme des Virus in die Wirtszelle verantwortlich ist.

Profil-/Neigungsfach Biologie (Baden-Württemberg): Abituraufgaben 2004
Aufgabe IV: Cytologie, Enzymatik/ATP, Molekulargenetik

Glühwürmchen *(Lampyris spec.)* treten in Juni- und Julinächten sichtbar in Erscheinung. Die flugunfähigen Weibchen sitzen im Gebüsch und locken die fliegenden Männchen durch Aussenden von Leuchtsignalen an.

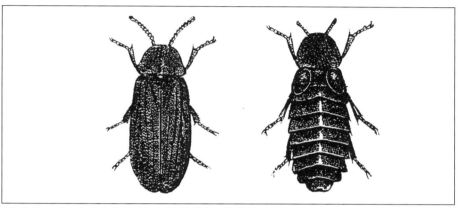

Abb. 1: *Lampyris spec.*; links Männchen, rechts Weibchen. (Abbildung aus Brehms Tierleben von 1872)

1   Geben Sie an, welcher Tierklasse *Lampyris spec.* zuzuordnen ist und begründen Sie Ihre Zuordnung (2 Angaben).   (2 VP)

In den Leuchtzellen der Weibchen liegen die Stoffe Luziferin, ATP und das Enzym Luziferase zunächst getrennt nebeneinander vor:
Das Luziferin befindet sich in den Peroxisomen (Vesikeln), die im Zentrum der Leuchtzellen liegen. Das ATP befindet sich in den peripher gelegenen Mitochondrien und die Luziferase in den Golgi-Vesikeln.
Beim Leuchtprozess reagiert das Luziferin mit Sauerstoff bei Anwesenheit von Magnesium-Ionen und ATP in mehreren Zwischenschritten unter Aussendung von Licht.

2   Erstellen Sie eine schematische Zeichnung (Größe ca. ½ Seite) des elektronenmikroskopischen Bildes einer Leuchtzelle von *Lampyris spec.* und beschriften Sie diese. Berücksichtigen Sie dabei auch nicht genannte wichtige Zellbestandteile.
Geben Sie die Funktion der eingezeichneten Zellbestandteile an   (5 VP)

3   Für die Leuchtreaktion ist ATP notwendig.
Erläutern Sie das Prinzip der energetischen Kopplung am Beispiel von ATP.
Beschreiben Sie einen weiteren Vorgang, bei dem ATP gebraucht wird.   (3 VP)

4   Die Leuchtreaktion, die bei den Glühwürmchen in den Leuchtzellen stattfindet, lässt sich auch künstlich im Reagenzglas erzeugen.
Entwerfen Sie eine Versuchsreihe, die die Abhängigkeit der Luziferase-Aktivität von der Temperatur untersucht. Geben Sie an, welche Ergebnisse Sie erwarten und begründen Sie Ihre Erwartung.   (5 VP)

Die Luziferase des Glühwürmchens *Luciola lateralis* besteht aus 548 Aminosäuren. Im Folgenden ist ein Ausschnitt aus dieser Aminosäuresequenz dargestellt (Abbildung 2):

> ...– Thr – Glu – Lys – Lys – Val – Met –...
>   ↑
>   Aminosäure Nr. 500

Abb. 2: Aminosäuresequenz

5.1 Geben Sie für den dargestellten Ausschnitt eine mögliche Basenfolge des transkribierten Einzelstrangs des Luziferase-Gens an.

5.2 Gelegentlich findet man Luziferase-Moleküle, die an der Stelle Nr. 499 statt Lysin (Lys) die Aminosäure Isoleucin (Ile) enthalten.
Erklären Sie, wie diese Veränderung zustande kommt und nennen Sie zwei mögliche Auslöser.

5.3 Die Wahrscheinlichkeit für einen Aminosäureaustausch ist an der Stelle Nr. 501 (Met = Methionin) größer als z. B. an der Stelle Nr. 500 (Val = Valin).
Diskutieren Sie diese Aussage mithilfe der Codesonne (Abbildung 3). (5 VP)

(20 VP)

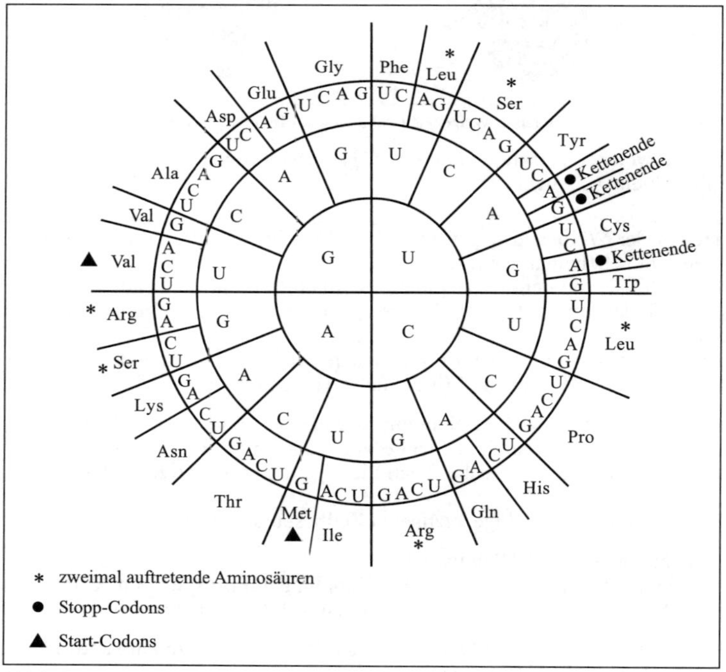

Abb 3: Codesonne

* zweimal auftretende Aminosäuren
● Stopp-Codons
▲ Start-Codons

Lösungen

1. Das Glühwürmchen gehört zu der Tierklasse der **Insekten**.
   Begründung: 6 Beine, 2 Fühler, Chitinpanzer

2. Schematische **Skizze** einer Leuchtzelle:

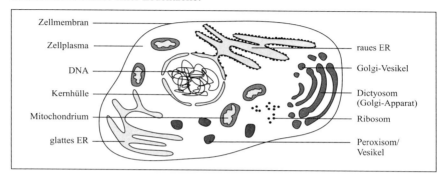

   Funktion der Zellbestandteile :

Zellbestandteil	Funktion
Zellmembran	Abgrenzung und selektiver Stoffaustausch
Zellplasma	Ort der Stoffwechselvorgänge
raues ER	Transportsystem, Synthese von Lipiden
glattes ER	
DNA/Chromatin	Steuerung der Zelle und Speicherung des Erbgutes
Kernhülle	
Mitochondrium	Zellatmung, Energiegewinnung /ATP
Ribosomen	Proteinbiosynthese
Dictyosomen	Synthese von Sekreten
Golgi-Vesikel	Speicherung der Luciferase
Peroxisomen /Vesikel	Speicherung von Luciferin

3. Prinzip der **energetischen Kopplung**:
   Eine chemische Reaktion, die energiebedürftig (= **endergonisch**) ist, läuft nur ab, wenn gleichzeitig eine Energie liefernde (= **exergonische**) Reaktion z. B. die ATP-Spaltung abläuft. Da ATP ein transportabler chemischer Energiespeicher ist, kann man eine endergonische Reaktion an jedem Ort in der Zelle ablaufen lassen, wenn man sie mit der ATP-Spaltung chemisch koppelt.

Schema:

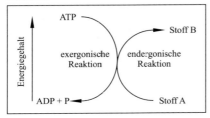

weitere Beispiele (ein Beispiel ist verlangt):

Glukose-Aktivierung: *Um Glukose zum energiereicheren Speicherstoff Stärke aufzubauen, ist ATP notwendig. Im ersten Schritt wird die Glukose durch chemische Kopplung mit der ATP-Spaltung zu Glukose-Phosphat umgewandelt, d. h. energetisch auf ein höheres Niveau gehoben. Die phosphorylierte Glukose ist dann energiereich genug, um in einer exergonischen Reaktion weiter zu reagieren.*

oder:
Modellhafte Beschreibung der **K$^+$-Na$^+$-Pumpe:** *Unter ATP-Aufwand werden Natriumionen aus der Zelle transportiert (gegen ein Konzentrations- und Ladungsgefälle) gleichzeitig werden K$^+$-Ionen nach innen gepumpt (gegen Konzentrationsgefälle)*
– *Membranprotein bindet innen drei Na$^+$-Ionen*
– *Phosphorylierung durch Kopplung mit ATP-Spaltung*
– *Phosphoryliertes Membranprotein „stülpt sich um",*
– *entlässt die Na$^+$-Ionen nach draußen und bindet im Gegenzug zwei K$^+$-Ionen.*
– *Abspaltung der Phosphatgruppe bewirkt, dass das Membranprotein in die alte Konformation zurückklappt → die K$^+$-Ionen werden nach innen entlassen und der Zyklus beginnt von Neuem.*

oder:
Kontraktion einer **Muskelfaser**

4 Fragen zur Strukturierung der Antwort:
– *Welche* **Enzymeigenschaft** *soll gemessen werden?*
hier: Abhängigkeit der Enzym**aktivität** von der **Temperatur**
– *Mit welchem Messgerät kann in diesem Fall die Enzymaktivität gemessen werden?*
(Enzymaktivität = Stoffumsatz pro Zeit, entspricht der Reaktionsgeschwindigkeit = RG)
Messungsmöglichkeiten:
Abnahme der Ausgangsstoffe pro Zeit oder Zunahme der Endprodukte pro Zeit.
Gemessen wird entweder
– *die Zeit, die vergeht, bis z. B. ein Indikator/Farbstoff erscheint/verschwindet (hier:* **Leuchtdauer***).*
– *oder die* **Konzentration** *eines Produkts nach festgelegter Zeit z. B. Farbtiefe eines Indikators (Fotometer) oder elektrische Leitfähigkeit (Amperemeter) oder Gasvolumen ... (hier:* **Leuchtintensität***).*
Für die Zeitmessung gilt: Je kürzer die Zeit, desto größer die Enzymaktivität. Für die Konzentrationsmessung gilt: Je mehr Endprodukt nach einer bestimmten Zeit entstanden ist, desto größer die Enzymaktivität.
– *Welche* **Versuchsbedingungen** *müssen eingehalten werden?*
Bei allen Messungen müssen die Bedingungen exakt gleich sein – außer dem Faktor, dessen Abhängigkeit untersucht werden soll (hier: Temperatur).

Messreihe zur Untersuchung der Temperaturabhängigkeit der Aktivität des Enzyms Luciferase:
Messung der Leuchtdauer mit Stoppuhr (oder Leuchtintensität mit Fotometer) bei z. B. drei verschiedenen Temperaturen. Jeder Versuchsansatz besteht aus folgenden Komponenten:
– Enzymlösung: Luciferase-Lösung (eingestellt auf eine bestimmte Temperatur), gleiche Konzentration und gleiches Volumen
– Substratlösung: Luciferin/Mg^{2+}/ATP-Lösung (eingestellt auf eine bestimmte Temperatur), jeweils gleiche Konzentration und gleiches Volumen. Sauerstoff wird durch z. B. Schütteln nach Enzymzugabe zugeführt.

Versuchsablauf:
Bei jeder Messung wird die Enzymlösung zur Substratlösung zugegeben und die Stoppuhr gestartet; Schütteln des Reaktionsgemisches um den Sauerstoff zuzuführen; Messung der Leuchtdauer.
Die Messung wird bei drei verschiedenen Temperaturen wiederholt.

Schema des Versuchsaufbaus (nicht verlangt):

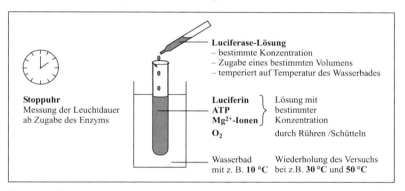

Erwartete **Ergebnisse** :
Bei niederen Temperaturen (10 °C) ist die Luciferaseaktivität gering, d. h. längere Leuchtdauer bei geringer Leuchtintensität. Bei Temperatursteigerung auf 20 °C wird die Luciferaseaktivität zunehmen. Beim Temperaturoptimum (z. B.30 °C) wird man die höchste Enzymaktivität messen (kürzeste Leuchtdauer bei höchster Leuchtintensität). Bei Hitze z. B. 50 °C wird keine Luciferaseaktivität mehr messbar sein.

Begründung:
Bei niedrigen Temperaturen ist die Reaktionsgeschwindigkeit gering, weil die Eigenbewegung der Teilchen gering ist. → Substratmoleküle und Enzymmoleküle treten selten erfolgreich in Kontakt → das aktive Zentrum des Enzyms wird nicht schnell genug mit Substratmolekülen besetzt → geringer Substrat-Umsatz. Bei Erwärmung um 10 °C nimmt die Reaktionsgeschwindigkeit durch zunehmende Teilchenbeweglichkeit um etwa das Doppelte zu (RGT-Regel). Beim Temperaturoptimum zeigt die Luciferase ihre maximale Aktivität d. h. die Zahl der Luciferinmoleküle, die pro Zeiteinheit umgesetzt werden ist maximal.
Bei weiterer Temperaturerhöhung werden die Molekülbewegungen so heftig, dass sich zunehmend die Tertiärstruktur des Enzymmoleküls verändert. → Die Enzymaktivität verringert sich. Ab einer bestimmten Temperatur tritt **Hitzedenaturierung** ein, d. h. die Tertiärstruktur wird zerstört, das aktive Zentrum kann kein Substratmolekül mehr binden → kein Substratumsatz mehr → keine Enzymaktivität mehr messbar.

5.1 Die Fragestellung ist missverständlich, da „...Basenfolge des transkribierten Einzelstrangs des Luciferase-Gens" sowohl den **DNA-Strang** meinen kann, der hier transkribiert wurde, als auch den **mRNA-Strang** als Ergebnis der Transkription dieses Gens.

```
AS-Sequenz    –  Thr  –  Glu  –  Lys  –  Lys  –  Val  –  Met  –
mRNA       5' ... ACC    GAA     AAA     AAA     GUU    AUG ... 3'
                    G      G       G       G       A
                    A                              G
                    U                              C

DNA        3' ... TGG    CTT     TTT     TTT     CAA    TAC ... 5'
                   C      C       C       C       T
                   T                              C
                   A                              G
```

5.2

AS	mögliche mRNA-Tripletts	DNA-Tripletts
Lys	A**A**A (AAG)	T**T**T (TTC)
Ile	A**U**A (AUC, AUU)	T**A**T (TAG, TAA)

Einfachste Deutung : Austausch einer einzigen Base
In der DNA wurde durch eine **Basenaustauschmutation** im Triplett TTT die 2. Base T gegen A ausgetauscht. Mutationstyp: Genmutation (= Punktmutation)

Mögliche **Mutationsauslöser** *(2 verlangt)*:
– energiereiche elektromagnetische Strahlung: UV-Licht, Röntgenstrahlung, γ-Strahlung
– radioaktive Strahlung: α-, β-Strahlung
– mutagene Chemikalien
– Replikationsfehler durch falsche Basenpaarungen

5.3 Da der genetische Code **degeneriert** *(Begriff nicht verlangt)* ist, gibt es für viele Aminosäuren mehrere Codone. Meist kann die dritte Base eines Codons vertauscht werden, ohne dass eine andere Aminosäure codiert wird. Dies gilt auch für Valin.

AS Nr. 500	mögliche mRNA-Tripletts	DNA-Tripletts
Val	GU A / U / G / C	CA T / A / C / G

→ Eine Basenaustauschmutation führt nur dann zu einer anderen Aminosäure, wenn die 1. oder 2. Base betroffen ist. Der Austausch der 3. Base des Tripletts hat keine Auswirkung.

AS Nr. 501	mögliches mRNA-Triplett	DNA-Triplett
Met	AUG	TAG

→ Met wird nur von einem einzigen Basentriplett codiert. **Jede** Basenaustausch-Mutation führt bei der Translation zum Einbau einer neuer Aminosäure.

Wenn man also davon ausgeht, dass eine Austauschmutation rein zufällig jede Base betreffen kann, dann ist die Position Nr. 501 häufiger von einem Aminosäure-Tausch betroffen als die Stelle Nr. 500.

Mit der Tatsache, dass Met und Val auch Startcodone sind, hat diese Frage nichts zu tun!

Profil-/Neigungsfach Biologie (Baden-Württemberg): Abituraufgaben 2005
Aufgabe I: Immunreaktion, Gentherapie, Gendiagnose

Mithilfe der Gentherapie ist es möglich, schwere Erbschäden zu behandeln, die durch ein einziges defektes Gen verursacht werden. Im November 1999 wurde der wenige Monate alte Wilco C. von dem französischen Genmediziner Alain Fischer in Paris durch Gentherapie geheilt. Der Junge litt an der tödlichen Immunkrankheit ADA-Mangel (Adenosindesaminase-Mangel), einem monogenen Erbleiden, hervorgerufen durch einen Gendefekt auf dem Chromosom 20. Der Mangel an dem lebenswichtigen Entgiftungsenzym ADA führt zum Absterben der T-Lymphozyten.

1.1 Stellen Sie den Ablauf der humoralen Immunreaktion grafisch dar (Größe mindestens ½ Seite). Verwenden Sie hierzu die in Abbildung 1 gegebenen Symbole. Ergänzen Sie die Symbole soweit erforderlich. Beschriften Sie Ihre Darstellung. (5 VP)

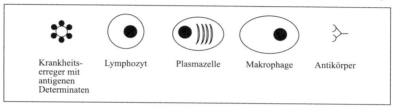

Abb. 1: Symbole zur Darstellung der humoralen Immunreaktion

1.2 Erläutern Sie die Folgen des Ausfalls der T-Lymphozyten auf die humorale und die zelluläre Immunabwehr. Beschreiben Sie die Auswirkungen auf den Organismus. (3 VP)

Zur Behandlung des ADA-Syndroms werden folgende Möglichkeiten vorgeschlagen:
a) Verabreichung von Antibiotika,
b) Transplantation von Spenderknochenmark, das im Organismus die Bildung von intakten Lymphozyten ermöglicht,
c) Injektion von ADA in die Blutbahn.

2 Beurteilen Sie die Wirksamkeit jeder dieser Methoden. (4 VP)

Alain Fischer entschied sich bei dem kleinen Wilco für eine weitere Möglichkeit der Behandlung: Dem Jungen wurden eigene Knochenmarkstammzellen übertragen, die zuvor gentechnisch verändert wurden.

3.1 Beschreiben Sie die wesentlichen Schritte eines Verfahrens, mit dem man Knochenmarkstammzellen gentechnisch verändern kann.

3.2 Erläutern Sie, weshalb Alain Fischer dem Jungen gentechnisch veränderte Stammzellen und nicht gentechnisch veränderte Lymphozyten übertragen hat. (4 VP)

Der Southern Blot (nach seinem Erfinder Southern benannt) ist ein einfacher Test, mit dem Gendefekte nachgewiesen werden können. In zunehmendem Maße gelingt der Nachweis, noch bevor die Symptome auftreten oder sogar vor der Geburt (pränatal). In Abbildung 2 ist das Southern Blot Testverfahren dargestellt.

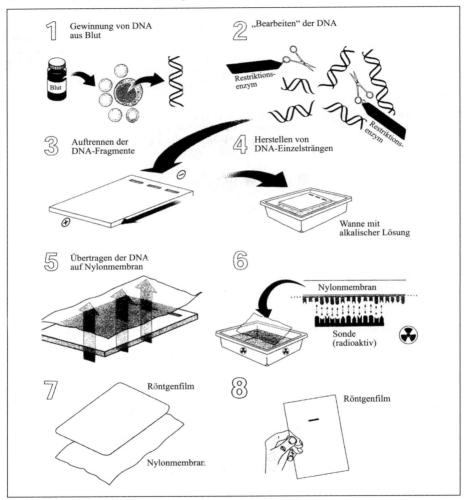

Abb. 2: Southern Blot

4   Formulieren Sie anhand der Abbildung 2 einen zusammenhängenden Text, der die Vorgehensweise und das Prinzip dieses Verfahrens zum Nachweis eines defekten Gens erklärt. (4 VP)

(20 VP)

Lösungen

1.1 *Beispiel einer grafischen Darstellung der humoralen Immunantwort mit den vorgegebenen Symbolen:*

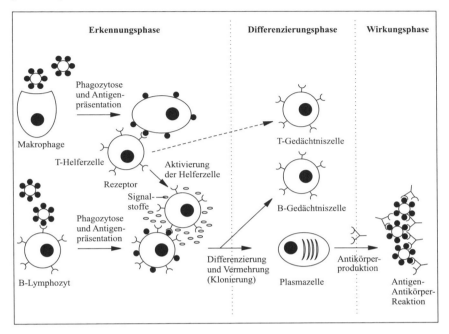

1.2 Folgen des Ausfalls der T-Lymphozyten auf die **humorale Immunabwehr** *(wie Abb. 1 zeigt, sind in diesem Fall die T-Helferzellen gemeint)*:
Sterben die **T-Helferzellen** durch ADA-Mangel ab, kommt es durch den fehlenden Kontakt mit T-Helferzellen bzw. ohne die stimulierenden Signalstoffe der T-Helferzellen nicht mehr zu einer Aktivierung der **B-Lymphozyten**. *(Die B-Lymphozyten, die durch den Kontakt mit dem Antigen bereits sensibilisiert sind, benötigen ein zweites Signal, ehe sie sich weiterentwickeln können.)* Daher erfolgen auch keine Differenzierung und Vermehrung zu **Plasmazellen**, keine spezifische Antikörperproduktion bzw. Bildung von Gedächtniszellen sowie kein Verklumpen und Unschädlichmachen der Antigene durch **Antigen-Antikörper-Komplexe**.

Zu erwartende Auswirkung auf den Organismus ist der **Tod durch Immunschwäche** wegen des Ausfalls der humoralen Immunantwort auf Krankheitserreger. Es entwickelt sich **kein immunologisches Gedächtnis**, da keine B-Gedächtniszellen gebildet werden.

Folgen des Ausfalls der T-Lymphozyten auf die **zelluläre Immunabwehr** *(hier sind T-Helferzellen und/oder T-Killerzellen gemeint)*:
Nach dem Absterben der **T-Helferzellen** durch ADA-Mangel kann ohne den Kontakt mit T-Helferzellen bzw. ohne die stimulierenden Signalstoffe der T-Helferzellen keine Aktivierung der **T-Killerzellen** mehr erfolgen. Der ADA-Mangel kann aber auch direkt zu einem Absterben der T-Killerzellen führen. Die Folge ist in jedem Fall das Aus-

bleiben der Zerstörung von Erregerzellen durch Lyse bzw. der Zerstörung virusinfizierter Körperzellen.

Auch hier ist die Auswirkung auf den Organismus der **Tod durch Immunschwäche**, allerdings aufgrund des Ausfalls der zellulären Immunantwort auf Krankheitserreger. Zelluläre Krankheitserreger können sich außerhalb der Wirtszellen ungehemmt vermehren und Viren können sich in den Wirtszellen ungehindert vermehren. Es bildet sich ebenfalls **kein immunologisches Gedächtnis**, da keine T-Gedächtniszellen gebildet werden.

2 *Zu unterscheiden ist hierbei, ob die Maßnahme eine Symptom-Behandlung (Bekämpfung einer akuten Infektion beim ADA-Kranken) oder eine Heilbehandlung (Bekämpfung der Erbkrankheit in ihrer Ursache) ist.*

a) Antibiotika: Diese Medikamente wirken nur gegen Infektionen mit Bakterien. *(Hemmung der Vermehrung der Bakterien oder Abtötung durch Blockierung wichtiger Stoffwechselschritte der Prokaryotenzellen).* Bei ADA-Kranken treten diese Infektionen auf Grund der Immunschwäche sehr häufig auf.
Wirksamkeit der Methode: Die akute Bakterieninfektion wird erfolgreich bekämpft *(falls keine Antibiotika-Resistenz auftritt).* Da aber die Ursache der Erbkrankheit – der Gendefekt – nicht behandelt wird, kann keine Heilung erfolgen.

b) Knochenmark-Transplantation: Die Knochenmarkzellen stammen von einem erbgesunden Spender. Es bilden sich folglich T-Lymphozyten ohne Gendefekt und das Enzym ADA wird hergestellt. Dadurch sterben die T-Lymphozyten nicht ab und eine wirksame Immunabwehr ist gewährleistet.
Wirksamkeit der Methode: Vorausgesetzt, dass keine Abstoßungsreaktion stattfindet, hat diese Methode große Heilungschancen. *(Allerdings wird die Erbkrankheit nur in den Blut bildenden Zellen geheilt und nicht in den Keimzellen, d. h. die Erbkrankheit wird weiterhin an die Nachkommen vererbt.)*

c) ADA-Injektion: Das fehlende Entgiftungsenzym muss regelmäßig zugeführt werden, da die biologische Wirksamkeit nur kurze Zeit anhält. Außerdem muss die Enzym-Konzentration so ermittelt werden, dass an den Lymphozyten die richtige Dosis ankommt und wirken kann.

oder:
Da das Enzymmolekül in den Lymphozyten hergestellt wird und in den Zellen die Entgiftung bewirkt, ist die Injektion in den Körper vielleicht wirkungslos: Die Aufnahme dieser großen (polaren) Eiweiß-Moleküle in die Zelle ist wegen fehlender Membrandurchlässigkeit eventuell unmöglich (oder das Enzym muss in der Zelle auf eine bestimmte Weise aktiviert werden, die bei Zufuhr von außen unterbleibt).
Wirksamkeit der Methode: Diese Therapie ist wirksam, falls das fehlende Enzym ADA regelmäßig in die Lymphozyten gelangt. Dann ist die Immunabwehr nicht mehr geschwächt und die Symptome der Erbkrankheit sind dauerhaft verschwunden.
Da jedoch die Ursache der Krankheit – der Gendefekt – nicht behandelt wird erfolgt auch hier keine Heilung.

3.1 Mögliches Verfahren zur gentechnischen Veränderung von Körperzellen *(somatische Gentherapie)*:
- Isolierung von Knochenmarkstammzellen aus dem Knochenmark des Patienten
- Isolierung des intakten ADA-Gens aus Spender-DNA *(Ablauf nicht verlangt)*
- Einbau des ADA-Gens in einen geeigneten Gen-Vektor, z. B. ein Virus, das so verändert wurde, dass es DNA erfolgreich in die Stammzellen integriert, ohne eine Krankheit auszulösen.
- *Selektion der erfolgreich „reparierten" Zellen*
- Rückführung der erfolgreich veränderten Zellen in den Körper des Patienten *(oder: jede andere moderne Technik, z. B. direkte Einschleusung der Gen-Vektoren in den Körper, „Schrotschuss"-Technik zur Einschleusung der DNA ...)*

3.2 Stammzellen bleiben im Gegensatz zu ausdifferenzierten Lymphozyten lebenslang teilungsaktiv. Lymphozyten haben dagegen eine begrenzte Lebensdauer und die Gentherapie müsste regelmäßig wiederholt werden. Da die geheilten Stammzellen ständig Lymphozyten mit intaktem ADA-Gen produzieren, ist der Patient lebenslang geheilt.

4 *Southern-Blot ist keine „Lernfrage", die aus dem Unterricht bekannt sein muss. Alle Teilvorgänge jedoch müssen in anderem Zusammenhang besprochen worden sein.*

Ablauf des Southern-Blot Testverfahrens zum Nachweis eines defekten Gens:
Aus Blut werden *(kernhaltige!)* weiße Blutkörperchen isoliert und deren DNA wird extrahiert (1). Mithilfe von Restriktionsenzymen wird die DNA in unterschiedlich große Bruchstücke (Fragmente) geschnitten (2). Diese DNA-Fragmente werden nun durch Gelelektrophorese *(d. h. durch unterschiedlich schnelle Wanderung zum Pluspol in einem elektrischen Feld)* der Größe nach getrennt (3). Danach erfolgt die Spaltung der DNA-Doppelstränge in Einzelstränge durch Zugabe einer Lauge *(d. h. die Lauge trennt die Doppelstränge durch Auflösung der H-Brücken)* (4). Um die Einzelstränge zu analysieren, werden sie auf eine (aufgelegte) Nylonmembran übertragen (5). Die Nylonmembran mit den Einzelsträngen wird in eine Wanne gelegt, in der sich eine Lösung mit einer radioaktiv markierten Gensonde befindet (6). Diese Gensonde ist ein synthetisch hergestellter kurzer DNA-Einzelstrang, der radioaktiv markiert ist und außerdem zu einem gesuchten defekten Gen*(ausschnitt)* komplementär gebaut ist. Wenn das gesuchte Defektgen unter den DNA-Fragmenten auf der Nylonmembran ist, dann wird die Gensonde an die Nylonmembran gebunden *(spezifische Basenpaarung)*.
(Anschließend müsste die Nylonmembran gespült werden, da sonst überall Radioaktivität aufträte und der Röntgenfilm völlig schwarz würde (fehlt in der Abb.2)!)
Durch Auflegen eines Röntgenfilms auf die (gespülte) Nylonmembran (7) wird die Bande mit dem DNA-Fragment, das das defekte Gen enthält als schwarzer Strich sichtbar und der Gendefekt ist somit identifiziert (8).

Profil-/Neigungsfach Biologie (Baden-Württemberg): Abituraufgaben 2005
Aufgabe II: Erregungsübertragung, Allergie

Messungen des arteriellen Blutdrucks spielen in der medizinischen Diagnostik eine bedeutende Rolle. Die Einstellung der Muskelspannung in den Gefäßwänden erfolgt über Synapsen.

Der Bau einer Arterie ist in Abbildung 1 schematisch dargestellt.

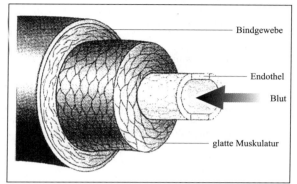

Abb. 1: Aufbau einer Arterie

1. Erklären Sie mithilfe von Abbildung 1, wie es zum Anstieg bzw. Abfall des Blutdrucks in einer Arterie kommt. (2 VP)
2. Beschreiben Sie mithilfe einer beschrifteten Skizze (Größe ½ Seite) die Vorgänge in der Erregungsübertragung an einer Synapse. (4 VP)

In einem Experiment zur Grundlagenforschung werden einem Versuchstier verschiedene Stoffe intravenös gespritzt. Mit einem Messgerät wird der Blutdruck bestimmt. Zum Einsatz kommen drei Substanzen: die beiden Neurotransmitter Acetylcholin (Ach) und Histamin (Hi) sowie ein weiterer Stoff, das Atropin (A).
Der gemessene Blutdruck wird mit einem Schreiber kontinuierlich aufgezeichnet. In Abbildung 2 sind die Messergebnisse dargestellt. Die Zeitpunkte der Substanzgaben sind durch Pfeile markiert.

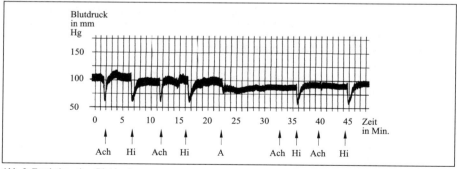

Abb. 2: Ergebnisse einer Blutdruckmessung

3.1 Beschreiben und vergleichen Sie die Wirkung von Acetylcholin und Histamin auf den Blutdruck des Versuchstiers in den ersten 20 Minuten des Experiments. (3 VP)

3.2 Beschreiben Sie die Wirkung des Atropins in der Zeit zwischen der 20. und der 45. Minute (Abbildung 2).
Entwickeln Sie eine Hypothese, welche den Wirkungsmechanismus des Atropins an der Synapse erklärt. Begründen Sie Ihre Hypothese anhand des Kurvenverlaufs in der oben angegebenen Zeitspanne. (5 VP)

Histamine sind im Körper an verschiedenen Vorgängen beteiligt. Eine wichtige Rolle spielen die Histamine beim Heuschnupfen, einer weit verbreiteten Allergie. Die Vorgänge einer allergischen Reaktion sind in Abbildung 3 dargestellt. Mastzellen sind Lymphozyten, welche sich bevorzugt im Bindegewebe befinden.

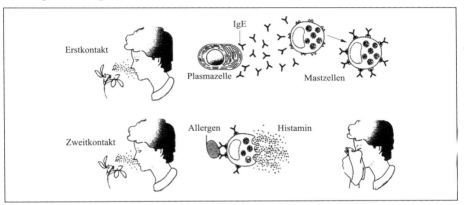

Abb. 3: Vorgänge bei einer allergischen Reaktion

4 Verfassen Sie zu Abbildung 3 einen zusammenhängenden Text, der die Abläufe einer Allergie beschreibt. (4 VP)

Bei der schwersten Form einer allergischen Reaktion, dem anaphylaktischen Schock, werden von den Mastzellen große Mengen an Histamin sehr schnell freigesetzt.

5 Erläutern Sie unter Berücksichtigung der Abbildung 2, warum ein anaphylaktischer Schock unbehandelt lebensbedrohend sein kann. (2 VP)

(20 VP)

Lösungen

1 *Vorwissen aus der Mittelstufe zum Thema Arterien, Venen, Blutkreislauf hilft, aber logisches Denken und genaues Lesen genügt auch! Wie im Vortext steht, hängt der Blutdruck von der Muskelspannung in den Gefäßwänden ab.*

– Verengung der Arterie durch Anspannung *(= Kontraktion)* der *(glatten)* Muskulatur führt zu Blutdruckanstieg. Begründung: Bei gleicher Blutmenge *(= Flüssigkeitsvolumen)* im Kreislauf *(= Rohrsystem)* muss die Verengung des Querschnitts zu einem Druckanstieg führen.

– Erweiterung der Arterie durch Erschlaffung der (glatten) Muskulatur führt zu Blutdruckabfall. *(Begründung: Größerer Aderquerschnitt bei gleichem Blutvolumen führt zum Druckabfall.)*

2 Skizze zum Bau einer neuromuskulären Synapse:

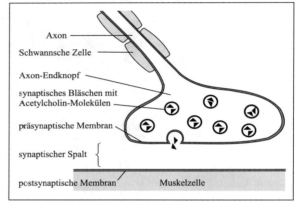

oder: Skizze des Ablaufs der Erregungsübertragung

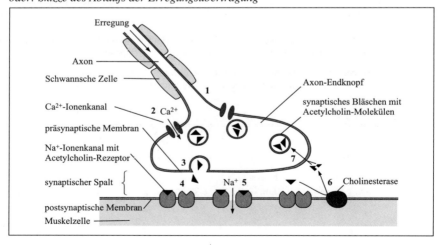

2005-8

Ablauf der Erregungsübertragung (am Beispiel neuromuskuläre Synapse):
1 Eine Erregung (AP) depolarisiert die Membran im Bereich des Endknöpfchens.
2 Dadurch werden *(spannungsgesteuerte)* Ca^{2+}-Kanäle geöffnet → Ca^{2+}-Einstrom.
3 Als Folge wandern synaptische Bläschen zur präsynaptischen Membran und entleeren ihren Inhalt, den (Neuro-)Transmitter Acetylcholin, in den synaptischen Spalt *(Exocytose)*.
4 Diffusion der Transmittermoleküle zur postsynaptischen *(subsynaptischen)* Membran.
5 Dort besetzen sie Rezeptoren, die mit Na^+-Ionenkanälen gekoppelt sind. Bei Besetzung öffnen sich die Na^+-Kanäle → Na^+-Einstrom → Depolarisierung der post-synaptischen Membran *(Endplattenpotenzial = EPP oder erregendes postsynaptisches Potenzial = EPSP)*. Bei Erreichen eines Schwellenwerts kommt es zu einem Muskel-AP →Zuckung *(Kontraktion)*.
6 Um eine Dauererregung zu vermeiden, wird der Transmitter sehr schnell durch ein Enzym *(Acetylcholinesterase)* in unwirksame Bruchstücke zerlegt. Die Na^+-Kanäle schließen sich wieder.
7 Die Bruchstücke werden von der präsynaptischen Membran wieder aufgenommen, unter ATP-Aufwand zu Acetylcholin resynthetisiert und wieder in Vesikeln gespeichert.

3.1 *Hinweis zu der Fragestellung „beschreiben" bzw. „vergleichen": Zur Beantwortung der Frage benötigen Sie kein Vorwissen über Blutdruck, Transmitter oder das vegetative Nervensystem. Verlangt wird nur, dass Sie **genau hinschauen** und den Kurvenverlauf **beschreiben**. Diese Fragen sind also eigentlich leichter zu beantworten, als zunächst durch die kompliziert wirkenden Grafiken zu vermuten ist.*

Vergleich der Acetylcholin- und der Histaminwirkung von t = 0 bis t = 20 min:
– Die Neurotransmitter Ach und Hi senken beide den Blutdruck etwa um den gleichen Wert: von ca.100 mm Hg auf ca. 60 mm Hg *(mm Hg = Millimeter Quecksilbersäule)*.
– Ach hat als Nachwirkung eine geringe Blutdruckerhöhung, Hi hat als Nachwirkung eine geringe Blutdruckerniedrigung.
– Die Blutdruck senkende Wirkung von Hi hält länger an *(Ach senkt den Blutdruck für etwa 30 sec, Hi etwa für ca.60 sec)*.

3.2 Vergleich der Acetylcholin und der Histaminwirkung von t = 20 bis t = 45 min:
Die Atropin-Zugabe lässt folgende Wirkungen beobachten:
– geringe aber anhaltende Blutdrucksenkung auf ca. 80 mm Hg
– Nach der Zugabe von Atropin bleibt die Wirkung des Ach aus – auch nach Wiederholung bei t = 40 *(minimale Wirkung bei t = 40?)*.
– Die Blutdruck senkende Wirkung des Histamins bleibt trotz Atropin-Zugabe erhalten *(mit gleicher Nachwirkung wie vorher bei Ach)*.

Da nach dem gültigen Lehrplan das vegetative Nervensystem nicht mehr besprochen wird, würden Sie wahrscheinlich annehmen, dass auch die glatte Muskulatur der Arterien wie die Skelettmuskulatur nur erregende Synapsen mit Ach als erregenden Transmitter besitzt. In diesem Fall gibt es allerdings Schwierigkeiten mit der Textvorlage, da die glatten Muskelfasern der Arterien durch Zugabe von Ach nicht erregt werden sondern erschlaffen, wie der Blutdruckabfall zeigt! Nimmt man aber an, dass Ach und Hi hier als Nervengifte wirken, dann lässt sich eine logisch schlüssige Hypothese der Atropinwirkung ebenfalls herleiten.
In Wirklichkeit sind die Muskeln der inneren Organe antagonistisch innerviert, d. h. es gibt erregende Synapsen und hemmende Synapsen, die gemeinsam den Muskeltonus bestimmen. Im Fall der Arterienmuskeln ist Ach ein hemmender Transmitter (des Parasympathikus).

mögliche Hypothesen zur Wirkung des Atropins an der Synapse der glatten Muskulatur:

- Ach und Hi sind Neurotransmitter – aber **für hemmende Synapsen** *(sie wären dann mit K^+-oder Cl^--Ionenkanälen gekoppelt und würden bei Erregung die Muskelzellen hyperpolarisieren, d.h. eine Kontraktion hemmen.).* In diesem Fall würde Atropin spezifisch die Ach-Rezeptoren besetzen/blockieren, aber eine geringere Blutdrucksenkung bewirken als Ach. Außerdem wird Atropin nicht sofort abgebaut und zeigt daher eine anhaltende Wirkung. Die räumlich anders gebauten Hi-Rezeptoren können von Atropin nicht blockiert werden; die Hi-Wirkung bleibt erhalten.

oder: *Wenn – wie der Vortext erläutert – der Blutdruck von der Muskelaktivität in den Arterien, d.h. von der Synapsenaktivität an der glatten Muskulatur abhängt, dann bedeutet Blutdrucksenkung durch Ach bzw. Hi, dass die Synapsenaktivität geringer wird.*

- Ach und Hi müssten in diesem Fall beide **Hemmstoffe für erregende Synapsen** sein, *die z. B. die Rezeptoren blockieren. Atropin ist dann ein schwächer wirkender Hemmstoff, der außerdem die hemmende Wirkung von Ach verhindert, indem er z.b. chemisch mit Ach reagiert, aber nicht mit Hi.*

oder:
- *Da die Reaktion des Blutdrucks auf Hi-Zugabe unter Atropin-Einfluss in der Nachwirkung einer Ach-Zugabe ähnelt (leichte Blutdruckerhöhung), wäre auch denkbar, dass Atropin die Ach-Rezeptoren so verändert, dass jetzt nur noch Histamin auf die Ach-Rezeptoren passt und so eine Reaktion wie Ach auslöst.*

4 *Zusammenhängender Text zum Ablauf einer allergischen Reaktion nach Abbildung 3 (Versuchen Sie möglichst viele vorgegebene Fachbegriffe und Formulierungen aus den Vortexten und der Grafik in Ihren Text einzubauen!):*

Der Erstkontakt mit dem Allergen *(einer bestimmten Sorte Pollen = Blütenstaub)* bewirkt, dass Plasmazellen spezifische Immunglobuline/Antikörper vom Typ IgE produzieren *(In den Schleimhäuten der Nase/Augen kommt es zur Sensibilisierung von Lymphozyten. In der Folge differenzieren diese sich zu Plasmazellen).* Die Antikörper werden von Rezeptoren der Mastzellen gebunden. *Diese Mastzellen sind Lymphozyten, die sich bevorzugt im Bindegewebe befinden.* Durch die Anheftung der Antikörper werden sie sensibilisiert.
Kommt es zu einem Zweitkontakt mit dem gleichen Antigen, dann bindet sich das Allergen an die in der Membran der Mastzellen verankerten IgE-Moleküle und löst dadurch eine schlagartige Histaminausschüttung aus *(durch die Entleerung vieler Histamin gefüllter Vesikel = Exocytose).* Die Folge ist eine typische allergische Reaktion mit den Symptomen des Heuschnupfens: Augen-, Haut- und Nasenreizung.

5   In Abbildung 2 ist erkennbar, dass Histamin einen Blutdruckabfall durch Erweiterung der Gefäße bewirkt. Kommt es nun zu einer Freisetzung sehr großer Mengen Histamin in sehr kurzer Zeit, dann ist der Blutdruckabfall lebensbedrohlich, da die Blutversorgung lebenswichtiger Organe kritisch wird. Die Folgen eines anaphylaktischen Schocks sind z. B. Ohnmacht und Nierenversagen durch mangelnden Blutdruck.

Profil-/Neigungsfach Biologie (Baden-Württemberg): Abituraufgaben 2005
Aufgabe III: Enzyme, Transportmechanismen, Gentechnik

Kuhmilch wird von vielen Menschen nicht gut vertragen. Für diese Unverträglichkeit gibt es verschiedene Ursachen. Der in Milch enthaltene Milchzucker (Laktose) ist ein Zweifachzucker (Disaccharid) aus einem Molekül Glucose und einem Molekül Galaktose und muss im Dünndarm durch das Verdauungsenzym Laktase bei einem pH-Wert von 8 bis 9 gespalten werden. Erst die Spaltprodukte können von der Darmschleimhaut ins Blut aufgenommen werden. Bei einer so genannten Laktoseintoleranz, die jeden siebten Bundesbürger betrifft, gelangt der Milchzucker (Laktose) in unveränderter Form in die unteren Darmabschnitte und verursacht unerwünschte mikrobielle Gärungen. Dies kann zu erheblichen Beschwerden führen.

1 Formulieren Sie eine Wortgleichung zu der von Laktase katalysierten Reaktion. Nennen Sie die Eigenschaften eines Biokatalysators. (2 VP)

2 Eine Laktoseintoleranz tritt häufig erst im Erwachsenenalter auf. Erstellen Sie eine Hypothese, weshalb Milchzucker im Kleinkindalter problemlos abgebaut werden kann, später im Erwachsenenalter dagegen nicht mehr. (2 VP)

In einem Experiment wurde die Aktivität des Enzyms Laktase untersucht. In der Tabelle sind sechs Versuchsansätze dargestellt:

Versuchs-ansatz	Wasser	Laktose	Laktase	pH-Wert	Bleisalz-lösung	Temperatur
1	+	+		8		37 °C
2	+	+	+	8		75 °C
3	+	+	+	8		37 °C
4	+	+	+	4		37 °C
5	+	+	+	8		6 °C
6	+	+	+	8	+	75 °C

+ bedeutet, dass diese Reagenz dem Versuchsansatz in konstanter Menge zugesetzt wird.

3.1 Formulieren Sie die Fragestellungen, die mithilfe dieser Versuchsreihe beantwortet werden können.
Welche Bedeutung kommt hierbei dem Versuchsansatz 1 zu? (3 VP)

3.2 Treffen Sie eine Vorhersage über die Geschwindigkeit der Laktoseumsetzung in den einzelnen Versuchsansätzen. Erläutern Sie jeweils. (4 VP)

3.3 Begründen Sie, welcher der sechs Versuchsansätze keine aussagekräftigen Ergebnisse liefert. Machen Sie einen Verbesserungsvorschlag. (2 VP)

Während menschliche Darmzellen Laktose nicht aufnehmen können, sind Darmbakterien wie E. coli in der Lage, Laktose durch ihre Membran zu transportieren (siehe Abbildung 2).

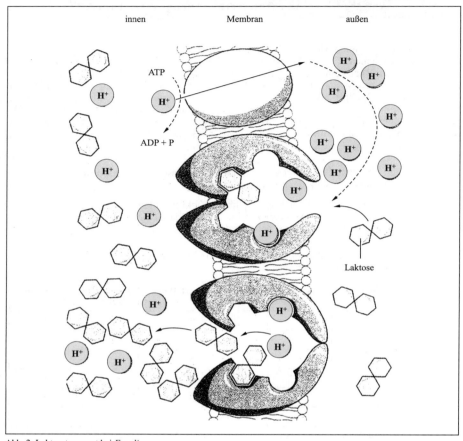

Abb. 2: Laktosetransport bei E. coli

4.1 Beschreiben Sie den in Abbildung 2 dargestellten Mechanismus des Laktosetransports durch die Bakterienmembran.

4.2 Die Laktoseaufnahme kann nur unter ATP-Spaltung erfolgen; passive Transportvorgänge kommen für Laktose nicht in Frage. Geben Sie zwei mögliche Erklärungen. (5 VP)

Bei *E. coli* kennt man Mutanten, die Laktose nicht abbauen können (Lak⁻). Um solche Mutanten aus einer Mischkultur zu isolieren, verteilt man zunächst die Kultur auf einem Nährboden so, dass aus einzelnen Bakterien Kolonien (Lak⁺- bzw. Lak⁻-Klone) heranwachsen.

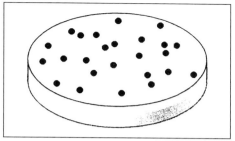

Abb. 3: Nährboden mit Lak⁺- und Lak⁻-Kolonien

5 Entwerfen Sie ein Experiment, mit dem man Kolonien der Lak⁻-Bakterien identifizieren kann.

(2 VP)

(20 VP)

Lösungen

1. Wortgleichung der katalysierten Laktosespaltung:

   Laktose $\xrightarrow{\text{Laktase}}$ Glukose + Galaktose

   Eigenschaften eines Biokatalysators:
   - chemische Zuordnung zur Stoffklasse der Proteine
   - *(Reaktionsbeschleunigung durch)* Absenkung der Aktivierungsenergie
   - Substratspezifität und Reaktionsspezifität *(Wirkungsspezifität)*
   - Wirkung in geringsten Mengen, da Katalysator wieder unverändert aus der Reaktion hervorgeht
   - *(Hitzeempfindlichkeit, pH-Empfindlichkeit)*

2. Mögliche Hypothesen zur Entstehung der Laktose-Intoleranz erst bei Erwachsenen *(nur eine Hypothese ist verlangt)*:
   - Die Genaktivität des Laktase-Gens lässt mit dem Älterwerden nach *(z. B. durch Transkriptionshemmer, die erst mit der Pubertät produziert werden)*.
   - Die Enzymaktivität der Laktase wird bei Erwachsenen gehemmt *(z. B. durch pH-Wert-Änderung in Folge anderer Ernährung)*.

3.1 Fragestellungen der 6 Versuchsansätze:
   - Lässt sich Laktose auch ohne Enzym spalten?
   - Welchen Einfluss hat die Temperatur auf die Laktase-Aktivität? *(oder: Wie hitzelabil ist Laktase?)*
   - Welchen Einfluss hat der pH-Wert auf die Laktase-Aktivität? *(oder: Wo liegt das pH-Optimum?)*
   - Wo liegt das Temperaturoptimum der Laktase-Aktivität?
   - Lässt sich die Laktase-Aktivität durch Blei-Ionen hemmen? *(oder: Ist Blei ein Enzymgift?)*

   Bedeutung des Versuchs Nr. 1: Dieser Versuch ist ein logisch notwendiger Kontrollversuch um zu beweisen, dass für die Laktosespaltung überhaupt ein Enzym *(= Laktase)* verantwortlich ist. Deshalb darf auch bei optimalen Versuchsbedingungen *(Temperatur und pH)* ohne Enzym keine Reaktion erfolgen.

3.2 Vorhersage der Geschwindigkeit der Laktose-Spaltung in
   - Versuchsansatz 1: keine Reaktion, da das Enzym Laktase fehlt
   - Versuchsansatz 2: keine Reaktion, da das Enzym bei 75° C hitzedenaturiert ist *(oder: geringfügige Laktosespaltung, falls das Enzym hitzestabil ist, oder: geringfügige Laktosespaltung, falls bei 75° C die Reaktion auch ohne Katalysator genügend aktiviert ist)*
   - Versuchsansatz 3: schnelle Reaktion d. h. hohe Umsatzrate, da die Reaktion bei pH-Optimum *(siehe Vortext)* und Temperaturoptimum *(= Körpertemperatur)* abläuft
   - Versuchsansatz 4: keine oder geringe Umsatzrate, da das Enzym im sauren pH-Bereich nicht oder nur langsam arbeitet. Grund: H+-Ionen verändern die Tertiärstruktur d. h. das aktive Zentrum des Enzyms.
   - Versuchsansatz 5: geringe Umsatzrate, da bei tiefen Temperaturen gemäß der RGT-Regel die Reaktionsgeschwindigkeit stark absinkt. *(Reaktionsgeschwindigkeits-Temperatur-Regel: Eine Erhöhung der Temperatur um 10° C bewirkt, dass die Reaktions-*

geschwindigkeit aufgrund der zunehmenden Teilchengeschwindigkeit auf ca. das Doppelte zunimmt.)
– Versuchsansatz 6: keine Reaktion, da erstens die Blei-Ionen als Enzymgift die Laktase hemmen und da zweitens die Hitzedenaturierung ebenfalls die Laktasewirkung zerstört hat.

3.3 Versuchsansatz 6 lässt keine eindeutige Aussage zu, da hier zwei Versuchsbedingungen gleichzeitig variiert wurden. Es kann daher nicht unterschieden werden, welcher Einfluss die Enzym-Hemmung bewirkt hat: die Bleisalz-Zugabe oder die Hitzeeinwirkung. Bei Versuchsansätzen, die eindeutige Aussagen erlauben sollen, müssen alle Versuchsbedingungen konstant gehalten werden bis auf die eine, deren Einfluss untersucht werden soll.
Verbesserungsvorschlag: pH-Wert = 8, Zugabe von Bleisalzlösung, Reaktionstemperatur 37° C

4.1 *Die Fragestellung lautet **nicht**: „Erklären/erläutern/begründen Sie"! Verlangt ist nur die einfache Darstellung der Vorgänge mithilfe von Fachbegriffen:*
H⁺-Ionen werden *(aktiv, gegen ein Konzentrationsgefälle)* unter ATP-Spaltung durch ein Membranprotein *(ATPase)* nach außen transportiert. In der Membran befinden sich Membranproteine *(Transportmoleküle, Carrier)* mit spezifischen „Taschen" für H⁺-Ionen und Laktosemoleküle. Durch die Anlagerung ändert sich die Raumstruktur *(Konformation, Tertiärstruktur)* des Membranproteins so, dass sich das Molekül nach innen öffnet. Die H⁺-Ionen und Laktosemoleküle werden ins Zellinnere freigesetzt *(und das Membranprotein „stülpt sich" wieder nach außen).*

Erläuterung (nicht verlangt!): *Die ATP-betriebene Protonenpumpe transportiert aktiv d. h. gegen ein Konzentrationsgefälle H⁺-Ionen nach außen. Das entstehende Konzentrationsgefälle, d. h. der H⁺-Ionen-Gradient liefert die Energie, um aktiv die Laktose gegen ein Konzentrationsgefälle in die Zelle zu holen. Man nennt solche Transporte Cotransporte.*
Der Protonentransport ist also ein primär ATP-abhängiger Transport, da er direkt an die Energie liefernde Reaktion gekoppelt ist. Der Laktose-Transport ist dann ein sekundär ATP-abhängiger Transport, da die Transport-Energie nicht direkt aus der ATP-Spaltung stammt, sondern indirekt durch Aufbau eines H⁺-Ionen-Konzentrationsgefälles geliefert wird. Die Grenze zwischen passiver „erleichterter" Diffusion durch Carrier (H⁺-Ionen diffundieren gemäß ihrem Konzentrationsgradienten nach innen) und aktivem Transport (Laktose-Moleküle werden gegen ein Konzentrationsgefälle aktiv im gleichen Carrier mitgenommen) ist also unscharf.

Schema zum Verständnis des aktiven Laktosetransports (nicht verlangt):

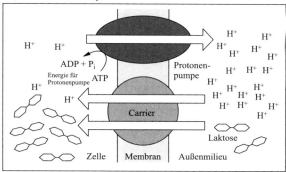

4.2 *Zwei Gründe sind verlangt:*
- Transport gegen ein Konzentrationsgefälle ist immer aktiv, d. h. energiebedürftig.
- Laktosemoleküle sind zu groß, um durch Diffusion, d. h. passiv, die Membran zu passieren.
- Laktosemoleküle sind als Disaccharide stark polar und können die Membran deshalb nicht passieren.

(Eigentlich ist nur die 1. Begründung stichhaltig, da passiver Transport entlang eines Konzentrationsgefälles mithilfe von Carrier-Molekülen durchaus denkbar wäre.)

5 *Hier muss wieder der Vortext genau analysiert werden! Auf der Platte mit Mischkulturen, d. h. mit Lak^+-Kolonien und Lak^--Kolonien, muss im Nährboden als Nährstoff in jedem Fall der „Grundnährstoff" Glukose enthalten sein, sonst würden Lak^--Kolonien gar nicht wachsen. Nachträgliche Laktose-Zugabe zu diesen Kolonien bewirkt also nichts!*

Mögliches Experiment zur Identifizierung einer Lak^--Kolonie:

Von der Platte mit Mischkultur werden aus jeder Kolonie z. B. mit einer Nadel Bakterien entnommen und auf einen (Mangel)-Nährboden gebracht, der nur Laktose als Nährstoff enthält. Vermehren sich die Bakterien zu einer neuen Kolonie, dann lag eine Lak^+-Kolonie vor. Wächst keine Kolonie, dann weiß man, dass die Ausgangskolonie auf der Mischkultur-Platte eine Lak^--Kolonie war und kann diese als Reinkultur weiterzüchten.

oder:
Stempeltechnik: Mit einem Samtstempel wird das gesamte Kolonienmuster auf einen Glukose-Nährboden übertragen. Dort, wo keine Kolonien wachsen, hat man auf dem Ausgangsnährboden somit eine Lak^--Kolonie identifiziert.

oder:
Wie bei Experiment 1 Bakterien entnehmen und nach Homogenisierung im Reagenzglas den Laktasetest machen wie in Aufgabe 3.2

oder:
wie oben und Nachweis des Laktase-Gens mit Gensonde

Profil-/Neigungsfach Biologie (Baden-Württemberg): Abituraufgaben 2005
Aufgabe IV: Sinneszellen, Rindenfelder, Synthetische Evolutionstheorie

Abbildung 1 zeigt eine nordamerikanische Maulwurfsart, den Sternmull *(Condylura cristata)*. Sternmulle suchen ihre Nahrung unter der Erde, jagen aber auch im Wasser. Um im Schlamm oder im morastigen Wasser Fressbares zu finden, benutzt dieses Säugetier den Stern auf seiner Nase (Abb. 2). Das Anhängsel dient dem Maulwurf nicht zum Riechen, sondern zum Tasten. Erst Zeitlupenaufnahmen zeigten die hohe Geschwindigkeit, mit der die Tentakel des Nasensterns bewegt werden. Die Tentakeloberfläche ist mit vielen Sinneszellen besetzt. Über 100 000 Nervenfasern ziehen vom Nasenstern zum Gehirn, mehr als fünfmal so viele wie von der Hand des Menschen.
Durch Bewegungen der Nasenspitze wird ein relativ großer Ausschnitt der Umgebung erfasst. Sobald eine der Tentakeln etwas berührt, das sich als Beute eignen könnte, richtet der Mull den Stern so aus, dass das Objekt mit den kürzeren Tentakelpaaren (Abb. 2: Tentakelpaare 1 und 11) ertastet werden kann.

Abb. 1: Sternmull   Abb. 2: Nasenstern

1 Erläutern Sie die Reizaufnahme und die Erregungsbildung an einer Sinneszelle bei einem Sinnesorgan Ihrer Wahl.   (3 VP)

Abbildung 3 zeigt einen schematischen Schnitt durch eine Gehirnregion des Sternmulls. Die abgebildete Gehirnkarte zeigt, in welche Areale die Erregungen aus den Tentakeln 1 bis 11 des Nasensterns geleitet werden.

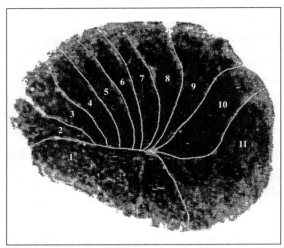

Abb. 3: Gehirnkarte einer Großhirnregion

2.1 Setzen Sie Abbildung 2 und Abbildung 3 in Beziehung zueinander. Welche Schlussfolgerungen ziehen Sie aus Abbildung 3? Erläutern Sie.

2.2 Erläutern Sie die Funktion und Leistungsfähigkeit der längeren und der kürzeren Tentakel beim Beutesuchverhalten des Sternmulls. (6 VP)

Auch bei vielen anderen Tierarten hat sich im Verlauf der Evolution eine ungleiche Verteilung der Sinneszellen in Sinnesorganen herausgebildet.

3.1 Erläutern Sie mögliche Selektionsvorteile einer solchen Verteilung.

3.2 Entwerfen Sie ein Experiment, mit dem die Dichte der Tastsinneszellen in der menschlichen Haut ermittelt werden kann. (5 VP)

Der Sternmull hat deutlich kleinere Augen als viele andere Insektenfresser und sein Sehvermögen ist gering.

4.1 Erläutern Sie das geringe Sehvermögen des Sternmulls im Sinne der Lamarckschen Theorie.

4.2 Erklären Sie diesen Sachverhalt auf der Grundlage der Synthetischen Evolutionstheorie. (6 VP)

(20 VP)

Lösungen

1. Reizaufnahme und Erregungsbildung an einer Sinneszelle, z. B. Umwandlung von Lichtenergie in elektrochemische Energie in einer Sehsinneszelle (Stäbchen) in der Netzhaut des Auges:
Der Lichtreiz *(= elektromagnetische Strahlung)* erreicht *(das Außensegment der)* Stäbchen. Die Lichtenergie wird vom Sehfarbstoff Rhodopsin absorbiert, *der in die Membran der Disks eingelagert ist*. Das Rhodopsin zerfällt in Opsin und trans-Retinal. Dies hat die Auslösung einer Signalkette *(Sehkaskade)* durch Bildung sekundärer Botenstoffe zur Folge *(second-messenger-Prinzip, Signalverstärkung)*. Das Ergebnis der Sehkaskade ist ein Rezeptorpotential, d. h. die Ruhespannung an der Stäbchenmembran wird durch Schließen von *(bei Dunkelheit geöffneten)* Na^+-Kanälen erhöht. Daraus resultiert eine Hyperpolarisation (von ca. -40 mV auf ca. -80 mV). Anschließend erfolgt die Regeneration des Rhodopsins.

2.1 Beziehung zwischen Abbildung 2 und Abbildung 3:
 – Jedem Tentakel ist ein eigenes Großhirn-Areal *(Wahrnehmungsfeld, Rindenfeld)* zugeordnet.
 – Die Anordnung und Abfolge der Tentakel von 1–11 wird genau ins Gehirn projiziert; die Anordnung und Abfolge der Rindenfelder ist identisch.
 – Die beiden kurzen Tentakel 1 und 11 beanspruchen viel größere Hirnflächen als die langen Tentakel.

Schlussfolgerung aus Abb.3:
Die Größe eines Wahrnehmungsfeldes im Großhirn ist ein Maß für die Leistungsfähigkeit bzw. Empfindlichkeit des zugehörigen Sinnesorgans. Tentakel 1 und 11 müssen daher besonders sensibel sein.

oder:
Ein großes Hirnareal bedeutet, dass es viele Nervenzellen bzw. Synapsen gibt. Die meisten von den 100 000 zuführenden Nervenbahnen, die vom Nasenstern zum Gehirn ziehen, kommen von den kurzen Tentakeln. Es gibt daher eine besonders große Dichte von Tastsinneszellen in den Tentakeln 1 und 11.

2.2 *Auch hier müssen Sie wieder den Vortext genau lesen, da dort ein Großteil der für die Antwort benötigten Informationen zu finden ist.*
 – Funktion der längeren Tentakel 2 bis 10 bei der Beutesuche: Sie dienen mit ihrer größeren Reichweite aber geringen Empfindlichkeit zur groben Orientierung und zum Aufspüren möglicher Beute.
 – Funktion der beiden kurzen Tentakel 1 und 11 bei der Beutesuche: Sobald eine potenzielle Beute erfasst wurde, wird sie mit den viel empfindlicheren kurzen Tentakeln genau untersucht. Durch die hohe Dichte an Tastsinneszellen erhält die zugeordnete Hirnregion nun soviel Information, dass ein genaues „Tastbild" wahrgenommen wird.

3.1 *Gemeint ist hier wohl die „besondere Anhäufung von Sinneszellen auf kleinster Fläche" und (wenn man z. B. die gesamte Hautfläche als Sinnesorgan versteht) die relativ großen Hautflächen mit sehr geringer Sinneszelldichte. (Wenn man die Frage auf das Auge als Sinnesorgan bezieht, könnten auch die ungleiche Verteilung von Zapfen und Stäbchen in der Netzhaut gemeint sein oder die Dichteunterschiede der Zapfen in der Netzhaut.)*

Mögliche Selektionsvorteile einer „ungleichen Verteilung" von Sinneszellen „in" Sinnesorganen am Beispiel Hautsinne:
Die Konzentrierung vieler Sinneszellen auf kleinstem Raum ermöglicht es, dass die von der Umwelt ausgehenden Reizmuster mit allen Details, d. h. mit großem Auflösungsvermögen aufgenommen und verarbeitet werden können. Dies ist ein überlebenswichtiger Selektionsvorteil sowohl für die Suche nach Nahrung als auch für die Abwehr von Gefahren (z. B. Häufung von Tastsinneszellen in den Fingerspitzen).
Diese hohe Sinneszelldichte kann sich ein Lebewesen nur für kleine Flächen leisten, da sie zu viel Energie kosten würde und vermutlich zu „Reizüberflutung" führen würde. Der Rest der sensorischen Fläche ist, um Energie und Material zu sparen *(Selektionsvorteil!)*, mit geringerer Sinneszelldichte ausgestattet. Er wird so gesteuert, dass eine Reizquelle, die grob lokalisiert wurde sofort von den sensiblen Bereichen zur genaueren Untersuchung übernommen wird.

3.2 Mögliche Experimente zur Ermittlung der Dichte der Tastsinneszellen *(eines ist verlangt)*:
- Ein Stechzirkel mit 2 Spitzen, deren Abstand variiert werden kann, wird auf die Haut gedrückt. Dabei wird ermittelt, bei welchem minimalen Abstand der Spitzen gerade noch 2 Druckpunkte erspürt werden.
- Es wird eine Fläche von z. B. einem Quadratzentimeter umrandet. Dann wird mit einer Borste ermittelt, wie viele ortsverschiedene Druckempfindungen als Punkte in dieses Quadrat gezeichnet werden können.
- In der medizinischen Forschung wird die Sinneszelldichte aus Gewebeschnitten durch Anfärbung und mikroskopische Auswertung ermittelt.

4.1

Lamarcksche Evolutionstheorie	
allgemein	am Beispiel der Degeneration der Augen beim Sternmull
1 Umweltänderung	z. B. Nahrungsmangel über der Erde, der die noch sehenden Vorfahren unter die Erde treibt
2 „inneres Bedürfnis zur Vervollkommnung"	z. B. Bedürfnis, die Augen geschlossen zu halten (Schutz vor Verschmutzung); die Augen sind überflüssig wegen der Dunkelheit, daher das Bedürfnis, die Augen zugunsten der anderen Sinne „auszuschalten"
3 Gebrauch/Nichtgebrauch der Organe führt zu deren Verstärkung/Rückbildung	Nichtgebrauch der Augen führt schrittweise zu deren Degeneration
4 Vererbung der erworbenen Veränderungen auf die Nachkommen	Vererbung der immer stärker verkümmerten Augen

4.2 *Hier gibt es keine „richtige" Antwort sondern nur logisch einleuchtende und fachsprachlich exakte Hypothesen auf der Basis der Synthetischen Evolutionstheorie.*
Diese moderne Selektionstheorie fasst die Erkenntnisse aller naturwissenschaftlichen Disziplinen zusammen, um die Mechanismen der Entstehung neuer Arten zu erklären. Die fünf wichtigsten Evolutionsfaktoren sind Mutation, Rekombination, Selektion sowie Isolation und Gendrift.
Wichtige Definitionen:
– Art: Gruppen von Populationen, deren Individuen sich untereinander fruchtbar fortpflanzen können

- Population: Lebewesen einer Art, die zur gleichen Zeit im selben Raum in Fortpflanzungsgemeinschaft leben
- Evolution: Veränderung der Genfrequenz in Populationen entlang der Zeitachse
- Isolation: alle Mechanismen, die Genaustausch in einer Population oder zwischen Populationen verhindern
- Genpool: Gesamtheit der Gene einer Population

Eine mögliche Deutung der Entwicklung zur Maulwurfsart Sternmull *(Condylura cristata)*:
In der Population der Vorfahren des Sternmulls sorgten **Mutation** und **Rekombination** für eine große genetische Vielfalt, die auch zu einer natürlichen Bandbreite des Merkmals Augengröße bzw. Sehvermögen führte. Mutationen produzieren ständig neue Gene/Allele, die durch sexuelle Fortpflanzung *(Meiose und Befruchtung)* rekombiniert werden. So entstehen in der Population immer neue Genkombinationen, die ihren Trägern mehr oder weniger gute Anpassung an ihre Umwelt erlauben.
Durch die **Selektion** wird nun jede Genkombination auf ihre „Fitness" geprüft. Selektionsfaktoren *(z. B. Nahrungskonkurrenz an der Erdoberfläche oder Gefahr durch Greifvögel)* könnten bewirkt haben, dass Tiere mit kleineren Augen einen etwas größeren Fortpflanzungserfolg hatten, weil sie erfolgreicher in Höhlen nach Nahrung suchen konnten *(z. B. durch ein geringeres Risiko von Augenverletzungen durch Erdkrümel oder Wurzeln)*. Die Häufigkeit der Allele *(Genfrequenz)*, die für kleinere Augen codieren wird im Genpool dieser Population in jeder Generation zunehmen *(transformierende/dynamische Selektion)*.
Eine neue Art kann aber nur entstehen, wenn sich eine Teilpopulation genetisch so stark verändert hat, dass keine gemeinsamen Nachkommen mehr möglich sind. **Isolation** *(z. B. geografische Isolation = Separation)*, kann dazu führen, dass diese Teilpopulation für viele Generationen von anderen Populationen der gleichen Art räumlich abgeschnitten lebt – es also durch eine geografische Fortpflanzungsbarriere zu keinem Genaustausch mehr kommt. Folge: Die isolierte Teilpopulation entfernt sich genetisch immer mehr, da zusätzlich zu den nur dort wirkenden Selektionsbedingungen auch neue, nur dort aufgetretene Mutationen nicht mit der Restpopulation ausgetauscht werden. Es kommt zu einer Anpassung dieser Teilpopulation an das Höhlenleben *(= Bildung einer neuen ökologischen Nische)*. Wenn die Teilpopulation reproduktiv von der Restpopulation isoliert ist, d. h. keine fruchtbaren gemeinsamen Nachkommen mehr möglich sind, dann ist eine neue Maulwurfsart entstanden.

Gendrift *(= Zufallswirkung, die in sehr kleinen Populationen zu einer sehr schnellen Änderung der Genfrequenz führt)* ist ein Spezialfall, der die Artbildung stark beschleunigen könnte. Erreicht z. B. ein schwangeres Maulwurfweibchen mit dem zufälligen erblichen Merkmal „verkümmerte Augen" schwimmend eine Insel, dann könnte durch Inzucht eine kleine Gründerpopulation mit kleinen Augen entstanden sein. Die Genkombination der Gründerin – ein zufälliger Ausschnitt aus dem Genpool der Gesamtpopulation – hat in der Inselpopulation nun plötzlich die höchste Genfrequenz. Nimmt man nun zusätzlich an, dass auch die Selektion diese Merkmale begünstigte (z. B. die Insel bietet kaum Schutz vor Greifvögeln, also suchen die Maulwürfe Schutz unter der Erde), dann bewirkt Gendrift zusammen mit den anderen Evolutionsfaktoren eine beschleunigte Einnischung bzw. Entstehung einer neuen Art.

Profil-/Neigungsfach Biologie (Baden-Württemberg): Abituraufgaben 2006
Aufgabe I: Enzymatik, Zytologie

Gekürzter Textauszug aus dem Apothekenmagazin „Gesundheit", Ausgabe 08/2004.

„Als Koch muss ich oft Zwiebeln schneiden, und meine Augen brennen dabei fürchterlich. Woran liegt das? Und wie kann ich mich schützen?" Gerd S., Leipzig

Alle Küchenzwiebeln treiben Tränen
Allium cepa, unsere Küchenzwiebel, enthält die schwefelhaltige Substanz Alliin.
Aus Alliin entstehen sowohl Geschmacksstoffe als auch die Substanz, die in den Augen brennt.
Solange die Zwiebel unversehrt ist, enthält sie weder die Aromastoffe noch den Tränenfaktor. Werden die Zwiebelzellen beim Anschneiden verletzt, kommt das Alliin mit verschiedenen Enzymen in Kontakt.

Es entsteht nun u. a. die schwefelhaltige Substanz Thiosulfinat. Zusammen mit Zucker, dem eigentlichen Speicherstoff der Zwiebel, bildet sich nun der typische scharf-süßliche Geschmack.
Ein zweites Enzym wandelt Alliin zu dem Tränen treibenden Gas Propanthialsulfoxid um. Aus dieser Schwefelverbindung entsteht im wässrigen Tränenfilm ätzende Schwefelsäure.
Gegen das Brennen in den Augen bleiben – bis zur Entwicklung veränderter Sorten – nur die alten Haushaltstricks:
Die Zwiebel vor dem Schneiden zehn Minuten im Eisfach kühlen, oder sie unter Wasser zerteilen.

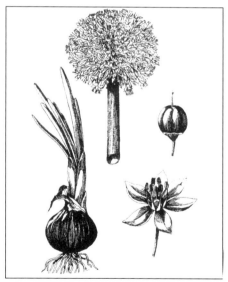

Küchenzwiebel *Allium cepa*

1 Entwickeln Sie anhand des Textes ein Schema, welches die Zusammenhänge für die Bildung der typischen Geschmacksstoffe sowie des Tränenfaktors übersichtlich verdeutlicht. (3 VP)

Durch Anschneiden der Zwiebel werden deren Zellen teilweise zerstört.

2.1 Zeichnen Sie ein Schema des elektronenmikroskopischen Bildes einer Pflanzenzelle und beschriften sie dieses (Größe der Zeichnung etwa ½ Seite). (3 VP)

2.2 Beschreiben Sie den Aufbau einer Elementarmembran und erläutern Sie daran Struktur-Funktionszusammenhänge. (3 VP)

2.3 Erläutern Sie unter Zuhilfenahme Ihrer Zeichnung, weshalb erst nach dem Anschneiden der Tränenfaktor auftritt. (2 VP)

3 Geben Sie jeweils eine mögliche Erklärung für das Funktionieren der beiden Haushaltstricks gegen das Brennen in den Augen. (2 VP)

Züchter streben an, Zwiebeln zu erhalten, die beim Schneiden keinen Tränenfluss verursachen.

4.1 Begründen Sie, an welcher Stelle man in die Reaktionswege eingreifen muss, um einerseits den typischen Zwiebelgeschmack zu erhalten und andererseits den Tränenfaktor zu unterbinden. Nennen Sie eine mögliche Methode.

4.2 Welchen weiteren wahrnehmbaren Effekt müsste der Koch aus Leipzig an der veränderten Zwiebel feststellen? Erläutern Sie. (4 VP)

Viele Frühblüher vermehren sich ungeschlechtlich (zum Beispiel über Brutzwiebeln). Küchenzwiebeln können auf geschlechtlichem oder ungeschlechtlichem (vegetativem) Weg vermehrt werden.

5 Stellen Sie Vor- und Nachteile beider Wege der Fortpflanzung vergleichend gegenüber. (3 VP)

(20 VP)

Lösungen

1 *Vorüberlegungen zur Erstellung eines Schemas:*
Ein Schema soll entweder den zeitlichen Ablauf von biologischen Phänomenen möglichst anschaulich wiedergeben (z. B. den Ablauf der Proteinbiosynthese) oder/und die kausalen Zusammenhänge und Wechselwirkungen in einem System anschaulich machen. Sie sollen eine schematische Darstellung entweder für einen bereits bekannten Lernstoff anfertigen (z. B. die bekannten Abläufe bei der Immunreaktion in einem Schema zusammenfassen) oder Sie bekommen einen unbekannten Text – wie hier über die Abläufe und Zusammenhänge beim Zwiebelschneiden.
Gehen Sie zur Erstellung des Schemas wie folgt vor:
Lesen Sie den Text erst einmal langsam und gründlich durch! Wenn Sie ihn grob verstanden haben, markieren Sie alle wichtigen Substanzen, die erwähnt werden, und heben Sie alle Ursache-Wirkungs-Beziehungen hervor. Lesen Sie dann die Frage durch und versuchen Sie ein Pfeilschema zu entwerfen, in dem die Pfeile entweder bedeuten, dass Substanz A in Substanz B umgewandelt wird oder dass zwischen der Ursache X und der Wirkung Y ein ursächlicher Zusammenhang besteht. In diesem Schema soll laut Fragetext ersichtlich werden, wie und warum beim Zwiebelschneiden zum einen die typischen Geschmacksstoffe und zum anderen der Tränenfaktor entstehen.

Mögliches Schema:

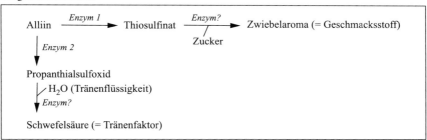

Eine andere Möglichkeit wäre die schematische Darstellung der <u>Reaktionsspezifität</u> von Enzym 1 und Enzym 2: Alliin ist für beide Enzyme das gleiche Substrat, aber es entsteht jeweils ein anderes Produkt.

Mögliches Schema:

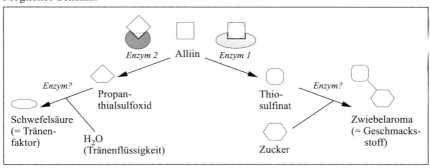

2.1 Beachten Sie, dass Ihr Schema einer Pflanzenzelle nach dem EM-Bild eine halbe DIN A4-Seite groß sein sollte. Verwenden Sie bei Ihrer Zeichnung einen Bleistift und ein Lineal.

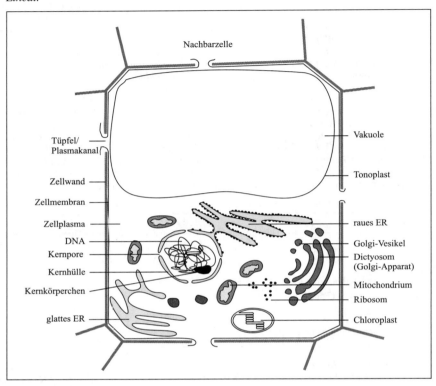

2.2 Der Aufbau der Biomembran soll nicht gezeichnet, sondern nur beschrieben werden. Eine zusätzliche Skizze ist natürlich trotzdem erlaubt und kann auch für den Text hilfreich sein, aber jeder Fehler oder fehlende Beschriftung kann zu Punktabzug führen!

Struktur: Eine Elementarmembran besteht aus einer flüssigen **Doppellipid-Schicht**, in die Proteinmoleküle eingelagert sind. Man spricht vom „**fluid-mosaic-Modell**", da alle Bestandteile in Bewegung sind. Die Protein- und die Lipidmoleküle der Zellmembran können auf der Außenseite beide noch Zuckerketten tragen.

Funktionen:
- Durch die Orientierung der Lipidmoleküle in der Doppelschicht (lipophile Molekülteile zeigen ins Innere der Doppelschicht und hydrophile Molekülteile nach außen) grenzen Membranen immer wässrige Reaktionsräume voneinander ab (**Kompartimentierung**).
- Die Membran ist durch ihren spezifischen Bau selektiv durchlässig, d. h. durch die Membran können bestimmte Moleküle frei diffundieren, andere nicht (**Semipermeabilität**).

- Die (integralen) Proteinmoleküle in der Membran sind je nach Beschaffenheit für **passive Transportvorgänge** (z. B. Tunnelproteine für Ionen-Kanäle) oder für den **aktiven Transport** (z. B. Ionenpumpen) verantwortlich.
- Proteinmoleküle sind als **Rezeptoren** nach dem Schlüssel-Schloss-Prinzip für die Erkennung von Signalstoffen verantwortlich.
- Die Zuckerketten dienen zur **Zellerkennung** d. h. zur Unterscheidung von „fremd" und „selbst" bei der Zellkommunikation z. B. zwischen Immunzellen.

2.3 *Neben der Zeichnung der Pflanzenzelle müssen Sie hier auch noch einmal die Informationen des Vortextes berücksichtigen: „Werden die Zwiebeln beim Anschneiden verletzt, kommt das Alliin mit verschiedenen Enzymen in Kontakt." Nur zusammen mit dieser Information erhalten Sie die richtige Antwort!*

Aus der Skizze ist zu entnehmen, dass die Zelle aus vielen **Kompartimenten** besteht, deren Membranen die Aufgabe haben, Stoffe und Reaktionen voneinander zu trennen. Mit dem Anschneiden der Zwiebel werden die Membranen vieler Zellen und Organellen zerstört. Dadurch können vorher in verschiedenen Reaktionsräumen gespeicherte Stoffe plötzlich miteinander reagieren. In diesem Falle kann nun das Enzym 2 sein Substrat Alliin zu Propanthialsulfoxid bzw. Schwefelsäure umsetzen.

3
- Haushaltstrick „Eisfach": Bei tiefen Temperaturen sind chemische Reaktionen wie z. B. enzymatische Reaktionen stark verlangsamt. Es gilt die RGT-Regel (eine Erniedrigung der Temperatur um 10 °C bewirkt eine ca. halbierte Reaktionsgeschwindigkeit). Die Enzymaktivität von Enzym 2 ist daher so niedrig, d. h. die Reaktion zu Propanthialsulfoxid ist so verlangsamt, dass kaum Tränen treibendes Gas entsteht.
- Haushaltstrick „unter Wasser schneiden": Das entstehende Gas Propanthialsulfoxid löst sich im Wasser (*und bildet dort Schwefelsäure*). Das Tränengas gelangt so nicht in die Augen.

oder:
- *Haushaltstrick „Eisfach": Bei tiefen Temperaturen ist vielleicht der Stoff Propanthialsulfoxid noch gar nicht gasförmig oder die Diffusion ist stark verlangsamt. Daher kommt das Reizgas nicht in die Augen.*
- *Haushaltstrick „unter Wasser schneiden": Alliin bzw. das Enzym 2 sind ebenfalls wasserlöslich und könnten so stark verdünnt werden, dass die Gasbildung unterbleibt.*

4.1 *Die Frage besteht aus zwei Teilen: Begründen Sie …! Nennen Sie…! Für den zweiten Arbeitsauftrag bedeutet dies, dass Sie Ihre gewählte Methode nicht weiter erläutern müssen.*

Um den Zwiebelgeschmack zu erhalten, darf der Reaktionsweg in Richtung Thiosulfinat nicht blockiert werden, d. h. Alliin und Enzym 1 dürfen nicht ausgeschaltet werden. Man müsste also Enzym 2 blockieren, sodass kein Propanthialsulfoxid entsteht.

Eine mögliche Methode um z. B. Enzym 2 zu blockieren wäre die Zugabe eines *(kompetitiven oder allosterischen)* Hemmstoffs für dieses Enzym.

weitere mögliche Antworten sind:
- *Das entstehende Gas Propanthialsulfoxid müsste chemisch gebunden werden.*
- *Die Weiterreaktion zu Schwefelsäure müsste blockiert werden.*
- *Synthese von Enzym 2 z. B. durch eine Mutation im Gen für Enzym 2 hemmen*
- *Transkription von Gen für Enzym 2 durch Hemmstoff blockieren*
- *Translation von Gen für Enzym 2 durch z. B. „Antisense-Gen" hemmen*

4.2 Der Zwiebel-Geschmack müsste intensiver sein, da bei der unbehandelten Zwiebel zwei Enzyme um das gleiche Substrat, Alliin, konkurrieren. Fällt nun das Enzym 2 aus, dann ist die Alliin-Konzentration, d. h. die Substratkonzentration, die allein für das Enzym 1 übrig bleibt, höher. Daher bildet sich mehr Thiosulfinat und damit auch mehr Zwiebelaroma.

oder:
Da das Propanthialsulfoxid auch für den typischen Geruch der Lauchgewächse verantwortlich ist, müsste der Koch aus Leipzig bemerken, dass die Zwiebel kaum mehr nach Zwiebel riecht.

5 Ungeschlechtliche (= vegetative) Fortpflanzung:
Vorteile:
– Es ist kein Geschlechtspartner notwendig. Die Fortpflanzung ist somit einfacher, da keine Bestäubung/Befruchtung und keine Hilfe z. B. durch Insekten nötig ist.
– Alle Nachkommen sind erbgleich mit der Mutterpflanze (alle Brutzwiebeln gehören zu einem Klon), d. h. erfolgreiches Erbgut wird konstant gehalten.

Nachteile:
– Da alle Nachkommen erbgleich sind, gibt es keine genetische Variation, die gegen z. B. ein Virus schützen könnte. Nicht resistente Klone sterben daher komplett aus.
– Es ist keine Evolution möglich *(außer durch Mutationen)*, da keine Rekombination erfolgen kann.

Geschlechtliche (= sexuelle) Fortpflanzung:
Vorteile:
– Nachkommen sind nicht erbgleich, da Rekombination von Erbanlagen erfolgt. Dies ermöglicht den besseren Schutz vor Feinden durch genetische Variabilität.
– Durch Rekombination (und Mutation) wird Evolution möglich.

Nachteile:
– Diese Form der Fortpflanzung ist aufwändiger durch die Keimzellproduktion in den Geschlechtsorganen und durch die Notwendigkeit von Geschlechtspartnern bzw. durch die häufig notwendige Hilfe von Wind bzw. Insekten bei der Bestäubung.
– „Erfolgreiche" Genotypen können sich nicht erbgleich vermehren.

Profil-/Neigungsfach Biologie (Baden-Württemberg): Abituraufgaben 2006
Aufgabe II: Nervenphysiologie, Genregulation

Die marine Schnecke *Aplysia californica* (kalifornischer Seehase) gehört mit ungefähr 40 cm Körperlänge zu den größten Seehasen. Sie besitzt Riesenneurone und eignet sich gut für neurophysiologische und molekulargenetische Untersuchungen. Ein Schwerpunkt bei diesen Untersuchungen ist die Reaktion von *Aplysia* auf einen Berührungsreiz an ihrer Atemröhre (Siphon), siehe Abbildung 1.

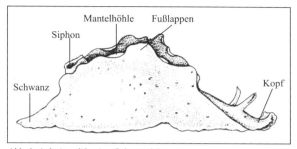

Abb. 1: *Aplysia californica* (Seitenansicht)

Wird der Siphon durch leichtes Berühren mit einem Stab gereizt, so werden die empfindlichen Kiemen weit in die Mantelhöhle zurückgezogen. Kommt es jedoch innerhalb weniger Minuten zu zehn bis fünfzehn Berührungsreizen, so zeigt das Tier die Rückziehreaktion nicht mehr; erst nach einer Stunde tritt diese Rückziehreaktion wieder in abgeschwächter Form auf. Genauere neurophysiologische Untersuchungen ergaben für die Abnahme der Rückziehreaktion während dieser ersten Versuchsserie u. a. eine Inaktivierung eines Großteils der Ca^{2+}-Kanäle in den synaptischen Endigungen der am Rückziehreflex beteiligten sensorischen Siphon-Neurone.

In einer zweiten Versuchsserie wurde beobachtet, dass eine Berührung des Siphons und eine gleichzeitige elektrische Reizung am Schwanz des Tieres eine verstärkte Rückziehreaktion zur Folge hat. Wird diese gekoppelte Reizung mehrfach durchgeführt, kommt es anschließend auch bei alleiniger Reizung des Siphons zu einer verstärkten Rückziehreaktion. Je nach Intensität der durchgeführten Koppelungsreize hält diese verstärkte Reaktion Minuten, Tage oder gar Wochen an. Ursache für diese Reaktion ist eine Inaktivierung der K^+-Kanäle der sensorischen Siphon-Neurone (siehe Abbildung 2 und 3).

1.1 Beschreiben Sie die wesentlichen Prozesse, die bei der Erregungsübertragung an einer Synapse ablaufen. (3 VP)

1.2 Erläutern Sie unter Zuhilfenahme der Abbildungen 2 und 3 die verstärkte Rückziehreaktion der Kiemen bei gleichzeitiger Reizung von Schwanz und Siphon. (4 VP)

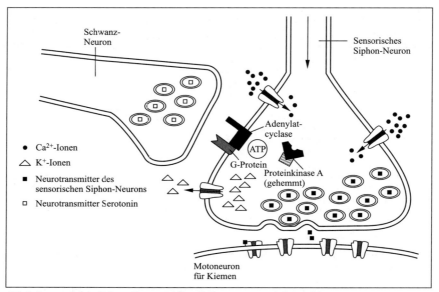

Abb. 2: Prozesse bei der Reizung des sensorischen Siphonneurons von *Aplysia californica*

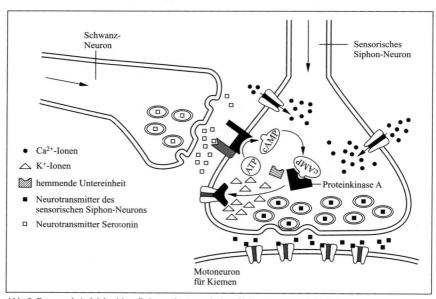

Abb. 3: Prozesse bei gleichzeitiger Reizung des sensorischen Siphonneurons und des Schwanzneurons

2.1 Die Abbildung 4 zeigt die Messergebnisse von drei neurophysiologischen Experimenten. Hierbei wurde die Membranspannung (das Membranpotenzial) an der postsynaptischen Membran am Motoneuron gemessen, das die Rückziehreaktion der Kiemen bewirkt.
Ordnen Sie den Kurven 1 bis 3 folgende Experimente zu:
a) ohne Reizung (Ausgangssituation)
b) bei erstmaliger Reizung des Siphons
c) bei der 16. Reizung des Siphons innerhalb kurzer Zeit.
Begründen Sie Ihre Zuordnung.

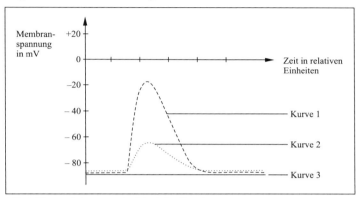

Abb. 4: Messergebnisse neurophysiologischer Experimente

2.2 Übertragen Sie die Abbildung 4 in Ihre Reinschrift und zeichnen Sie in dieses Diagramm die Kurve, die Sie bei gleichzeitiger Reizung von Siphon (durch Berühren) und Schwanz (durch elektrische Reizung) bei einem zuvor ungereizten Tier erwarten. Erläutern Sie. (4 VP)

Weitergehende molekularbiologische Untersuchungen zur zweiten Versuchsserie ergaben, dass verstärkte Freisetzung von Serotonin zu hohen cAMP-Konzentrationen führt (vergleiche Abbildungen 2 und 3). In der Folge gelangt schließlich mehr aktivierte Proteinkinase A in den Zellkern des sensorischen Neurons. Im Zellkern verursacht diese Proteinkinase A die Bildung des Proteins U-Hydrolase.
Die U-Hydrolase wiederum baut in den synaptischen Endigungen die hemmende Untereinheit der Proteinkinase A ab. Infolgedessen bleibt die Proteinkinase A länger aktiv.

3.1 Stellen Sie in einem Schema ausgehend von Serotonin den Ablauf dar, der dazu führt, dass die Proteinkinase A länger aktiv bleibt (Größe ca. ½ Seite). (4 VP)

3.2 Entwickeln Sie aufgrund Ihrer Kenntnisse zur Kontrolle bzw. Regulation der Genexpression eine Modellvorstellung darüber, in welcher Weise die Proteinkinase A im sensorischen Siphon-Neuron die Bildung des Enzyms U-Hydrolase steuern könnte. (3 VP)

3.3 Welche biologische Bedeutung könnte die verstärkte und länger anhaltende Rückziehreaktion für Aplysia haben? Erläutern Sie. (2 VP)

(20 VP)

Lösungen

1.1 Ablauf der Erregungsübertragung *(am Beispiel einer neuromuskulären Synapse)*:
1 Eine Erregung (Aktionspotenzial, AP) depolarisiert die Membran im Bereich des Endknöpfchens.
2 Dadurch werden *(spannungsgesteuerte)* Ca^{2+}-Kanäle geöffnet, die Folge ist ein Ca^{2+}-Einstrom.
3 Als Folge wandern synaptische Bläschen zur präsynaptischen Membran und entleeren den (Neuro-)Transmitter Acetylcholin in den synaptischen Spalt (Exozytose).
4 Diffusion der Transmittermoleküle zur postsynaptischen *(subsynaptischen)* Membran.
5 Dort besetzen sie Rezeptoren, die mit Na^+-Ionenkanälen gekoppelt sind. Bei Besetzung öffnen sich die Na^+-Kanäle, es erfolgt ein Na^+-Einstrom. Dieser hat eine Depolarisierung der postsynaptischen Membran zur Folge. Es entsteht ein Endplattenpotenzial (= EPP) oder erregendes postsynaptisches Potenzial (= EPSP). Bei Erreichen eines Schwellenwerts kommt es zu einem Muskel-AP und den daraus folgenden Zuckungen (Kontraktion).
6 Der Transmitter wird sehr schnell durch das Enzym (Acetyl-)Cholinesterase in unwirksame Bruchstücke zerlegt. Die Na^+-Kanäle schließen sich wieder.
7 Die Bruchstücke werden von der präsynaptischen Membran wieder aufgenommen, unter ATP-Aufwand zu Acetylcholin resynthetisiert und wieder in Vesikeln gespeichert.

1.2 *Bei der Analyse des sehr langen Textes und der Abbildungen 2 und 3 ist es wieder ratsam, wichtige Aussagen/Abläufe zu markieren (z. B. die im Text erwähnte Inaktivierung der K^+-Kanäle im Siphon-Neuron). Auch die Unterschriften der beiden Abbildungen enthalten wichtige Informationen.(Abbildung 2: Es wird nur das sensorische Neuron gereizt. Abbildung 3: sensorisches und Siphon-Neuron werden gleichzeitig gereizt.)*

Wird nur das Siphon gereizt, wird auch nur das sensorische Siphon-Neuron erregt (Abb. 2). Dadurch öffnen sich zwar die Ca^{2+}-Kanäle, es entleeren sich aber nur wenige synaptische Vesikel, da die gleichzeitige Öffnung von K^+-Kanälen die Depolarisierung abschwächt. Dies resultiert aus dem K^+-Ausstrom, der eine Hyperpolarisierung bewirkt.

Die zusätzliche Erregung des Schwanz-Neurons bewirkt die Inaktivierung der K^+-Kanäle *(siehe Text!)*. Die Abbildung 3 zeigt den Verlauf der Erregung nach Reizung von Siphon und Schwanzneuron *(Inaktivierung der K^+-Kanäle über einen „second-messenger"-Mechanismus):*
Die Reizung des Schwanzneurons bewirkt eine Serotonin-Ausschüttung. Am sensorischen Siphon-Neuron wird dadurch ein Rezeptor (G-Protein) besetzt und das mit dem G-Protein gekoppelte Enzym Adenylatcyclase wird aktiviert. Das Enzym katalysiert die Umwandlung von ATP zu cAMP. cAMP *(als zellinterner „zweiter Botenstoff")* enthemmt Proteinkinase A, indem es den Proteinkinase-Hemmstoff-Komplex spaltet. Dadurch ist die Proteinkinase A in der Lage, die Kaliumkanäle zu blockieren. Der K^+-Ausstrom wird gestoppt und eine stärkere Depolarisierung des Siphon-Endknöpfchens ist die Folge (da die Hyperpolarisierung durch Ausstrom positiver Ladungsträger gestoppt ist). Durch die demzufolge erhöhte Transmitterausschüttung fällt auch die Erregung des Kiemen-Motoneurons und damit die Rückziehreaktion stärker aus.

2.1 – Kurve 1: b) bei erstmaliger Reizung
Begründung: Bei erstmaliger Reizung ergibt sich ein starkes EPSP, da die Ca^{2+}-Kanäle normal aktiviert wurden. Relativ viel Transmitter wird ausgeschüttet und eine relativ starke Depolarisierung der postsynaptischen Membran führt zu einer relativ großen Amplitude des erregenden postsynaptischen Potenzials (EPSP).

– Kurve 2: c) bei vielfacher Reizung
Begründung: Es ist nur ein geringeres EPSP zu beobachten, da ein Großteil der Ca^{2+}-Kanäle nach 16 Reizungen inaktiviert ist *(siehe Text)*. Daher wird relativ wenig Transmitter ausgeschüttet und die relativ geringe Depolarisierung der postsynaptischen Membran hat eine relativ geringe Amplitude des postsynaptischen Potenzials zur Folge.

– Kurve 3: a) ohne Reizung
Begründung: Ohne Reizung bleibt das Ruhepotenzial erhalten.

2.2 Zu erwarten ist eine noch größere Amplitude als bei Kurve 1 (Kurve 4 in der Zeichnung). Durch die Schließung der K^+-Kanäle bei gleichzeitiger Reizung von Schwanz-Neuron und Siphon-Neuron wird eine stärkere Depolarisierung bewirkt. Die noch stärkere Transmitter-Ausschüttung führt demnach zu einer noch größeren Depolarisierung der postsynaptischen Membran *(auch die Dauer der Depolarisierung kann vergrößert sein)*.

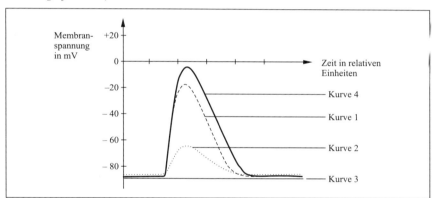

3.1 Zur Erstellung von Schemata vgl. Aufgabe 1, 1.1

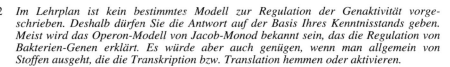

3.2 Im Lehrplan ist kein bestimmtes Modell zur Regulation der Genaktivität vorgeschrieben. Deshalb dürfen Sie die Antwort auf der Basis Ihres Kenntnisstands geben. Meist wird das Operon-Modell von Jacob-Monod bekannt sein, das die Regulation von Bakterien-Genen erklärt. Es würde aber auch genügen, wenn man allgemein von Stoffen ausgeht, die die Transkription bzw. Translation hemmen oder aktivieren.

Nach dem Operon-Modell verändert die Proteinase A *(allosterisch)* die Tertiärstruktur des Repressorproteins, sodass dieses nicht mehr an den Operator vor dem Gen für die U-Hydrolase binden kann. Die RNA-Polymerase kann nun (vom Promotor ausgehend) das U-Hydrolase-Gen ablesen und die Proteinbiosynthese des Enzyms U-Hydrolase kann somit beginnen.

Mögliche Modellvorstellungen ohne Operon-Modell:
– *Proteinkinase A könnte einen Transkriptionshemmstoff (der den Zugang zum Gen blockiert) inaktivieren, dadurch kann die RNA-Polymerase das Gen ablesen.*
– *Proteinkinase A könnte die Bildung des Enzyms U-Hydrolase dadurch steuern, dass die Translation der zugehörigen mRNA in das Protein aktiviert wird.*

3.3 Der Schutz der Kiemen ist für die Schnecke lebenswichtig, allerdings muss die Schnecke nicht auf alle Berührungen gleich heftig reagieren. In ihrem natürlichen Biotop muss sie zwischen zufälligen, harmlosen Berührungskontakten mit Pflanzen oder Korallen, die z. B. nur an der Atemröhre erfolgen, und großflächigen Angriffen von Fressfeinden auf ihren Körper unterscheiden können. Nur für den letzteren Fall ist es sinnvoll, den Schutzreflex zu verstärken und lang anhaltend in die Schutzstellung zu gehen.
Würde die Schnecke auf alle, sicher häufig erfolgenden, zufälligen Berührungen derart stark reagieren, könnte sie auf die Dauer nicht überleben. Dies zeigt auch die Gewöhnung, die *Aplysia* auf mehrfache, einfache Reizung des Siphons aufweist: Damit die Schnecke nicht unnötig von ihren Lebensfunktionen wie Futterbeschaffung, Fortpflanzung etc. abweichen muss, reagiert sie auf wiederholte harmlose Reizung bald nicht mehr. Wird sie dagegen von einem Fressfeind am ganzen Körper bedroht, zeigt sie in jedem Fall die vermutlich lebensrettende verstärkte Rückziehreaktion.

Profil-/Neigungsfach Biologie (Baden-Württemberg): Abituraufgaben 2006
Aufgabe III: Evolution, Verwandtschaftsanalyse

Der Übergang vom Landleben zum Leben im Wasser vollzog sich bei den Vorfahren der heutigen Wale im frühen Tertiär vor etwa 50 Millionen Jahren und dauerte nur rund 8 Millionen Jahre. In dieser „kurzen" Zeit erfolgten Anpassungen an das Leben im Wasser. Heute kennt man mehr als 80 Walarten.

1.1 Nennen Sie unter Zuhilfenahme der Abbildungen 1 und 2 ausgehend vom Urhuftier sechs Veränderungen, die als Anpassungen an die Lebensweise im Wasser zu verstehen sind. (3 VP)

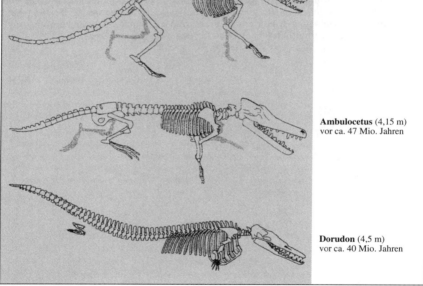

Abb. 1: Vorfahren der heutigen Wale

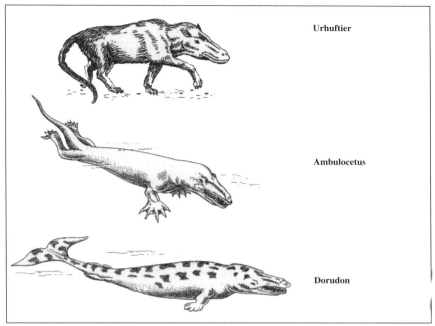

Abb. 2: Vorfahren der heutigen Wale (Rekonstruktionen)

1.2 Entwickeln Sie eine Hypothese, wie sich eines der von Ihnen unter 1.1 genannten Merkmale im Verlauf der Evolution verändert haben könnte. Benutzen Sie dabei die Begriffe Mutation, Selektion, Gendrift und Isolation. (4 VP)

Die mehr als 80 verschiedenen Walarten lassen sich auf eine Stammform zurückführen. Heute sind Wale über alle Ozeane verbreitet und unterscheiden sich nicht nur in der Größe, sondern auch in der Art der Ernährung.

1.3 Geben Sie eine Erklärung für die Entstehung so vieler unterschiedlicher Walarten in relativ kurzer Zeit. (3 VP)

Der Fund eines nahezu vollständigen Ambulocetusskeletts veranlasste einen Forscher zu der Aussage, dieser Fund sei für die Erforschung der Walevolution ebenso bedeutend, wie der *Archaeopteryx* für die Evolution der Vögel. Abbildung 3 zeigt *Archaeopteryx*. Er ist deshalb so bedeutend, weil er als Brückentier Merkmale zweier Wirbeltierklassen aufweist.

2.1 Nennen Sie diese Wirbeltierklassen und entnehmen Sie aus der Abbildung 3 je zwei Merkmale, welche für diese Wirbeltierklassen typisch sind.
2.2 Diskutieren Sie unter Verwendung der Abbildungen 1 und 2, ob auch Ambulocetus als Brückentier angesehen werden kann. (3 VP)

Abb. 3:
Archaeopteryx

In einem Museum ist der hypothetische Stammbaum der Walartigen dargestellt (Abbildung 5, siehe Seite 2006-18). Abbildung 4 zeigt verschiedene heute lebende und ausgestorbene Vertreter der Wale, die in diesem Stammbaum vorkommen. Neben Zahnwalen sind auch Bartenwale abgebildet.

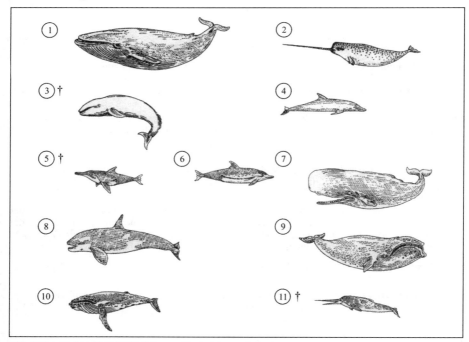

Abb. 4: Verschiedene Walarten (Erläuterung: † bedeutet ausgestorben)

3   Übertragen Sie den Stammbaum (Abbildung 5) in Ihre Reinschrift.
    Ordnen Sie unter Angabe der Ziffern die einzelnen Vertreter in den Stammbaum ein.
    Benennen Sie die Kriterien für diese Zuordnung.
    Begründen Sie Ihre Zuordnung. (4 VP)

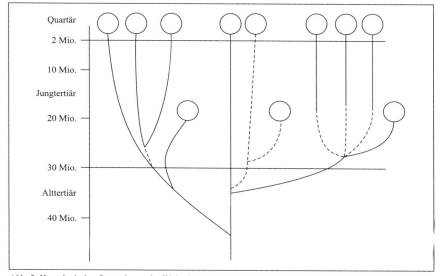

Abb. 5: Hypothetischer Stammbaum der Walartigen

Im Spektrum der Wissenschaft (7/2002) kann man lesen:
„Bis kurz vor Ende des 20. Jahrhunderts schien der weitere Weg der Wal-Paläontologie vorgezeichnet: Immer neue Fossilien würden immer mehr Details zu einer in wesentlichen Zügen endlich bekannten Stammesgeschichte liefern, die ihren Ursprung einstmals bei Urhufieren genommen hatte. Doch dann erschütterten genetische Tests in den USA, Frankreich und Japan das so sicher geglaubte Gedankengebäude. Anders als die immunologischen Untersuchungen aus den 1960er Jahren legten DNA-Vergleiche nahe: Wale sind nicht nur mit den Paarhufern näher verwandt als mit allen anderen Säugern –Wale sind Paarhufer. Kein Urhuftier stand am Anfang ihrer Entwicklung, sondern ein Urpaarhufer, vermutlich ein Urflusspferd."

4   Immunologische Methoden (z. B. der Präzipitintest) sind heute weitgehend durch molekularbiologische Methoden abgelöst worden. Erläutern Sie eine solche molekularbiologische Methode zur Verwandtschaftsanalyse. (3 VP)
    (20 VP)

Lösungen

1.1 *Von den nachstehenden Merkmalen sollen Sie insgesamt sechs nennen:*

Veränderungen am Skelett:
Vorderextremitäten werden kürzer (Ruderarm); Hinterextremitäten verkümmern fast; Beckenknochen verkümmern; Schwanzwirbel werden kräftiger; Brustkorb wird länger

Veränderungen am Körperbau:
Bildung einer Schwanzflosse; Haare verschwinden; äußere Ohren verschwinden; Schwimmhäute entstehen; Entstehung der Torpedoform (Stromlinienform); Nasenöffnung wandert nach oben

1.2 *Suchen Sie sich ein relativ einfaches Merkmal aus, dessen Abwandlung mit wenigen Annahmen mit den vorgegebenen Begriffen der synthetischen Evolutionstheorie (Mutation, Selektion, Gendrift und Isolation) erklärt werden kann, wie z. B. der Verlust des Haarkleids:*

Das Fell der Urhuftiere variierte je nach Genotyp in seiner Länge und Dichte bei jedem Individuum. Für landlebende Tiere sind Haare lebensnotwendig als Wärmeisolation und Schutz (UV-Licht, Verletzung, Tarnung). Ein zufälliger genetischer Defekt, d. h. eine **Mutation**, kann den Haarwuchs hemmen. Dieses (vermutlich rezessive) „Nackt"-Allel wird im Genpool der landlebenden Urpaarhufer-Arten nur eine sehr geringe Häufigkeit haben, da die (stabilisierende) **Selektion** dafür sorgt, dass Individuen ohne Haare eine geringere Fortpflanzungswahrscheinlichkeit haben. Durch ein Zufallsereignis könnte eine kleine Teilpopulation von Urhuftieren z. B. auf eine Insel verschlagen worden sein. Darunter könnte zufällig ein Familienverband mit dem „Nackt"-Allel gewesen sein. Durch dieses Zufallsereignis ist der Anteil des Gens im Genpool dieser Gründerpopulation sprunghaft gestiegen (= **Gendrift**). Beim Versuch, auch im Wasser nach Nahrung zu suchen, ist ein langes Fell eher ein Hindernis. Die Individuen mit nackter Haut hatten nun einen Selektionsvorteil und der Anteil des „Nackt"-Allels im Genpool der Inselpopulation stieg in jeder Generation an. Diese räumlich getrennte Population hatte mit der Festlandpopulation keinen Genaustausch mehr (= **räumliche Isolation** = Separation). Die Genpools entwickelten sich getrennt. Die Inselpopulation passte sich (durch weitere Mutationen und einen kontinuierlichen Selektionsdruck) in vielen Generationen immer besser an das Wasserleben an, bis eine neue Art mit nackter Haut entstanden war.

1.3 Die Entstehung der 80 Walarten aus einer Stammform in relativ kurzer Zeit durch Einnischung wird am besten mit der **adaptiven Radiation** erklärt:
Die Gründerpopulation – relativ hoch entwickelte gleichwarme Säugetiere im Vergleich zu Fischen (durch ihre leistungsfähigen Gehirne und Sinnesorgane sowie ihre Unabhängigkeit von der Wassertemperatur) – hatte bei der Eroberung des Wassers als Lebensraum ideale Voraussetzungen: In dem riesigen neuen Lebensraum mit einem ebenso riesigen Futterangebot konnte zunächst eine starke Vermehrung stattfinden. Dies führte aber zu einer Zunahme der innerartlichen Konkurrenz und damit zu einem zunehmenden Selektionsdruck, um diese Konkurrenz zu vermeiden. Durch **Einnischung** (Spezialisierung in der Nahrung, in der Art der Fortbewegung unter Wasser) und **Separation** (= räumliche Isolation) entstanden mit großer Geschwindigkeit durch die Aufspaltung der Stammform viele Rassen und schließlich Arten, da viele freie **ökologischen Nischen** zur Verfügung standen.

2.1 Archaeopteryx ist ein Bindeglied zwischen der Wirbeltierklasse der Reptilien und der der Vögel.
– Reptilienmerkmale von Archaeopteryx: Zähne; Krallen an den Fingern; lange Schwanzwirbelsäule
– Vogelmerkmale von Archaeopteryx: Federn; Fuß mit Zehe nach hinten; Flügel;

2.2 *Der Begriff „Brückentier" ist synonym mit „Zwischenform", „Übergangsform", „Mosaikform", „missing link" oder „connecting link". Die im Vortext der Aufgabe 2.1 genannte Definition, wonach Brückentiere Mermale von zwei **Tierklassen** aufweisen müssen, ist nicht verbindlich. Oft findet man auch Formulierungen wie „Übergangsform, die Merkmale von zwei Entwicklungslinien vereint", oder „Fossilien zwischen heute getrennten Tiergruppen" oder „Bindeglied in einer evolutiven Fossilienreihe" oder „Übergangsform zwischen systematisch getrennten Tiergruppen". Je nach Definition, die Sie Ihrer Diskussion zugrunde legen, können Sie also zu verschiedenen Schlussfolgerungen gelangen.*

Ambulocetus kann insofern als Brückentier betrachtet werden, dass er eine Zwischenform zwischen heute systematisch getrennten Tiergruppen darstellt: Ambulocetus ist eine Übergangsform zwischen den Huftieren und Waltieren. Mit den stammesgeschichtlich älteren Huftieren hat er z. B. noch die relativ langen Vorder- und Hinterextremitäten sowie die ausgeprägten Beckenknochen. Als Merkmal der Waltiere zeigt Ambolucetus u. a. die fehlende Behaarung, die fehlenden äußeren Ohren, die nach oben verschobene Nasenöffnung und die Schwimmhäute.

Ambulocetus ist aber kein „echtes" Brückentier, wenn die Definition im Vortext zu Aufgabe 2.1 zugrunde gelegt wird: Huftiere und Waltiere gehören zu verschiedenen **Tierordnungen,** aber zur gleichen **Tierklasse** der Säugetiere.

3 *Das Hauptkriterium der Einordnung wird bereits im Vortext genannt: Zahnwale und Bartenwale, d. h. schnelle Jäger unter Wasser oder große Planktonfresser. Mit dieser Hilfe ist es nicht schwer, eine grobe Zuordnung zu finden. Viel schwieriger und auch z. T. mehrdeutig ist dann die genaue Anordnung der Nummern innerhalb der Gruppen. Deshalb sind hier alle Varianten richtig, die einleuchtend begründet werden.*

Kriterien der Zuordnung:
– Körper- und Schädelform: schlanke schnelle Schwimmer mit spitzer Schnauze (4, 5, 6, 8?, 11) oder langsame Planktonfresser mit stumpfer Schädelform (1, 2, 3, 7, 9, 10)
– Rückenflosse (Kennzeichen schneller Schwimmer): vorhanden (4, 5, 6, 8) oder nicht vorhanden (1, 2, 3, 7, 9, 10, 11)
– Zähne, Kieferform: riesiger Unterkiefer mit Barten (1, 3, 9, 10) oder Kiefer mit Zähnen (2, 4, 5, 6, 7, 8, 11?)

Begründung der Zuordnung:
Ausgehend von dem vorgegebenen Stammbaum-Schema müssen drei Gruppen gebildet werden mit je einem fossilen Vertreter. Zwei Gruppen sind klar vorgegeben: Bartenwale und Zahnwale und eine „Sondergruppe".
– Die **Zahnwale** sind gut an ihrer Rückenflosse zu erkennen. Deshalb gehören 4, 6, 8 und 5† zusammen. (Der männliche Narwal (2) hat zwar einen riesigen Zahn, aber keine Rückenflosse. Der Schwertwal (= Orca) (8) hat eine typische Rückenflosse trotz wenig spitzer Schnauze. Der Pottwal (7) hat zwar Zähne, aber keine Rückenflosse und einen sehr stumpfen Schädel.
– Die Gruppe der **Bartenwale** ist die zweite Vierergruppe: 1, 9, 10,und 3†.
– Übrig bleibt eine Dreiergruppe, die nicht sehr überzeugend in einem gemeinsamen Stammbaum-Ast steht: 2, 7 und 11†. Sie haben keine Rückenflosse und Zähne.

Da die Zahnwale wahrscheinlich die stammesgeschichtlich ältere Gruppe sind (Abb. 1: der Vorfahre der Wale hatte Zähne), sollte die frühere (linke) Abzweigung den Zahnwalen zugeordnet sein.)

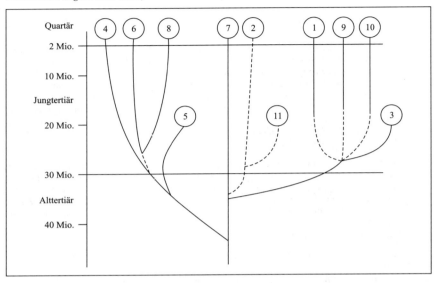

4   In Frage kommen folgende molekularbiologischen Methoden:
    – DNA-Hybridisierungstest
    – DNA-Sequenzanalyse/Basensequenzanalyse (Gesamt-DNA oder wichtige Gene)
    – Aminosäure-Sequenzanalyse wichtiger Proteine
    Für die Erläuterung wurde im Folgenden die DNA-Hybridisierung am Beispiel Mensch-Schimpanse gewählt (vereinfacht):

Zunächst wird aus den Zellen von Mensch und Schimpanse die DNA isoliert. Von beiden Proben der artreinen DNA wird der Schmelzpunkt bestimmt. (Bei Menschen und Schimpansen liegt er bei 88,2 °C.) Gemessen wird er z. B. durch Messung einer charakteristischen Viskositätsänderung (= „Zähflüssigkeit" der DNA-Lösung), die durch die Spaltung der Doppelstränge in Einzelstränge (Öffnung der H-Brücken) bewirkt wird.
Dann erfolgt die Mischung der beiden DNA-Proben. Die Misch-DNA-Probe wird in Einzelstränge aufgeschmolzen. Beim Abkühlen bilden sich Hybridstränge aus Menschen- und Schimpansen-Einzelsträngen. Der Schmelzpunkt dieser Hybridstränge wird bestimmt und mit dem der artreinen DNA verglichen.
Hybrid-DNA schmilzt früher, weil wegen der genetischen Distanz nicht jede Base im Einzelstrang des Menschen einen komplementären Partner im Einzelstrang des Schimpansen findet. Je entfernter die Verwandtschaft, desto weniger Basen können sich paaren, desto weniger H-Brücken halten die Hybrid-Doppelstränge zusammen, desto niedriger ist der Schmelzpunkt, z. B. Mensch/Schimpanse: 86,4 °C

Folgerung: Je näher der Schmelzpunkt der Hybrid-DNA dem Schmelzpunkt der artreinen DNA liegt, desto ähnlicher ist die DNA d. h. desto enger ist die Verwandtschaft.

Profil-/Neigungsfach Biologie (Baden-Württemberg): Abituraufgaben 2006
Aufgabe IV: Proteinbau, DNA-Sequenzierung, Gentherapie

Mukoviszidose (Cystische Fibrose – CF) ist eine weit verbreitete, erbliche Erkrankung des Menschen. Molekular beruht sie auf der Mutation des CFTR-Gens, welches ein Chloridionen transportierendes Kanalprotein kodiert. Bei dieser Krankheit kommt es u. a. zur Bildung von zähflüssigem Schleim in den Lungen, wodurch das Atmen erschwert wird.

1.1 Beschreiben Sie den Aufbau eines Proteins unter Verwendung von Fachausdrücken! (2 VP)

1.2 Stellen Sie dar, warum Genmutationen zu Funktionsstörungen von Proteinen führen können. (2 VP)

Um maßgeschneiderte Medikamente gegen genetisch bedingte Krankheiten wie die Mukoviszidose entwickeln zu können, ist die Kenntnis der Basensequenz der betroffenen Gene von großer Bedeutung.
Experimentell kann diese Sequenzanalyse nach der Abbruchmethode von Frederick Sanger durchgeführt werden. Hierbei wird der zu sequenzierende DNA-Abschnitt zunächst in Einzelstränge aufgetrennt. In vier verschiedenen experimentellen Ansätzen (Abbildung 3) werden diese Einzelstränge dann repliziert. Jeder Ansatz enthält neben den notwendigen Enzymen auch kurze Primerstücke, welche den Start der Replikation ermöglichen. Allen Ansätzen werden weiterhin alle vier (radioaktiv markierten) Nukleotide sowie jeweils ein spezifisches Nukleotidanalogon zugefügt, welches in Konkurrenz zu den normalen Nukleotiden statistisch in die DNA eingebaut wird und dann zum Abbruch der Replikation führt.

2 Erläutern Sie anhand der Strukturformeln in den Abbildungen 1 und 2 worauf die Abbruchmethode molekularbiologisch beruht. (2 VP)

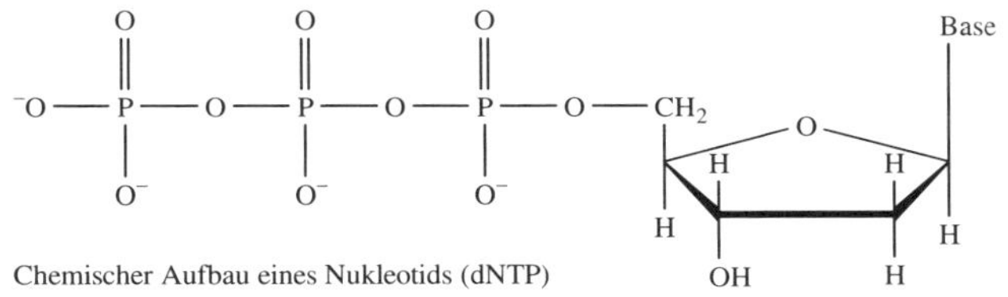

Chemischer Aufbau eines Nukleotids (dNTP)

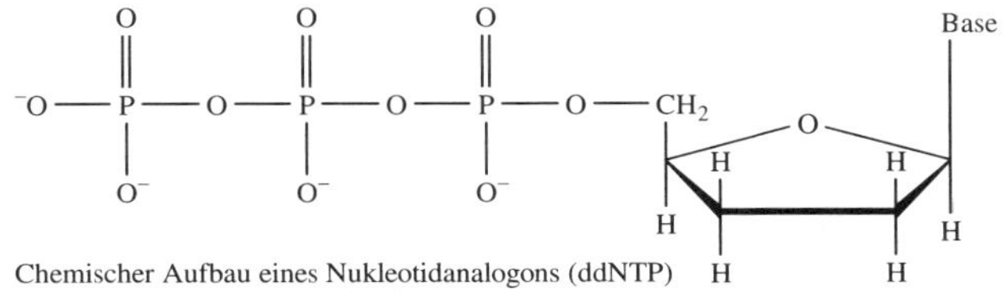

Chemischer Aufbau eines Nukleotidanalogons (ddNTP)
(wobei N = Base: A, T, C oder G)

Abb. 2: Aufbau von Nukleotid bzw. von Nukleotidanalogon

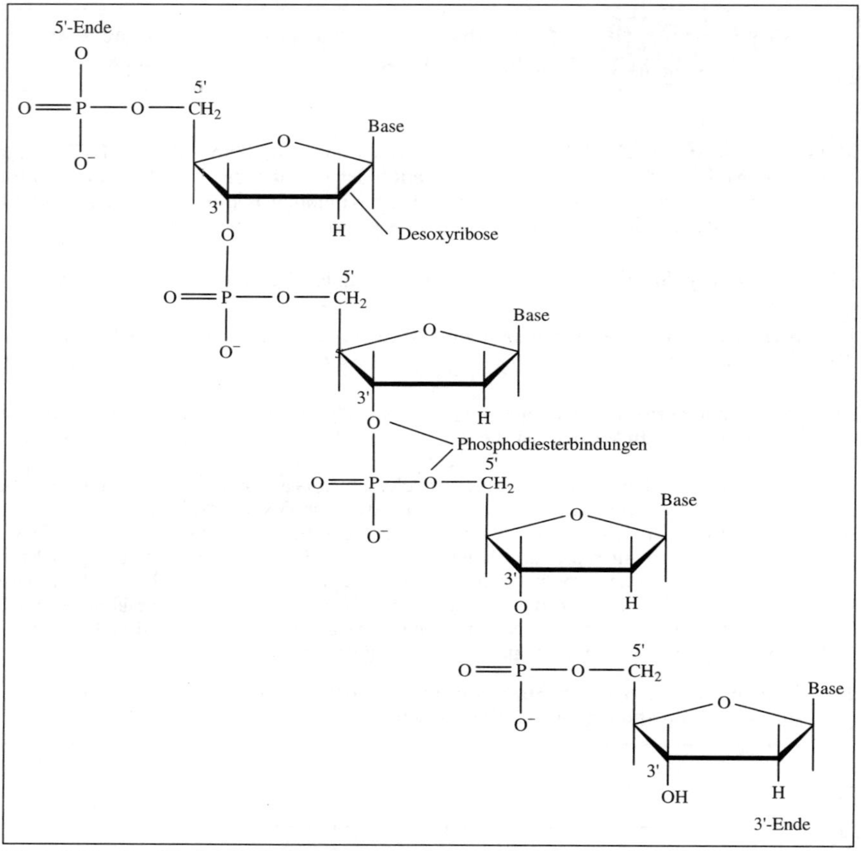

Abb. 1: Nukleotidverknüpfung im DNA-Einzelstrang

Pufferlösung mit vielen Kopien der zu untersuchenden DNA-Einzelstränge / kurzes Primerstück / DNA-Polymerase			
+	+	+	+
dATP, dTTP dGTP, dCTP	dATP, dTTP dGTP, dCTP	dATP, dTTP dGTP, dCTP	dATP, dTTP dGTP, dCTP
+ dd**A**TP	+ dd**G**TP	+ dd**C**TP	+ dd**T**TP
Ansatz 1	Ansatz 2	Ansatz 3	Ansatz 4

Abb. 3: Experimentelle Durchführung

Folgender Genabschnitt soll anhand der Sanger-Methode sequenziert werden:

~~~T – A – G – A – A – A – C – C – A~~~
Primer

3   Welche DNA-Abbruchstränge sind für die Ansätze 3 und 4 zu erwarten? (3 VP)

Um die Unterschiede zwischen dem normalen und mutierten CFTR-Gen zu untersuchen, werden entsprechende Teilabschnitte der beiden Gene mit der Sanger-Methode sequenziert. Die vier verschiedenen Ansätze, in denen jeweils verschieden lange Abbruchstränge enthalten sind, werden im Anschluss gelelektrophoretisch nebeneinander aufgetrennt. Bei diesem Verfahren erfolgt eine Trennung des entstandenen DNA-Gemischs nach der Größe der Stränge. Kleine Moleküle wandern im elektrischen Feld sehr weit, große Moleküle legen nur eine geringe Strecke zurück und können aufgrund ihrer radioaktiven Markierung sichtbar gemacht werden. Aus dem erhaltenen Auftrennungsmuster (Abbildung 4) kann anhand der Laufstrecken indirekt die Basensequenz des untersuchten Abschnitts abgelesen werden.

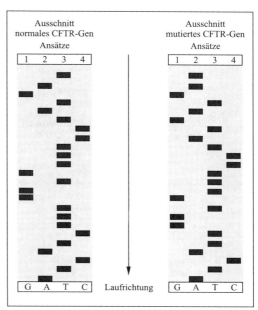

Abb. 4: Gelelektrophoretisches Ergebnis einer CFTR-Analyse nach der Sanger-Methode

4 Geben Sie anhand der Abbildung 4 die Basenabfolge der beiden radioaktiv markierten „Sanger-Stränge" an. Leiten Sie daraus die Basenabfolge des hierzu komplementären Strangs ab und übertragen Sie diese mithilfe der Abbildung 5 in eine Aminosäuresequenz. Vergleichen Sie die Sequenzen. (5 VP)

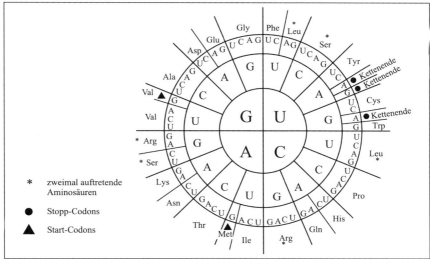

Abb. 5: Codesonne

Heutzutage versucht man die Erkrankung mithilfe der Gentherapie zu behandeln. Zur Behandlung der Lungensymptome verwendet man Inhalationssprays, die das intakte CFTR-Gen in Form von DNA-Lipid-Vesikeln (Liposomen) enthalten.

5.1 Begründen Sie, weshalb man in Liposomen verpackte Gene in Zellen einschleusen kann.

5.2 Geben Sie eine Erklärung, weshalb diese Therapie laufend wiederholt werden muss. (3 VP)

5.3 Um die Mukoviszidose bei nachfolgenden Generationen auszuschließen ist auch eine Keimbahntherapie denkbar. Schildern Sie eine mögliche Vorgehensweise. (3 VP)

(20 VP)

Lösungen

1.1 Proteinmoleküle sind Riesenmoleküle aus unverzweigten Aminosäureketten. Sie falten und „knäueln" sich zu komplizierten Raumstrukturen (= Konformation). Man unterscheidet
- **Primärstruktur:** Die Abfolge der Aminosäuren in der Kette wird auch als Aminosäuresequenz bezeichnet. Die einzelnen Aminosäuren der Polypeptidkette sind über Peptidbindungen miteinander verknüpft.
- **Sekundärstruktur:** Die Polypeptidkette liegt nicht vollständig gestreckt, sondern teilweise in Schraubenform (α-Helix) vor. Die Bindungskräfte, die die Sekundärstruktur festlegen, sind H-Brücken zwischen benachbarten Peptidbindungen. In der β-Faltblattstruktur werden mehrere, entfernt voneinander liegende Abschnitte der Polypeptidketten durch H-Brücken zusammengehalten.
- **Tertiärstruktur:** Die schraubenförmigen, gefalteten oder auch gestreckten Abschnitte der Polypeptidketten liegen ihrerseits in einer übergeordneten Raumstruktur gebogen und „geknäuelt" vor. Diese Konformation ist abhängig von der Primärstruktur. Je nachdem, welche Aminosäuren an bestimmten Kettenpositionen liegen, kommt es zu verschiedenen chemisch-physikalischen Wechselwirkungen zwischen den Aminosäureresten (H-Brücken, Ionenbindungen, Van der Waals-Kräfte, Disulfid-Bindungen).

1.2 Genmutationen sind Mutationen, die nur ein Gen betreffen. (*Man unterscheidet Basenaustausch-Mutationen und Rastermutationen*). Folge einer Genmutation kann sein, dass die Abfolge der Aminosäuren in einem Protein (= Primärstruktur) verändert wird (*z. B. Austausch einer Aminosäure, Einschub neuer Aminosäure(n), Verlust einer Aminosäure oder völlig neue Sequenz*). Durch die Änderung der Aminosäuresequenz kann es zu einer veränderten Tertiärstruktur kommen. Durch die Konformationsänderung kann das Protein seine spezifische Funktion in der Zelle (z. B. als Enzym) nicht mehr erfüllen.

2 *Im Lehrplan ist die Kenntnis chemischer Formeln der DNA nicht verlangt. Mit Hilfe der vorgegebenen Formeln und den Informationen im Vortext sowie mit Ihren Kenntnissen grundlegender Prinzipien des DNA-Baus können Sie die Transferfrage zum Thema Replikation aber relativ einfach beantworten.*

Ein **Nukleotidanalogon** ist ein „falscher" DNA-Baustein, der sich während der Replikation zunächst wie ein „normaler" Baustein verhält, dann aber den Ablauf der DNA-Verdopplung stoppt. Wird ein ddNTP (= **D**idesoxy**n**ukleosid**t**ri**p**hosphat) in die Nukleotidkette eingebaut, so kann aufgrund des Fehlens des O-Atoms (der OH-Gruppe) an Position 3' im Desoxyribose-Ring keine Verlängerung des neuen DNA-Strangs durch die DNA-Polymerase mehr erfolgen (denn es ist keine Verknüpfung (*Veresterung*) mit der Phosphatgruppe des nächsten Nukleotids möglich). Es kommt zum Kettenabbruch und die Replikation wird gestoppt.

3 *Der angegebene „Genabschnitt" enthält keine Leserichtung. Sie sollten deshalb davon ausgehen, dass die Basenfolge des Abbruchstranges einen Einzelstrang darstellt, der am Primer beginnend von links nach rechts abgelesen wird:*

zu sequenzierender DNA-Einzelstrang 3' ∼∼∼T – A – G – A – A – A – C – C – A∼∼∼ 5'

Synthese des Abbruchstranges   5' Primer ────▶ 3'
                                                         DNA-Polymerase

Da der Einbau der „Abbruch-Nukleotide" nur statistisch erfolgt, sind auch komplette DNA-Stränge zu erwarten. Diese sollen aber laut Aufgabenstellung nicht berücksichtigt werden. Es genügt auch die bloße Angabe der Basensequenz ohne Primer und Leserichtung, die unten der Vollständigkeit halber angegeben sind.

Ansatz 3: Zugabe von ddCTP (C*)

Genabschnitt   3'~~~~T – A – G – A – A – A – C – C – A~~~~ 5'
Abbruchstrang   5' Primer A – T – C* 3'

Ansatz 4: Zugabe von ddTTP (T*)

Genabschnitt   3'~~~~T – A – G – A – A – A – C – C – A~~~~ 5'
mögl. Abbruchstränge 5' Primer A – T* 3'
                   5' Primer A – T – C – T* 3'
                   5' Primer A – T – C – T – T* 3'
                   5' Primer A – T – C – T – T – T* 3'
                   5' Primer A – T – C – T – T – T – G – G – T* 3'

4 Die DNA-Sequenzierung nach Sanger ist nicht im Lehrplan verlangt. Wenn Ihr Lehrer diese Methode besprochen hat, dann tun Sie sich mit dieser Frage natürlich leichter. Ansonsten ist die Information, die im Vortext gegeben wird, sehr knapp, um die Abbildung 4 zu interpretieren. Zum besseren Verständnis folgt hier ein Schema, das die DNA-Sequenzierung nach Sanger und die anschließende Gelelektrophorese für den in Aufgabe 3 vorgegebenen Strang erklären soll:

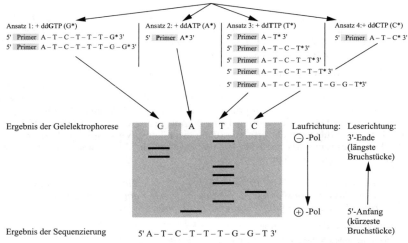

Man erkennt, dass man einfach **von unten nach oben** die Basenabfolge ablesen kann, weil der kürzeste Abbruchstrang den Anfang markiert. (Vorsicht: Die Reihenfolge der Ansätze 1–4 ist anders als bei der Abbildung 3!)

Angewendet auf Abbildung 4 ergibt sich beim Ablesen der Basensequenz von unten nach oben der (radioaktiv markierte) Abbruch-Strang für das normale CFTR-Gen und der (radioaktiv markierte) Abbruch-Strang für das mutierte CFTR-Gen. Erst der daraus abgeleitete komplementäre Strang ist dann der **codogene DNA-Strang** für die Ermittlung der mRNA und des CFTR-Proteins. Die Richtigkeit Ihrer mRNA können Sie übrigens leicht überprüfen, wenn Sie bedenken, dass die Sequenz der mRNA (bis auf die Vertauschung von T und U) derjenigen des „Sanger-Stranges" entsprechen muss (beide sind schließlich komplementär zum codogenen Strang!).

normales CFTR-Gen:

Basensequenz des „Sanger"-Strangs	5'	A T C	A T C	T T T	G G T	G T T	T C C	T A T	G A T	3'
komplementäre Sequenz des codogenen Strangs:	3'	T A G	T A G	A A A	C C A	C A A	A G G	A T A	C T A	5'
mRNA-Sequenz	5'	A U C	A U C	U U U	G G U	G U U	U C C	U A U	G A U	3'
Aminosäure-Sequenz		Ile –	Ile –	Phe –	Gly –	Val –	Ser –	Tyr –	Asp –	

mutiertes CFTR-Gen:

Basensequenz des „Sanger"-Strangs	5'	A T C	A T T	G G T	G T T	T C C	T A T	G A T	G A A	3'
komplementäre Sequenz des codogenen Strangs:	3'	T A G	T A A	C C A	C A A	A G G	A T A	C T A	C T T	5'
mRNA-Sequenz	5'	A U C	A U U	G G U	G U U	U C C	U A U	G A U	G A A	3'
Aminosäure-Sequenz		Ile –	Ile –	Gly –	Val –	Ser –	Tyr –	Asp –	Glu –	

Vergleich der Aminosäure-Sequenzen:
Im mutierten CFTR-Protein fehlt die Aminosäure Phenylalanin (Phe), sonst sind die Abschnitte gleich.

Basensequenz des   5' A T C   A T**T** **G G**T   G T T   T C C   T A T   G A T   G A A   3'
„Sanger"-Strangs

Der Verlust der drei markierten Basen führt dazu, dass die Aminosäure Phe nicht mehr codiert wird.

Obwohl hier ein Basenverlust stattfindet, handelt es sich nicht um eine Rastermutation, denn das Ableseraster verschiebt sich nur um ein Triplett. Das Leseraster bleibt durch den Sonderfall, dass 3 Basen verloren gehen, „im Tritt", sodass sich die weitere Aminosäuresequenz des Proteins nicht ändert.

5.1 *Liposomen müssen aus dem Unterricht nicht bekannt sein. Die Umschreibung „DNA-Lipid-Vesikel" muss genügen, um zu erschließen, dass es sich um künstliche Vesikel mit Zellmembran ähnlicher Lipidhülle handelt.*

Zwei mögliche Mechanismen sind möglich, um den Liposomen-Inhalt in eine Zelle zu schleusen *(nur einer ist verlangt)*:
– Verschmelzung: Die Doppellipid-Schicht der Liposomen verschmilzt mit der Doppellipid-Schicht der Zellmembran und entlässt ihren Inhalt in die Zelle.
– Endozytose: Das ganze Liposom wird von der Zelle aufgenommen (pinozytiert) wie ein Nahrungspartikel (und verschmilzt mit einem Lysosom, *ähnlich wie viele Viren mit vergleichbarem Lipidmantel*).

5.2 Durch die Inhalation erreicht man nur die äußeren Schleimhautzellen. Diese „reparierten" Zellen sterben aber regelmäßig ab und werden durch neue Zellen ersetzt, die den Gendefekt wieder in sich tragen. Die Therapie müsste also ständig wiederholt werden.

oder: Das zelleigene Reparatursystem könnte die eingeschleuste CFTR-DNA als „fremd" erkennen und eliminieren. Die Therapie müsste ständig wiederholt werden.

5.3 Keimbahntherapie bedeutet, dass nicht Körperzellen sondern Keimzellen therapiert werden. Dadurch wäre die Erbkrankheit Mukoviszidose in der nächsten Generation verschwunden, da alle Zellen des Kindes – also auch dessen zukünftige Keimzellen – das intakte CFTR-Gen besitzen.

Eine mögliche Vorgehensweise für eine Keimbahntherapie würde mit der Gewinnung von Eizellen einer Frau mit Gendefekt beginnen. In diese Einzellen wird dann das intakte CFTR-Gen eingeschleust (z. B. in einem Virus). Nach der Auslese der Eizelle(n) mit erfolgreichem Einbau des CFTR-Gens (= Präimplantationsdiagnostik, PID) erfolgt dann die Befruchtung im Reagenzglas (= In-vitro-Fertilisation, IVF) und die Einpflanzung der Zygote in die Gebärmutter.

oder:
– *Einschleusung des CFTR-Gens in Samenzellen, weitere Vorgehensweise wie oben*
– *Einschleusung des CFTR-Gens in eine befruchtete Eizelle (Zygote) oder in Blastulazellen, weitere Vorgehensweise wie oben.*

Profil-/Neigungsfach Biologie (Baden-Württemberg): Abituraufgaben 2007
Aufgabe I: Proteine, Enzyme, Molekulargenetik

Proteine sind an vielen Strukturen und Funktionen eines Organismus beteiligt. Eine Zelle enthält mehrere tausend verschiedene Proteine. Eines davon ist das Ubiquitin (Abbildung 1).

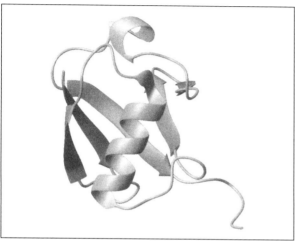

Abb. 1: Ubiquitin

1.1 Nennen Sie vier unterschiedliche Funktionen, die Proteine im Körper erfüllen, und geben Sie jeweils ein Beispiel an. (2 VP)

1.2 Beschreiben Sie, wie die Primärstruktur eines Proteins in der Zelle codiert ist, und erläutern Sie, wie davon ausgehend ein Protein synthetisiert wird. (6 VP)

1.3 Beschreiben Sie die in Abbildung 1 gezeigten Strukturen des Ubiquitin-Proteins und erläutern Sie, wie diese stabilisiert werden. (2 VP)

Ubiquitin besteht aus 76 Aminosäuren. Abbildung 2 zeigt einen Ausschnitt des Ubiquitinmoleküls.

```
– Phe – Ala – Gly – Lys – Gln – Leu –
   45                  50
```

Abb. 2: Ausschnitt aus dem Ubiquitinmolekül

2.1 Geben Sie unter Verwendung der Abbildung 3 eine mögliche Nukleotidsequenz des zugehörigen codogenen Strangs der DNA an.

2.2 Durch eine Mutation kommt es an der Stelle 48 zu einem Austausch von Lysin gegen Arginin.
Geben Sie alle DNA-Tripletts an, die für Arginin (Arg) codieren.
Welche dieser Tripletts für Arginin entstehen bei dieser Mutation mit der größten Wahrscheinlichkeit? Begründen Sie. (3 VP)

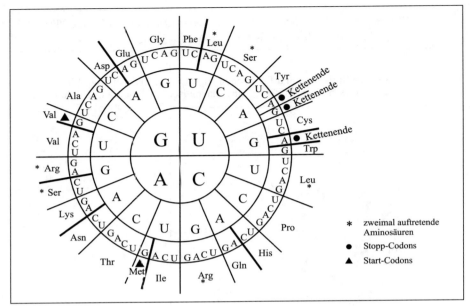

Abb. 3: Codesonne

Ubiquitin spielt eine wichtige Rolle beim Abbau nicht mehr benötigter oder funktionsunfähiger Proteine. Den über Ubiquitin vermittelten „Todeskuss für Proteine" entdeckten Chiechanover, Hershko und Rose, die Nobelpreisträger für Medizin des Jahres 2004.

Hiernach bindet zunächst unter ATP-Verbrauch das Enzym E_1 an ein Ubiquitinmolekül. Das Ubiquitinmolekül wird dadurch aktiviert. Anschließend bindet dieser Komplex an ein Enzym E_2, wobei das Ubiquitin auf E_2 übertragen und E_1 frei wird. Der E_2-Ubiquitin-Komplex bindet nun an ein Enzym E_3, welches zuvor schon das abzubauende Protein gebunden hat. Das Ubiquitin wird dadurch von E_2 auf dieses Protein übertragen und beide Enzyme E_2 und E_3 werden wieder frei. Das so markierte Protein wird nun zu den zelleigenen „Müllverwertern", den Proteasomen, transportiert. In diesen zylinderförmigen Proteasomen wird das Protein unter ATP-Verbrauch zerlegt, wobei Ubiquitin vorher wieder abgehängt wird. Die freigewordenen Enzyme E_1, E_2 und E_3 werden zum Abbau weiterer Proteine eingesetzt.

3.1 Stellen Sie den im Text beschriebenen ubiquitinabhängigen Proteinabbau als Schema dar (Größe mind. ½ Seite). (5 VP)

3.2 Erläutern Sie das Prinzip der „energetischen Kopplung" anhand des oben genannten Sachverhalts. (2 VP)

(20 VP)

Lösungen

1.1 Der Operator „Nennen Sie" bedeutet die Aufzählung von Proteinfunktionen ohne Erklärung. Alle verlangten Beispiele werden Ihnen in den vier Abitur-Aufgaben geliefert (z. B. Enzyme, Regulationsproteine, Antikörper, Membranproteine)!
- Enzyme: z. B. Urease, Telomerase, Ligase *(siehe Aufgabe III, IV)*
- Regulationsproteine: z. B. Repressor, Genregulationsprotein, Ubiquitin *(Aufgabe I, III)*
- Hormone: z. B. Insulin
- Membranprotein: z. B. Rezeptor, Na^+/K^+-Pumpe
- Immunprotein: z. B. Antikörper
- Speicherprotein: z. B. Milcheiweiß
- Strukturprotein: z. B. Haar (Keratin), Haut (Kollagen)
- Transportprotein: z. B. Hämoglobin

1.2 Codierung der Primärstruktur eines Proteins:
- Basensequenz in der DNA: Die Information über die Abfolge der Aminosäuren in einem Protein (= Aminosäuresequenz) steckt in der Abfolge der Nukleotide in der DNA (= Basensequenz).
- Triplettcode: Immer drei Basen(paare) legen dabei fest, welche von den 20 natürlichen Aminosäuren in das Proteinmolekül eingebaut wird.

Erwartet werden in der zweiten Teilfrage, dass die **wesentlichen** *Schritte in* **richtiger Fachsprache** *dargestellt werden. Nicht verlangt sind Details der Transkriptions-Regulation oder Unterschiede in der Transkription von Pro- und Eukaryoten (splicing, caping). Sinnvoll ist es, die Vorgänge zu gliedern.*

Proteinbiosynthese: Die Synthese eines Proteins erfolgt in 2 Teilschritten

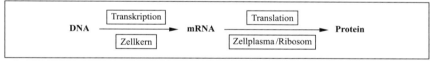

Transkription: Umschreibung der genetischen Information eines Gens von der Basensequenz der DNA in die Basensequenz der mRNA im Zellkern. (mRNA als transportable „Genkopie").

Ablauf der Transkription: (vereinfacht)
1 Öffnung des DNA-Doppelstrangs auf die Länge eines Gens durch Enzym
2 Anlagerung komplementärer RNA-Nukleotide an den codogenen Strang.
3 Verknüpfung zur mRNA durch das Enzym RNA-Polymerase
4 Ablösung der mRNA von der DNA und Ausschleusung in das Zellplasma.

Translation: Übersetzung der Basensequenz der mRNA in die Aminosäuresequenz eines Proteins im Zellplasma

Ablauf der Translation: (vereinfacht)
1 Die mRNA fädelt mit dem Starttriplett in das Ribosom ein, dort finden zwei Basentripletts Platz.
2 Zwei tRNA-Moleküle (mit Aminosäuren beladen) lagern sich, wenn ihr Anticodon komplementär passt, an die mRNA-Tripletts (= Codon) an.
3 Die beiden mitgebrachten Aminosäuren werden durch eine Peptidbindung verknüpft.

4 Das Ribosom rückt um ein Triplett weiter, die tRNA an erster Position wird freigesetzt und wird im Zellplasma erneut mit ihrer spezifischen Aminosäure beladen. An das freie nachgerückte mRNA-Codon „dockt" ein weiteres tRNA-Molekül mit passendem komplementären Anticodon an.
5 Erneute Peptidbindung zwischen den Aminosäuren, aus dem Dipeptid wird ein Tripeptid usw.
6 Am Ende der mRNA befindet sich ein Stopp-Triplett. Das Ribosom setzt die mRNA frei und zerfällt in 2 Untereinheiten.
7 Die entstandene Aminosäurekette faltet sich je nach Aminosäuresequenz = Primärstruktur zu einer spezifischen Sekundär- und Tertiärstruktur auf.

1.3 In Abbildung 1 sieht man das Ubiquitin-Molekül in seiner biologisch wirksamen Raumstruktur. Diese setzt sich zusammen aus der unverzweigten Aminosäurekette (= Primärstruktur), die sich durch Faltung und Spiralisierung (= Sekundärstruktur) zur fertigen Raumstruktur (= Tertiärstruktur) aufbaut.

Primärstruktur: Die Abfolge der Aminosäuren in der Kette, die Aminosäuresequenz (1), wird durch Peptidbindungen als Bindungstyp verknüpft.
Sekundärstrukturen: α-Helix (2): Die Polypeptidkette liegt nicht gestreckt, sondern in Schraubenform vor. Die Bindungskräfte für diese Struktur sind Wasserstoffbrückenbindungen.
β-Faltblattstruktur (3): Hier werden nebeneinander liegende Abschnitte der Polypeptidkette ebenfalls durch Wasserstoffbrücken zusammengehalten.
Tertiärstruktur: Die schraubenförmigen bzw. gefalteten Polypeptidketten liegen ihrerseits in einer übergeordneten Raumstruktur „geknäuelt" vor. Diese Konformation ist abhängig von der Primärstruktur. Je nachdem, welche Aminosäuren an bestimmten Kettenpositionen liegen, kommt es zu verschiedenen chemisch-physikalischen Wechselwirkungen zwischen den Aminosäureresten.
Bindungskräfte :
– H-Brücken (polare Aminosäurereste)
– Ionenbindungen (geladene Aminosäurereste)
– Van-der-Waals-Kräfte (unpolare Aminosäurereste)
– Disulfid-Bindungen (Atombindung zw. Cys-Resten)

2.1 Aufgrund der Degeneration des genetischen Codes kann man ausgehend von der Aminosäuresequenz viele mögliche Basensequenzen des codogenen Strangs ermitteln:

Aminosäuresequenz	Phe	Ala	Gly	Lys	Gln	Leu
mRNA (5'–3')	UUU	GCC	GGG	AAA	CAA	UUA
codogener DNA-Strang (3'–5')	AAA	CGG	CCC	TTT	GTT	AAT

2.2 Mögliche Tripletts, die für Arginin codieren:

mRNA-Codonen für Arginin	AGG	AGA	CGG	CGA	CGU	CGC
DNA-Tripletts für Arginin	TCC	TCT	GCC	GCT	GCA	GCG

Für eine Mutation, die durch einen Basenaustausch zu einem Aminosäuretausch von Lys zu Arg führt, kommen für Arginin nur die beiden Tripletts TCC und TCT in Betracht. Eine Mutation verändert mit der größten Wahrscheinlichkeit nur eine einzige Base. Im Triplett für Lys muss nur die mittlere Base von T nach C mutieren, um die neue Aminosäure Arg zu codieren.

Triplett für Lys: TTT → TCT Triplett für Arg
(oder: TTC → TCC)

3.1 *„Schema" kann bedeuten, dass Sie einfach versuchen, den Text mithilfe von Abkürzungen in ein Pfeilschema umzusetzen. Sie können jedoch auch ein Funktionsschema entwerfen, indem z. B. Enzyme, Rezeptoren, Kanäle ect. graphisch dargestellt werden. Beide Ansätze sind richtig.*

a) Pfeilschema:

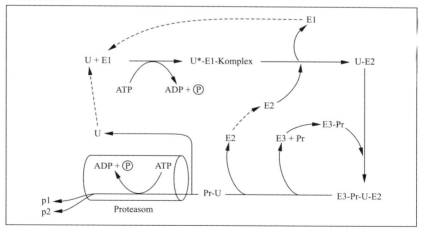

U = Ubiquitin; U* = Ubiquitin aktiviert; Pr = Protein; p1, p2 = Abbauprodukte der Proteine *(kurze Peptide)*; E1, E2, E3 = Enzyme

b) Funktionsschema, z. B.:

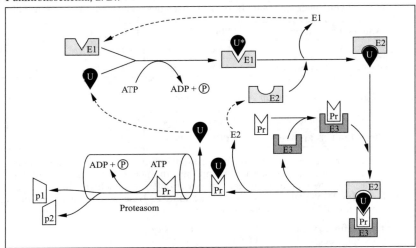

U = Ubiquitin; U* = Ubiquitin aktiviert; Pr = Protein; p1, p2 = Abbauprodukte der Proteine *(kurze Peptide)*; E1, E2, E3 = Enzyme

3.2 **Energetische Kopplung:** Stoffwechselreaktionen, die Energie benötigen (endergonische Reaktionen) werden über Enzymkomplexe mit Energie liefernden Reaktionen (exergonische Reaktionen) gekoppelt. Durch diese Energieübertragung kann die endergonische Reaktion ablaufen. Als transportabler chemischer Energiespeicher kann ATP durch Spaltung in ADP und Phosphat überall in der Zelle seine Energie zur Verfügung stellen. In diesem Fall muss das Ubiquitin aktiviert werden, um auf E1 und E2 übertragen zu werden. Dies geschieht durch Energiekopplung mit der ATP-Spaltungsreaktion.

Schema: (nicht verlangt)

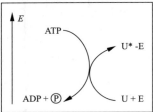

Profil-/Neigungsfach Biologie (Baden-Württemberg): Abituraufgaben 2007
Aufgabe II: Nervenphysiologie, Evolution

Materialien:

Zitteraale besitzen besondere elektrische Organe, mit denen sie Spannungen bis zu 1 000 V erzeugen können. Elektrische Grundelemente sind die Elektrozyten, das sind umgewandelte Muskelzellen, die als abgeplattete, längliche Zellen hintereinander liegen. Abbildung 1 zeigt schematisch die Lage der Elektrozyten im Körper eines Zitteraals. Im Ausschnitt ist die Anordnung der Elektrozyten dargestellt. Auffallend ist ihre unsymmetrische Form: Eine Seite der Zelle ist nahezu glatt und besitzt viele Synapsen; die Gegenseite zeigt viele Membranauffaltungen.

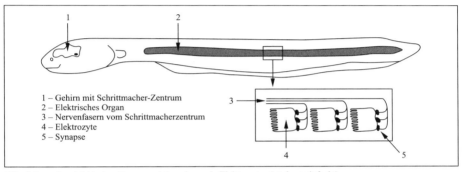

1 – Gehirn mit Schrittmacher-Zentrum
2 – Elektrisches Organ
3 – Nervenfasern vom Schrittmacherzentrum
4 – Elektrozyte
5 – Synapse

Abb. 1: Lage des elektrischen Organs und Anordnung de Elektrozyten (stark vereinfacht)

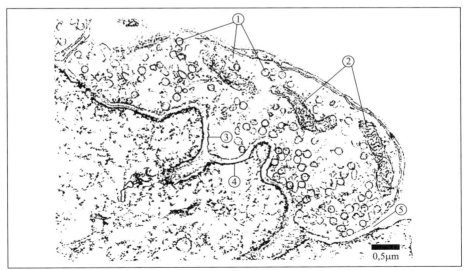

Abb. 2: Elektronenmikroskopische Aufnahme einer Synapse im elektrischen Organ

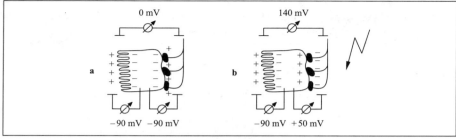

Abb. 3: a – Elektrozyte im unerregten Zustand; b – Elektrozyte nach Erregung

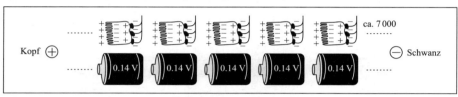

Abb. 4: Anordnung vieler, gleichzeitig erregter Elektrozyten und Erklärungsmodell (Batterien)

	Knorpelfische		Knochenfische		
Lage der elektrischen Organe (dunkel markiert)					
	Zitterrochen	Zitteraal	Messerfisch	Zitterwels	Nilhecht
Gewebe	Muskelgewebe	Muskelgewebe	Nervengewebe	Drüsengewebe	Muskelgewebe
Spannung	200 V	1 000 V	wenige Volt	350 V	wenige Volt
Verbreitung	trop. Meere	Südamerika	Südamerika	Afrika	Afrika
Vorkommen	Salzwasser	Süßwasser	Süßwasser	Süßwasser	Süßwasser

Tab. 1: Fische mit elektrischen Organen

1 Benennen Sie die mit Ziffern versehenen Strukturen in Abbildung 2.
Beschreiben Sie die Schritte der Erregungsübertragung an einer Synapse. (4 VP)

Durch das Schrittmacherzentrum im Gehirn werden die zu den Elektrozyten führenden Nervenfasern aktiviert. Abbildung 3 zeigt Elektrozyten im unerregten und erregten Zustand.

2.1 Vergleichen Sie die Abbildungen 3a und 3b miteinander. Erklären Sie die Entstehung einer Spannung von ca. 140 mV an einer einzelnen Elektrozyte nach Erregung. Berücksichtigen Sie, dass diese Spannung stets kurzzeitig und immer in gleicher Höhe auftritt.

2.2 Erläutern Sie mithilfe des Eingangstextes und der Abbildung 4, wie der Fisch eine Spannung von ca. 1 000 V erzeugen kann. (4 VP)

2.3 Erklären Sie ausführlich, warum die Zitteraale nach vielen, kurz aufeinanderfolgenden Entladungen gefahrlos mit der Hand berührt werden können. (2 VP)

Um einen kurzen Elektroschock zu erzeugen, müssen die Elektrozyten alle gleichzeitig erregt werden, das heißt, die Erregung muss trotz unterschiedlicher Weglängen an allen Elektrozyten gleichzeitig ankommen. Da die Erregung von einem Schrittmacherzentrum im Gehirn ausgelöst wird, ist der Weg zum hinteren Abschnitt des Fischkörpers im Extremfall zwei Meter länger als zu Elektrozyten nahe am Kopf.

3 Erläutern Sie zwei Möglichkeiten, wie die zuführenden Nervenfasern anatomisch differenziert sein könnten, damit die Erregung gleichzeitig an der vordersten und an der hintersten Elektrozyte ankommt. (4 VP)

Evolutionsforscher beschäftigen sich mit folgendem Problem: Sind elektrische Organe bei Fischen mehrfach unabhängig voneinander entstanden oder haben sie einen gemeinsamen Ursprung?

4 Treffen Sie anhand der Angaben in Tabelle 1 eine begründete Entscheidung für eine der beiden Hypothesen. (3 VP)

Zitteraale leben in schlammigen, sauerstoffarmen Tümpeln und müssen etwa alle 15 Minuten an der Wasseroberfläche „Luft schnappen". Anatomische Untersuchungen ergaben folgende Besonderheiten: Sie besitzen spezielle Blutgefäße in der Mundhöhle (Mundhöhlenatmung) und ihre Kiemen sind verkümmert.

5 Erläutern Sie die Entstehung dieser Besonderheiten im Sinne der synthetischen Evolutionstheorie. (3 VP)

(20 VP)

Lösungen

1 Beschriftung:
1 = synaptische Vesikel, 2 = Mitochondrien, 3 = präsynaptische Membran, 4 = postsynaptische Membran, 5 = synaptischer Spalt
Ablauf der Erregungsübertragung: (am Beispiel einer neuromuskulären Synapse)
1 Ein einlaufendes AP depolarisiert die Membran im Bereich des Endknöpfchens.
2 Dadurch werden *(spannungsgesteuerte)* Ca^{2+}-Kanäle geöffnet, die Folge ist ein Ca^{2+}-Einstrom.
3 Als Folge wandern synaptische Vesikel zur präsynaptischen Membran und entleeren den Transmitter Acetylcholin in den synaptischen Spalt.
4 Diffusion der Transmittermoleküle zur postsynaptischen *(subsynaptischen)* Membran.
5 Dort binden sie an Rezeptoren, die mit Na^+-Ionenkanälen gekoppelt sind. Bei Besetzung öffnen sich die Na^+-Kanäle, es erfolgt ein Na^+-Einstrom. Dieser verursacht die Depolarisierung der postsynaptischen Membran. Es entsteht ein Endplattenpotenzial (EPP) oder erregendes postsynaptisches Potenzial (EPSP). Bei Erreichen eines Schwellenwerts kommt es zu einem Muskel-AP und der dadurch vermittelten Zuckung (Kontraktion).
6 Der Transmitter wird sehr schnell durch das Enzym (Acetyl)cholinesterase in unwirksame Bruchstücke zerlegt. Daraufhin schließen die Na^+-Kanäle wieder.
7 Die Bruchstücke werden von der präsynaptischen Membran wieder aufgenommen, unter ATP-Aufwand zu Acetylcholin resynthetisiert und wieder in Vesikeln gespeichert.

2.1 *Bei dieser Frage ist es wichtig, dass Sie folgende Probleme erkennen:*
1. Was wird gemessen?
*Gemessen werden Membranspannungen („Membranpotenziale"). Spannung ist die Folge von Potenzial**differenzen** d. h. von Ladungsunterschieden entweder zwischen Außen- und Innenseite einer Membran oder zwischen glatter und gefalteter Außenseite der Elektrozyte.*
2. Wie wird gemessen?
*Beachten Sie die verschiedenen Messmethoden. Die Membranspannungen auf der glatten bzw. der gefalteten Seite werden jeweils **intra**zellulär (innen gegen außen) gemessen („abgeleitet"). Die Spannung zwischen glatter und gefalteter Außenseite der Elektrozyten wird **extra**zellulär gemessen.*

Vergleich der Elektrozyten:

Abb. 3a: Unerregte Zelle
Sowohl auf der glatten Seite mit den Synapsen als auch auf der gegenüberliegenden Seite mit Mikrovilli herrscht Ruhepotenzial (–90 mV innen gegenüber außen). Da beide Seiten keinen Potenzialunterschied zeigen, beträgt die *(extrazellulär)* gemessene Spannung 0 mV.

Abb. 3b: Erregte Zelle
Durch die synaptische Erregung wird die glatte Seite von –90 mV nach +50 mV umgepolt *(intrazellulär gemessen)*.
Auf der glatten Seite herrscht also **negativer Ladungsüberschuss außen**.
Die gefaltete Zellseite bleibt aber unerregt, (RP = –90 mV) d. h. **positiver Ladungsüberschuss außen**. Zwischen der glatten Seite und der Gegenseite entsteht also kurzzeitig eine Spannung von 140 mV = 0,14 V (Potenzial-Differenz zwischen –90 mV und +50 mV). Dies entspricht einer winzigen „Batterie" mit Pluspol (Kopfseite) und Minuspol (Schwanzseite).

Aus der Tatsache, dass diese Umpolung sehr kurz und immer mit gleicher Amplitude erfolgt (siehe Text) lässt sich folgern, dass auf der glatten Seite ein Aktionspotenzial (mit konstanter Amplitude) ausgelöst wurde.

2.2 Die Elektrozyten liegen wie Batterien in einem elektrischen Gerät in Reihenschaltung hintereinander. Die Spannungen addieren sich: $7\,000 \cdot 0{,}14\,V \sim 1\,000\,V$ zwischen Kopf und Schwanzspitze.
Dies gilt aber nur, wenn die Erregungen völlig synchron erfolgen, d. h. die Umpolungen müssen alle gleichzeitig stattfinden (siehe Aufgabe 3).

2.3 *Hier sind mehrere logische Erklärungen möglich:*
ATP-Mangel als Ursache: Jeder Elektroschock entspricht einer massenhaften Auslösung von Aktionspotenzialen. Das Aufladen entspricht der Depolarisierungsphase eines APs mit dem Na^+-Ionenstrom nach innen und jede Entladung entspricht der Repolarisierungsphase mit dem entsprechenden K^+-Ionenstrom nach außen. Um die Konzentrationsunterschiede dieser Ionen zwischen Innen- und Außenseite aufrecht zu erhalten, müssen unter Energieaufwand ständig die Na^+-K^+-Pumpen laufen. Der aktive Transport von Na^+-Ionen nach außen und von K^+-Ionen nach innen benötigt viel ATP in kurzer Zeit. Bei ATP-Mangel kann daher die Entladespannung nicht mehr (oder nur schwach) aufgebaut werden, sodass der nun harmlose Fisch angefasst werden kann.

Die starke Faltung der Gegenseite ist notwendig, um bei der Entladung den schnellen K^+-Ausstrom zu ermöglichen!

Andere Erklärung: Transmitter-Mangel als Ursache: Im Elektroorgan sind extrem viele Synapsen, die bei Erregung Transmitter entleeren. Wenn der Rücktransport, bzw. die Resynthese und Speicherung der Transmittermoleküle nicht schnell genug erfolgt, kommt es ebenfalls zu Erschöpfungserscheinungen.

3 Einfachste Möglichkeit:
Die Nervenfasern sind alle gleich lang und gleich dick, d. h. sie besitzen alle die gleiche Leitungsgeschwindigkeit, sodass alle Elektrozyten gleichzeitig erregt werden. Die „Verkabelung" der vorderen Elektrozyten müsste dann platzsparender verpackt sein (z. B. spiralig aufgewunden).

Zweite Möglichkeit: Variation der **Axonquerschnitte**
Je größer der Axonquerschnitt, desto größer ist die Geschwindigkeit der Erregungsleitung. Je weiter hinten die Elektrozyte liegt, desto dicker müsste die zuführende Nervenfaser sein.

Nicht verlangte Begründung:
Je größer der Axonquerschnitt, desto geringer ist der elektrische Widerstand der Ionenströmchen, die durch ein AP ausgelöst werden. Diese Ausgleichsströmchen bewirken, dass benachbarte Membranbereiche ebenfalls überschwellig depolarisiert werden und ein AP erneut ausgelöst wird. Je geringer nun der elektrische Widerstand dieser Ionenströme ist, desto größer ist die Reichweite für die Auslösung eines erneuten APs auf der Axonmembran.

Dritte Möglichkeit: **Myelinisierung**
Durch elektrische Isolierung des Axons wird die Reichweite einer erneuten Auslösung eines APs vergrößert, da nur noch an den nicht isolierten „Schnürringen" ein AP ablaufen kann. Durch Variation der Länge der Myelinscheiden, bzw. durch Variation der Länge der nicht myelinisierten Abschnitte auf dem Axon lässt sich die Erregungslei-

tungs-Geschwindigkeit verändern. Z. B. Je weiter vorn die Elektrozyte liegt, desto mehr Teilabschnitte müssten zur Verlangsamung entmyelinisiert sein.

Vierte Möglichkeit: **Synapsenzeit**
Es vergehen etwa 0,5 bis 1 ms zwischen Eintreffen eines APs im Endknöpfchen und dem Entstehen des APs in der Membran der postsynaptischen Zelle.

Die zeitverbrauchenden Prozesse sind: Einstrom von Ca^{2+} in die Endknöpfchen, Freisetzung des Transmitters (Exozytose), Diffusion des Transmitters zur postsynaptischen Membran und Bindung an den Rezeptor, Entstehung des postsynaptischen APs.

Durch anatomische und chemische Veränderungen (z. B. Breite des synaptischen Spalts) lässt sich die Verzögerung der Erregungsübertragung variieren. Somit müssten Synapsen in Schwanznähe kürzere Synapsenzeiten besitzen.

4 *Die Frage, die Sie letztlich beantworten sollen lautet: Sind diese Elektroorgane **homologe Organe** oder sind sie eher das Ergebnis einer **konvergenten Entwicklung**, also **analoge Organe**? Entscheidungshilfen für Homologie sind die drei **Homologiekriterien**. Da diese Frage auch wissenschaftlich nicht eindeutig geklärt ist, werden beide Hypothesen akzeptiert, wenn Sie einleuchtende Argumente in der Tabelle finden.*

Mögliche Argumente für die Annahme, dass sich die Elektroorgane mehrfach unabhängig voneinander entwickelt haben:
– Die Lage der Organe ist nicht vergleichbar (vom Kopf beim Rochen bis zur Schwanzspitze beim Messerfisch).
– Die Gewebe, aus denen sich die Elektroorgane entwickeln sind nicht identisch (Drüsengewebe, Nervengewebe, Muskelgewebe).
– Die elektrischen Fische stammen aus ganz verschiedenen, nicht eng verwandten Fischgruppen bzw. aus verschiedenen Erdteilen.

Mögliches Argument für einen gemeinsamen Ursprung:
– Das Grundprinzip der „Biobatterie" ist immer das gleiche: Synapsen, die synchron viele Elektrozyten in Reihenschaltung erregen *(Kriterium der spezifischen Qualität?).*

Die unterschiedliche Spannung ist kein Argument: Dies ist z. B. eine Anpassung an das Salzwasser (geringere Spannung, da sonst bei guter Leitfähigkeit des Salzwassers die Stromstärke zu groß würde), oder eine Anpassung an die Elektroortung. Die wenigen Volt dienen nicht als Waffe, sondern zur Orientierung und Kommunikation.

5 *Die synthetische Evolutionstheorie erklärt Anpassungen und Artbildung im Wesentlichen mit folgenden Evolutionsfaktoren:*
– *Mutation/Rekombination*
– *Selektion*
– *Isolation*
– *Gendrift*
*Mit diesen Vorgaben sollen Sie die schrittweise die **Entstehung der Mundhöhlenatmung** und die gleichzeitige **Verkümmerung der Kiemenatmung** als Anpassung an das Leben in sauerstoffarmen Gewässern erklären.*

Die Vorfahren der Zitteraale lebten in sauerstoffreichen Flüssen und hatten normale Kiemen. Durch Umweltänderung (Erwärmung) sowie zufällige geografische Isolation (Abtrennung eines Flussarms und Eintrocknung bis auf Restwassersenken) oder auch durch die Verdrängung aufgrund konkurrierender Arten könnte eine Anpassung an das Leben in sauerstoffarmen Tümpeln in vielen Generationen erfolgt sein.

In der Population der Vorfahren der Zitteraale sorgten **Mutation und Rekombination** für eine große genetische Vielfalt, die auch zu einer natürlichen Bandbreite des Merkmals „Durchblutung der Mundhöhle" bzw. „Kiemendurchblutung" führte. Mutationen produzieren ständig **neue Gene/Allele**, die durch sexuelle Fortpflanzung (Meiose und Befruchtung) rekombiniert werden. So entstehen in der Population immer neue Genkombinationen, die ihren Trägern mehr oder weniger gute Anpassung an ihre Umwelt erlauben. Also wird es zufällig auch Mutanten mit dichterem Adernetz im Mundraum gegeben haben. Ebenso gilt dies für die Qualität der Kiemendurchblutung. Während die mutierten Gene vor der Umweltänderung für ihre „Träger" eher nachteilig waren, sind sie jetzt **Präadaptationen**, die einen großen **Selektionswert** besitzen. Durch die Selektion wird jede Genkombination auf ihre „Fitness" geprüft. Tiere, die zusätzlich zur Kiemenatmung auch die Hautatmung durch „Luftschnappen" nutzen konnten überlebten besser und besaßen einen größeren Fortpflanzungserfolg. Daraufhin nahm der Anteil dieser Allele im **Genpool** dieser **Population** in jeder Generation zu und wurde durch **Rekombination** mit anderen mutierten Allelen, z. B. für schlechtere Kiemendurchblutung kombiniert. Bedingt durch das nur zweikammrige Herz der Fische muss der Blutdruck für zwei(!) Kapillarsysteme (Kiemen- **und** Körperkapillaren) reichen. Ein drittes Kapillarsystem im Mundboden würde zu einem totalen Blutdruckabfall im hinteren Körperbereich führen. Ein Nachkomme mit großem Adernetz im Mundboden **und** verkümmerten Adern im Kiemenbereich wäre die beste Anpassung an das Leben in O_2-armen Tümpeln. Dies bewirkte durch **transformierende/dynamische Selektion**, dass sich in vielen Generationen diese neue Atmungstechnik durchsetzte.

Profil-/Neigungsfach Biologie (Baden-Württemberg): Abituraufgaben 2007
Aufgabe III: Molekulargenetik, Genregulation, Enzyme

Die Bundeszentrale für gesundheitliche Aufklärung informiert:

Rauchen kann Krebs verursachen und vorzeitig zum Tod führen!

In Deutschland sterben jährlich 110 000 bis 140 000 Menschen an den Folgen ihres Tabakkonsums. Im Tabakrauch sind rund 40 krebserregende Substanzen enthalten, unter anderem Nitrosamine, die nachweislich die DNA verändern.

1 Beschreiben sie den Aufbau der DNA und fertigen Sie mithilfe geeigneter Symbole eine Schemazeichnung eines DNA-Abschnitts an (Größe ca. ½ Seite). (3 VP)

Die mutagene Wirkung der Nitrosamine beruht unter anderem auf der Veränderung von Guanin. In Abbildung 1 ist ein Ausschnitt dargestellt, der die Veränderungen der DNA nach Einwirkung von Nitrosaminen und nach der ersten Replikation zeigt.

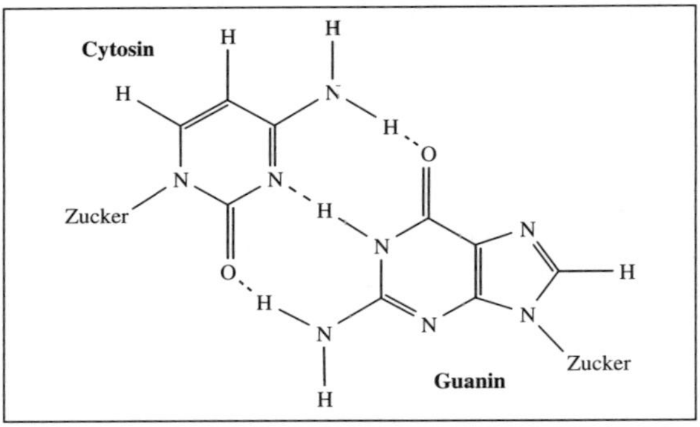

A: vor Einwirkung von Nitrosaminen

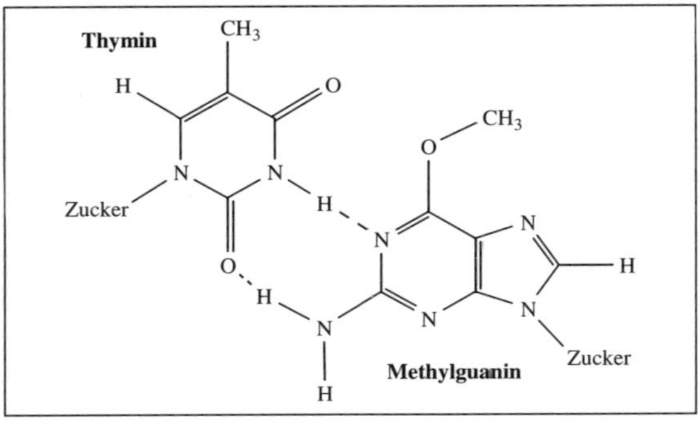

B: nach Einwirkung von Nitrosaminen und nach erster Replikation

Abb. 1

2   Erläutern Sie die mutagene Wirkung der Nitrosamine mithilfe der Abbildungen
    1A und 1B. (2 VP)

Durch das Rauchen ausgelöste Mutationen können dazu führen, dass Zellen sich unkontrolliert teilen, also zu Krebszellen werden.
Die Abbildung 2 zeigt Stoffwechselvorgänge, die zum Zellwachstum und anschließend zu kontrollierter oder zu unkontrollierter Zellteilung führen.

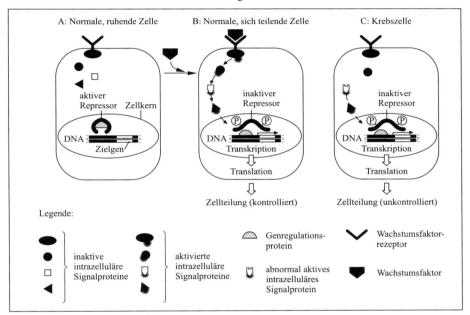

3   Beschreiben und erklären Sie anhand der Abbildungen 2A und 2B die Regulation der Genexpression in normalen Zellen, die schließlich zu kontrollierter Zellteilung führt.
    Beschreiben Sie die in Abbildung 2C dargestellten Prozesse und erklären Sie, wie es hier zu unkontrollierter Zellteilung kommen kann. (5 VP)

Bei allen Eukaryoten läuft die Zellteilung in gleicher Weise ab. Zuerst teilt sich der Zellkern (Mitose), dann das Zellplasma.

4   Schildern Sie den Ablauf der Mitose und erläutern Sie deren biologische Bedeutung. (3 VP)

Eukaryotische, chromosomale DNA-Moleküle haben an ihren Enden besondere Nukleotid-Sequenzen, die man Telomere nennt. Telomere bestehen aus kurzen, sich wiederholenden Nukleotid-Sequenzen, die keine Information enthalten. Die Zahl der Wiederholungen schwankt zwischen 100 und 1 000.
Bei jeder Zellteilung kommt es zu einer Verkürzung der Chromosomen beginnend an den Telomeren. Sobald nach vielen Zellteilungen die Telomere aufgebraucht sind, geht bei jeder nachfolgenden Zellteilung wesentliche Erbinformation verloren. Diesem Verlust wirkt das

Enzym Telomerase entgegen, indem es die Telomere verlängert. Dieses Enzym kommt in Krebszellen und in besonders teilungsaktiven Zellen, wie zum Beispiel Stammzellen, vor.

5.1 Welche biologische Bedeutung hat das Vorkommen der Telomerase in den oben genannten Zellen? (2 VP)

Zahlreiche Forscher sind auf der Suche nach Hemmstoffen für die Telomerase. In einem Reagenzglasversuch wird die Aktivität des Enzyms Telomerase experimentell untersucht. Nach 6 Minuten wird der Hemmstoff X, nach 10 Minuten wird Substrat im Überschuss zugegeben.
Hierbei ergeben sich folgende Messwerte:

Zeit (min)	0	1	2	3	4	5	6	7	8	10	12
Länge der Telomere (rel. Einheiten)	0	0,9	1,7	2,7	3,5	4,2	4,7	4,8	4,8	4,8	4,8

5.2 Zeichnen Sie ein Diagramm zu der Messreihe.
Erläutern Sie mithilfe des Versuchsergebnisses den Wirkmechanismus des Hemmstoffs.
Diskutieren sie den Einsatz des Hemmstoffs X als Medikament in der Krebstherapie. (5 VP)

(20 VP)

Lösungen

1 *„Beschreiben Sie den Aufbau der DNA und fertigen Sie eine Schemazeichnung ..." lässt offen, wie viele Details nicht in der Beschreibung, sondern nur im Schema dargestellt werden. Formeln sind nicht verlangt, aber auch Symbole sollten Sie durchdacht wählen. Häufige Fehler sind z. B.: für Desoxyribose wird ein Sechsring und kein Fünfring gewählt (einfach „Z" ist ebenfalls erlaubt), die Basen hängen an den Phosphatsymbolen oder H-Brücken werden mit Strichen (= Atombindung!) und nicht mit punktierter Linie gezeichnet, die Polarität der DNA sollte ein Phosphatsymbol am Kettenbeginn und ein Zuckersymbol am Kettenende kennzeichnen. Chemische Details wie „Purinbasen/Pyrimidinbasen, Polynukleotidstränge, Phosphodiesterbindungen" sind nicht verlangt.*

Beschreibung des DNA-Baus: Das DNA-Molekül besteht aus zwei komplementären, antiparallelen Nukleinsäure-Einzelsträngen, die zu einer Doppelhelix verdreht sind („verdrehte Strickleiter"). Die Bausteine der Einzelstränge sind die Nukleotide. Jedes Nukleotid besteht aus einem Zuckermolekül (= Desoxyribose), einem Phosphorsäuremolekül und einer von vier organischen Basen (A, T, G oder C). Die Einzelstränge werden über Wasserstoffbrücken zwischen den komplementären Basenpaaren (A–T und G–C) zusammengehalten. (Zucker und Phosphorsäure bilden die „Holme der Strickleiter", während die Basen sich über H-Brücken komplementär paaren und so die „Sprossen der Strickleiter" bilden.)

Schematischer Ausschnitt aus dem DNA-Molekül:

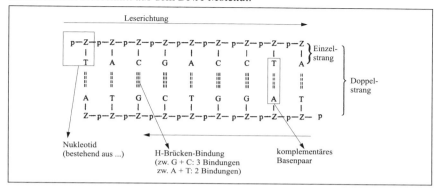

2 Die Einwirkung von Nitrosaminen bewirkt, dass an der Base Guanin eine CH_3-Gruppe (Methylgruppe) angehängt wird *(Methylierung des Carbonylsauerstoffs)*. Dadurch wird eine der drei Wasserstoffbrücken, die G und C zu einem komplementären Basenpaar verbindet, zerstört. Das Methylguanin verhält sich nun bei der Basenpaarung wie Adenin.
Da bei der Replikation der Doppelstrang getrennt wird, lagert sich an den „mutierten" Einzelstrang mit Methylguanin nicht Cytosin, sondern ein Thymin-Nukleotid an *(zwei Wasserstoffbrücken)*. In der replizierten DNA kommt es also zu einem Basentausch und somit zu einer Punktmutation (Basenaustauschmutation).

Schema: (nicht verlangt)

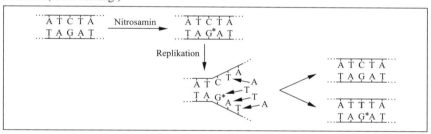

3 *Diese Frage sieht zunächst sehr schwierig und komplex aus, ist aber sehr leicht zu beantworten, wenn man Schritt für Schritt mit möglichst vielen Originalzitaten die drei Abbildungen „abarbeitet". Um zu verdeutlichen, wie viele Begriffe und Formulierungen den Abbildungen und der Legende entnommen sind, wurden alle Zitate fett gedruckt.*
Um eine Zellteilung zu starten, müssen bestimmte Gene „angeschaltet" werden, d. h. die **Transkription** eines **Zielgens** muss von einem **Genregulationsprotein** aktiviert werden.

Beschreibung und Erklärung der Steuerung einer normalen Zellteilung:
Abb. 2A: In einer **normalen ruhenden Zelle** (ohne Einwirkung eines Wachstumsfaktors) sind alle **intrazellulären Signalproteine** inaktiv. Nur das Repressormolekül ist aktiv und ist fest an das **Genregulationsprotein** gebunden. Dadurch ist das Genregu-

lationsprotein gehemmt und kann die Transkription nicht aktivieren. Somit unterbleiben die **Translation des Zielgens** und die **kontrollierte Zellteilung**.

Abb. 2B: Wirkt auf eine normale Zelle ein **Wachstumsfaktor** ein, so bindet er an einen spezifischen **Rezeptor** in der Zellmembran. Dies löst in der Zelle mithilfe von **aktivierten intrazellulären Signalproteinen** eine Signalkaskade aus, an deren Ende ein Signalstoff in den **Zellkern** eindringt und den **Repressor inaktiviert**. Durch Anlagerung von zwei Phosphatgruppen ändert sich die Raumstruktur des Repressors und gibt das aktive **Genregulationsprotein** frei. Jetzt kann durch Anlagerung an die DNA im Promotorbereich die **Transkription des Zielgens** starten. Das Produkt der **Translation** ermöglicht nachfolgend die **kontrollierte Zellteilung**.

Unkontrollierte Zellteilung einer Krebszelle:
Abb. 2C: Die Mutation bewirkt, dass ein **intrazelluläres Signalprotein** auch ohne Aktivierung durch andere Signalstoffe **abnormal aktiv** ist. Die Folge ist: Auch ohne **Wachstumsfaktor** wird der **Repressor** *(durch Phosphorylierung)* **inaktiviert**. Das **Genregulationsprotein** kann unkontrolliert die **Transkription des Zielgens** starten, was zur **unkontrollierten Zellteilung** führt.

4 *Da die genauen Vorgänge bei der Mitose wohl nur noch als Wiederholung und Anknüpfung aus Klasse 9–11 bekannt sind, wird nur der prinzipielle Ablauf und das Ergebnis (im Vergleich zur Meiose) vorausgesetzt. Die Zuordnung zu den Namen der Mitosephasen wird nicht verlangt.*

Prinzipieller Ablauf der Mitose (nur auf die DNA bezogen):
– Die bereits replizierten DNA-Fäden (= Chromatin) werden zur Transportform aufspiralisiert, es entstehen Zweichromatid-Chromosomen. *(Prophase: „Einpacken")*
– Die Zweichromatid-Chromosomen ordnen sich in der Äquatorebene an. Spindelfasern nehmen Kontakt mit den Zentromeren auf. *(Metaphase: "Sortieren")*
– Die Zweichromatid-Chromosomen teilen sich der Länge nach. Die Chromatiden werden zu den Zellpolen gezogen. *(Anaphase: "Verschicken")*
– Die Chromatiden entspiralisieren sich wieder *zu Chromatin. (Telophase: "Auspacken")*

Biologische Bedeutung der Mitose: Entstehung erbgleicher Tochterzellen für Wachstum, Regeneration und vegetative Vermehrung.

5.1 *„Normale" spezialisierte Zellen ohne Telomerase können also nur eine begrenzte Zahl von Zellteilungen durchlaufen. Unspezialisierte Stammzellen sollen jedoch ein Leben lang teilungsaktiv bleiben und ständig für Erneuerung von Zellen sorgen.*

Die Telomerase verhindert, dass die Telomere bei jeder Zellteilung kürzer werden, sodass an den Chromosomenenden keine wesentliche Erbinformation verloren geht. Stammzellen können sich weiter teilen und gehen nicht durch Erbgut-Schädigung zugrunde. Das Gleiche gilt jedoch auch für Krebszellen, deren Teilungsaktivität endlos weitergehen kann.

5.2

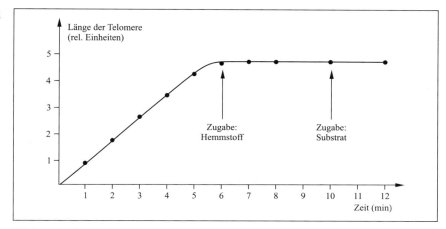

Wirkmechanismus des Hemmstoffs: Ohne Hemmstoff arbeitet die Telomerase mit einer bestimmten Reaktionsgeschwindigkeit, d. h. die Telomere werden pro Zeiteinheit um einen bestimmten Betrag verlängert. Die Hemmstoffzugabe bewirkt, dass keine Verlängerung der Telomere mehr erfolgt. Das Enzym Telomerase ist gehemmt und zeigt keine Enzymaktivität mehr. Da auch eine Substratzugabe im Überschuss die Hemmung nicht aufhebt, kann es sich nicht um eine kompetitive Hemmung handeln. Es könnte sich um eine irreversible Hemmung des Enzyms Telomerase handeln (z. B. durch Schwermetall-Ionen, die die Tertiärstruktur und damit das aktive Zentrum irreversibel verändern) oder um eine allosterische Hemmung. Bei der allosterische Hemmung bindet ein Inhibitor an ein allosterisches Zentrum der Telomerase und verändert reversibel die Tertiärstruktur des Enzyms. Diese Hemmung ist ebenfalls nicht durch Erhöhung der Substratkonzentration aufzuheben.

Eignung als Medikament in der Krebstherapie:
Da sich Krebszellen schnell und häufig teilen, wäre der Hemmstoff ein gutes Medikament, weil die Krebszellen bereits nach wenigen Teilungen durch Verlust von wesentlichem Erbgut absterben würden. Da jedoch auch Stammzellen und andere teilungsaktive Zellen absterben würden, wären schwere Nebenwirkungen zu erwarten (Blutbildung, Immunsystem, Haarwuchs, …).

Profil-/Neigungsfach Biologie (Baden-Württemberg): Abituraufgaben 2007
Aufgabe IV: Zytologie, Gentechnik, Immunbiologie

Nobelpreis für Medizin 2005:
Ausgezeichnet wurden die Australier Barry Marshall und Robin Warren für die Entdeckung des Bakteriums *Helicobacter pylori* und seiner Rolle bei der Entstehung einer Gastritis (Magenschleimhautentzündung).
Anfang der 80er Jahre stieß Robin Warren bei seinen Untersuchungen auf eine mögliche Erklärung für die Entstehung von Magenschleimhautentzündungen. In etwa der Hälfte aller Gewebeproben der Magenschleimhaut entdeckte er kleine, gekrümmte Bakterien, die besonders den unteren Bereich des Magens besiedelten. Dort, wo die Bakterien anzutreffen waren, gab es auch Anzeichen einer Entzündung.
Diese Bakterien besitzen in ihrer Membran das Enzym Urease, das in der Magenschleimhaut aus Harnstoff Kohlenstoffdioxid und basischen Ammoniak produziert. Auf diese Weise wird die Säure der näheren Umgebung neutralisiert, wodurch die Bakterien im Magen überleben können.
Abbildung 1 zeigt das Schema einer Belegzelle, welche im Magen für die Produktion der Salzsäure zuständig ist. In Abbildung 2 sind die Transport- und Stoffwechselvorgänge dieser Belegzelle dargestellt, welche zur Abgabe der Salzsäure ins Mageninnere führen.

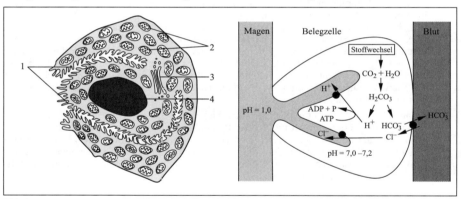

Abb. 1   Abb. 2

1.1 Welche Bedeutung hat die im Magen gebildete Salzsäure für den menschlichen Organismus (zwei Angaben)?

1.2 Benennen Sie die Strukturen 1 bis 4 in Abbildung 1. Erläutern Sie die Bedeutung der Strukturen 1 und 2 für die Funktion dieser Belegzelle. (4 VP)

2.1 Beschreiben Sie die in Abbildung 2 dargestellten Vorgänge, die zur Bildung der Säure im Magen führen.

2.2 Formulieren sie die Reaktionsgleichung (Wortgleichung) zu dem Stoffwechselprozess, bei dem Kohlenstoffdioxid und Wasser entstehen, und benennen Sie diesen. (3 VP)

Zur Diagnose einer *Helicobacter pylori* Infektion kann man dem Patienten endoskopisch ein kleines Gewebsstück aus seinem Magen entnehmen und mit diesem einen Test auf Ureaseaktivität durchführen.

3 Wie kann durch einen solchen Test festgestellt werden, ob das Gewebe infiziert ist? Beschreiben und erläutern Sie ein experimentelles Vorgehen. (4 VP)

Weitergehende Untersuchungen von Gewebeproben zeigten, dass es drei unterschiedliche Helicobacterstämme gibt. Diese lassen sich mikroskopisch nicht unterscheiden.

4 Beschreiben Sie ein molekularbiologisches Verfahren, wie man ausgehend von Reinkulturen die drei Bakterienstämme unterscheiden und eindeutig identifizieren kann. (3 VP)

Ein typisches Protein aller Helicobacterstämme ist das Enzym Urease, das als Antigen verwendet werden kann.
Seit Anfang der neunziger Jahre arbeiten Wissenschaftler des Max-Planck-Instituts an der Entwicklung eines Lebendimpfstoffs, wobei Bakterien als Impfstoffträger eingesetzt werden. Man verwendet hierzu abgeschwächte Salmonellen, die den Darm besiedeln.
Mittels gentechnischer Verfahren kann man die Bauanleitung für das Enzym Urease von *Helicobacter* in das Salmonellengenom einfügen. Auf diese Weise erhält man einen Lebendimpfstoff, der mittels Schluckimpfung verabreicht wird.

5.1 Beschreiben Sie die wesentlichen Schritte zur gentechnischen Herstellung des Lebendimpfstoffs.

5.2 Erläutern Sie, was für die Auswahl von Urease als Antigen spricht (2 Angaben).

5.3 Entwickeln Sie eine Hypothese, wie die Ureaseaktivität durch Antikörper beeinflusst werden könnte. (6 VP)

(20 VP)

Lösungen

1.1 Bedeutung der Magensäure:
 - Abtötung von Krankheitserregern
 - Denaturierung von Proteinen
 - pH-Optimum für Pepsin; Enzymaktivierung

1.2 Beschriftung: 1 = Zellmembran mit Faltungen (Mikrovilli); 2 = Mitochondrien; 3 = Dictyosom (Golgi-Apparat); 4 = Zellkern
Bedeutung von 1: Oberflächenvergrößerung zur verstärkten HCl-Freisetzung (Einbau einer größeren Zahl von Ionenpumpen und Ionenkanäle in die Membran)
Bedeutung von 2: Mitochondrien liefern die Stoffwechselenergie in Form von ATP z. B. für den aktiven Transport von H^+-Ionen in den Magen.

2.1 *Achten Sie auf den Operator "Beschreiben Sie". Also: Keine Erklärungen – nur Herkunft und Weg der beteiligten Stoffe beschreiben! Chemisches Vorwissen wird z. T. im Vortext geliefert: Magensäure ist Salzsäure. Wer nicht weiß, dass H_2CO_3 Kohlensäure ist und dass HCO_3^- -Ionen Hydrogencarbonat-Ionen heißen, sollte im Text einfach nur die Formel zitieren. Erkenntnis aus Abb. 2: Die ätzende Salzsäure wird nicht schon in der Belegzelle produziert, sondern entsteht erst im durch Schleim geschützten Magen aus H^+-Ionen und Cl^--Ionen.*

Herkunft und Weg des H^+-Ions und des Cl^--Ions:
Im Stoffwechsel entstehen Kohlendioxid und Wasser, die zu Kohlensäure (H_2CO_3) reagieren. H_2CO_3 zerfällt in H^+-Ionen und HCO_3^--Ionen. Die H^+-Ionen (Protonen) werden unter ATP-Verbrauch d. h. aktiv ins Mageninnere gepumpt. Die Hydrogencarbonat-Ionen werden durch die Zellmembran ins Blut transportiert *(keine Angabe nötig, ob aktiv oder passiv)*. Im Gegenzug (Cotransport) werden Cl^--Ionen in die Belegzelle transportiert und nach Durchquerung der Belegzelle (Diffusion) in den Magen abgegeben (passiver Transport durch Ionenkanäle).

2.2 Es handelt sich um den Stoffwechselprozess der Zellatmung. (Oxidativer Glukoseabbau, Aerobe Dissimilation)
Wortgleichung:
Glukose + Sauerstoff ⟶ Kohlendioxid (Kohlenstoffdioxid) + Wasser + *Energie*

3 *Der Vortext gibt die Information, dass der Test auf Ureaseaktivität erfolgen soll. Alle Lösungsversuche, die die Anwesenheit von Bakterien auf andere Weise als durch Ureaseaktivität nachweisen wollen (z. B. mikroskopisch), sind thematisch verfehlt! Wenn das entnommene Schleimhaut-Gewebe von Helicobacter besiedelt ist, dann muss es auch Ureaseaktivität zeigen. Dieser Enzymtest benötigt also das **Substrat** der Urease: **Harnstofflösung**. Außerdem benötigt man eine **Nachweismethode** für die Harnstoffspaltung. Diese Informationen werden alle im Anfangstext vorgegeben: Harnstoffspaltung produziert basischen (alkalischen) Ammoniak, der Säure neutralisiert.*

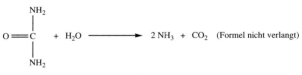

Harnstoff   Ammoniak

In wässeriger Lösung bilden sich Ammonium- und Hydroxidionen:
$$NH_3 + H_2O \longrightarrow NH_4^+ + OH^-$$
Die Hydroxid-Ionen machen die Lösung alkalisch und beide Ionen machen die Lösung elektrisch leitfähig.

Das entnommene Gewebestückchen wird in Harnstofflösung gelegt. Bei Anwesenheit von Helicobacter kommt es zur Harnstoffspaltung in Ammoniak und CO_2 durch das Enzym Urease. Nachgewiesen wird die Urease-Aktivität z. B. durch den entstandenen basischen Ammoniak. Es erfolgt eine Indikatorverfärbung durch pH-Erhöhung *(z. B. Phenolphthaleinlösung färbt sich von farblos nach rot).*

Oder: Durch die entstandenen Ionen steigt die elektrische Leitfähigkeit der Lösung mit der Zeit an. Eine Überprüfung erfolgt durch die Messung der Leitfähigkeit nach Zugabe des Gewebestückchens zur Harnstofflösung.

Kontrollversuch: Nicht infiziertes Gewebe darf keine Urease-Aktivität zeigen.

Denkbar wären auch andere Testmethoden, die entsprechend beschrieben und erläutert werden müssen:
– Auf Gewebestückchen einige Tropfen Salzsäure (pH ~ 1) geben und mit Indikator versetzen. Bei Infektion mit Helicobacter müsste die Indikatorfarbe nach kurzer Zeit einen pH-Wert im Neutralbereich signalisieren.
– Einsatz von Harnstoff, der mit radioaktivem ^{13}C-Isotop markiert wurde. Nachweis von radioaktivem Kohlendioxid-Gas ($^{13}CO_2$) als Produkt der Harnstoffspaltung.

4 *"Beschreiben Sie" bedeutet, dass Sie nur in Stichworten die wesentlichen Schritte des jeweiligen Verfahrens beschreiben sollen – aber ohne chemisch-physikalische Erklärung z. B. der Grundlagen der Gelelektrophorese oder der PCR-Technik.*

Es gibt eine ganze Reihe molekularbiologischer Analyseverfahren, die zur Identifizierung von Krankheitserregern, Fleischsorten, Erbkrankheiten, Vaterschaften, Antigenen, Verwandtschaftsgraden dienen.

einige Beispiele:
a Analyse spezifischer Proteine eines Lebewesens
b Analyse der DNA
c Nachweis spezifischer Gene eines Lebewesens
d Nachweise auf Grund der Spezifität der Antikörper-Antigen-Reaktion (ELISA-Test).

Für jedes Verfahren gibt es wiederum eine Reihe verschiedener Techniken.

Zu a: Proteinfingerprint-Technik
Die Bakterienzellen werden „aufgeschlossen", d. h. die Zellen werden zerlegt und aus den Fragmenten werden z. B. die Membran-Proteine abgetrennt. Diese werden dann direkt (oder nach weiterer Aufspaltung durch Proteasen, die nach bestimmten Aminosäuren spalten) durch Gelelektrophorese der Größe nach aufgetrennt. Ergebnis ist je nach Proteinzusammensetzung ein Bandenmuster, das so unverwechselbar ist wie ein „Fingerabdruck".

Zu b: DNA-Fingerprint-Technik
Die Bakterienzellen werden „aufgeschlossen", d. h. die DNA wird abgetrennt. Durch bestimmte Restriktionsenzyme wird die DNA in Fragmente zerlegt, die nach Auftrennung durch Gelelektrophorese ein typisches Bandenmuster ergeben.

Zu c: z. B. Einsatz von Gensonden (radioaktiv markierte, zu einem bestimmten DNA-Abschnitt (Gen) komplementäre DNA) oder gezielte Klonierung und Nachweis eines Gens durch die Polymerasekettenreaktion (PCR) und Nachweis durch Gelelektrophorese.

Zu d: ELISA-Technik (Enzyme-Linked-Immunosorbent-Assay)
Jeder Bakterienstamm unterscheidet sich durch spezifische Oberflächen-Antigene. Gegen diese werden jeweils Antikörper gewonnen und auf einer Unterlage (z. B. Teststreifen) fixiert. Befinden sich in einer Lösung die gesuchten Bakterien oder Zellfragmente mit passenden Antigenen, dann werden diese fest an den Teststeifen gebunden (Antigen-Antikörper-Reaktion). Durch Zugabe von künstlich hergestellten Antikörpern, die ebenfalls an das Antigen binden aber zusätzlich mit einem Enzym gekoppelt sind, das eine Farbreaktion katalysiert, lässt sich die Anwesenheit eines bestimmten Bakterienstammes durch positive Farbreaktion nachweisen.

5.1 Ablauf der Plasmidtechnik zur Herstellung des Lebendimpfstoffs: (vereinfacht)
1 Gewinnung des Urease-Gens aus Helicobacter
2 Isolierung von Plasmid-DNA aus Bakterien
3 Aufschneiden der Plasmide durch Restriktionsenzyme und Einbau des Urease-Gens („sticky ends"-Methode). Da das Gen mit dem gleichen Restriktionsenzym geschnitten wurde wie der Plasmidring, fügt sich das Spender-Gen passend in die Schnittstelle ein. Mit dem Enzym Ligase werden die Schnittstellen geschlossen.
4 Einbau der rekombinierten Plasmide (= Hybridplasmid) in die Salmonellen (= Transformation)
5 Selektion der erfolgreich transformierten Salmonellenzellen (z. B. durch Marker–Gene)
6 Vermehrung der Salmonellen als Lebendimpfstoff

5.2 – Urease kommt nur bei Helicobacter in größerer Menge vor und zwar bei allen drei Stämmen und nicht bei den anderen Darmbakterien, die nicht bekämpft werden sollen.
– Urease ist als Membranprotein auf der Zelloberfläche gut als Antigen für die Immunzellen erkennbar.
– Urease ist ein Antigen, das sich durch Mutation kaum ändern kann, da es für die Bakterien lebenswichtig ist.

5.3 – Die Antikörper könnten direkt am aktiven Zentrum der Urease andocken und damit die Ureaseaktivität blockieren.
– Die Antikörper könnten an anderen Stellen des Enzymmoleküls gebunden werden und indirekt die Tertiärstruktur der Urease so verändern, dass das Substrat nicht mehr im aktiven Zentrum gebunden werden kann.

Ihre Meinung ist uns wichtig!

Ihre Anregungen sind uns immer willkommen. Bitte informieren Sie uns mit diesem Schein über Ihre Verbesserungsvorschläge!

Titel-Nr.	Seite	Vorschlag

Bitte hier abtrennen

Die echten Hilfen zum Lernen ... **STARK**

17-VM8

Bitte ausfüllen und im frankierten Umschlag an uns einsenden. Für Fensterkuverts geeignet.

**STARK Verlag
Postfach 1852
85318 Freising**

Zutreffendes bitte ankreuzen!

Die Absenderin/der Absender ist:

☐ Lehrer/in in den Klassenstufen: _____
☐ Fachbetreuer/in
  Fächer: _____
☐ Seminarlehrer/in
  Fächer: _____
☐ Regierungsfachberater/in
  Fächer: _____
☐ Oberstufenbetreuer/in

Unterrichtsfächer: (Bei Lehrkräften!) _____

☐ Schulleiter/in
☐ Referendar/in, Termin 2. Staatsexamen: _____
☐ Leiter/in Lehrerbibliothek
☐ Leiter/in Schülerbibliothek
☐ Sekretariat
☐ Eltern
☐ Schüler/in, Klasse: _____
☐ Sonstiges: _____

Kennen Sie Ihre Kundennummer?
Bitte hier eintragen.

Absender (Bitte in Druckbuchstaben!)

Name/Vorname _____

Straße/Nr. _____

PLZ/Ort _____

Telefon privat _____ Geburtsjahr _____

E-Mail-Adresse _____

Schule/Schulstempel (Bitte immer angeben!)

Sicher durch das Abitur!

Klare Fakten, systematische Methoden, prägnante Beispiele, Übungs- sowie Abitur-Prüfungsaufgaben mit erklärenden Lösungen zur Selbstkontrolle.

Mathematik

Analysis Pflichtteil	Best.-Nr. 84001
Analysis Wahlteil	Best.-Nr. 84002
Analytische Geometrie Pflicht-/Wahlteil	Best.-Nr. 84003
Kompakt-Wissen Abitur Analysis	Best.-Nr. 900151
Kompakt-Wissen Abitur Analytische Geometrie	Best.-Nr. 900251
Kompakt-Wissen Abitur Wahrscheinlichkeitsrechnung und Statistik	Best.-Nr. 900351

Englisch

Übersetzungsübung	Best.-Nr. 82454
Grammatikübung Oberstufe	Best.-Nr. 82452
Themenwortschatz	Best.-Nr. 82451
Grundlagen der Textarbeit	Best.-Nr. 94464
Sprachmittlung	Best.-Nr. 94469
Textaufgaben Literarische Texte und Sachtexte	Best.-Nr. 84468
Grundfertigkeiten des Schreibens	Best.-Nr. 94466
Sprechfertigkeit mit CD	Best.-Nr. 94467
Abitur-Wissen Landeskunde Großbritannien	Best.-Nr. 94461
Abitur-Wissen Landeskunde USA	Best.-Nr. 94463
Abitur-Wissen Literaturgeschichte	Best.-Nr. 94465
Kompakt-Wissen Kurzgrammatik	Best.-Nr. 90461
Kompakt-Wissen Abitur Themenwortschatz	Best.-Nr. 90462
Kompakt-Wissen Abitur Landeskunde/Literatur	Best.-Nr. 90463

Physik

Elektrisches und magnetisches Feld (LK)	Best.-Nr. 94308
Elektromagnetische Schwingungen und Wellen (LK)	Best.-Nr. 94309
Physik 1 (gk) – Elektromagnetische Felder, Schwingungen und Wellen · Photonen	Best.-Nr. 94321
Kompakt-Wissen Abitur Physik 1 Mechanik, Wärmelehre, Relativitätstheorie	Best.-Nr. 943012
Kompakt-Wissen Abitur Physik 2 Elektrizität, Magnetismus und Wellenoptik	Best.-Nr. 943013
Kompakt-Wissen Abitur Physik 3 Quanten, Kerne und Atome	Best.-Nr. 943011

Deutsch

Training Methoden Deutsch	Best.-Nr. 944062
Dramen analysieren und interpretieren	Best.-Nr. 944092
Erörtern und Sachtexte analysieren	Best.-Nr. 944094
Gedichte analysieren und interpretieren	Best.-Nr. 944091
Epische Texte analysieren und interpretieren	Best.-Nr. 944093
Abitur-Wissen Erörtern und Sachtexte analysieren	Best.-Nr. 944064
Abitur-Wissen Textinterpretation Lyrik, Drama, Epik	Best.-Nr. 944061
Abitur-Wissen Deutsche Literaturgeschichte	Best.-Nr. 94405
Abitur-Wissen Prüfungswissen Oberstufe	Best.-Nr. 94400
Kompakt-Wissen Rechtschreibung	Best.-Nr. 944065
Lexikon Autoren und Werke	Best.-Nr. 944081

Chemie

Training Methoden Chemie	Best.-Nr. 947308
Chemie 1 – Gleichgewichte · Energetik Säuren und Basen · Elektrochemie	Best.-Nr. 84731
Chemie 2 – Naturstoffe · Aromatische Verbindungen · Kunststoffe	Best.-Nr. 84732
Rechnen in der Chemie	Best.-Nr. 84735
Abitur-Wissen Protonen und Elektronen	Best.-Nr. 947301
Abitur-Wissen Struktur der Materie und Kernchemie	Best.-Nr. 947303
Abitur-Wissen Stoffklassen organischer Verbindungen	Best.-Nr. 947304
Abitur-Wissen Biomoleküle	Best.-Nr. 947305
Abitur-Wissen Biokatalyse u. Stoffwechselwege	Best.-Nr. 947306
Abitur-Wissen Chemie am Menschen – Chemie im Menschen	Best.-Nr. 947307
Kompakt-Wissen Abitur Chemie Organische Stoffklassen Natur-, Kunst- und Farbstoffe	Best.-Nr. 947309
Kompakt-Wissen Abitur Chemie	Best.-Nr. 947310

Interpretationshilfen zu Sternchenthemen

Die optimale Vorbereitung auf das **Abitur 2008** in Baden-Württemberg: Interpretationshilfen zu den **aktuellen Sternchenthemen** für Deutsch, Englisch und Französisch. Mit Informationen zu Autor und Werk, ausführlicher Inhaltsangabe und einer systematischen Interpretation des Textes.

Kafka: *Der Proceß*	Best.-Nr. 2400481
Kleist: *Michael Kohlhaas*	Best.-Nr. 2400111
Schiller: *Die Räuber*	Best.-Nr. 2400421
20th Century English Short Stories	Best.-Nr. 2500151
Camus: *L'Etranger/Der Fremde*	Best.-Nr. 2550041

(Bitte blättern Sie um)

Geschichte

Training Methoden Geschichte .... Best.-Nr. 94789
Geschichte 1 – Deutschland vom 19. Jahrhundert
bis zum Ende des Zweiten Weltkrieges .... Best.-Nr. 84761
Geschichte 2 – Deutschland seit 1945 ·
Die bipolare Welt .... Best.-Nr. 84762
Abitur-Wissen Die Antike .... Best.-Nr. 94783
Abitur-Wissen Das Mittelalter .... Best.-Nr. 94788
Abitur-Wissen Die Französische Revolution ...... Best.-Nr. 947810
Abitur-Wissen Die Ära Bismarck: Entstehung und
Entwicklung des deutschen Nationalstaats .... Best.-Nr. 94784
Abitur-Wissen
Imperialismus und Erster Weltkrieg .... Best.-Nr. 94785
Abitur-Wissen Die Weimarer Republik .... Best.-Nr. 47815
Abitur-Wissen
Nationalsozialismus und Zweiter Weltkrieg ...... Best.-Nr. 94786
Abitur-Wissen
Deutschland von 1945 bis zur Gegenwart .... Best.-Nr. 947811
Kompakt-Wissen Abitur Geschichte Oberstufe .. Best.-Nr. 947601
Lexikon Geschichte .... Best.-Nr. 94787

Politik

Abitur-Wissen Internationale Beziehungen ...... Best.-Nr. 94802
Abitur-Wissen Demokratie .... Best.-Nr. 94803
Abitur-Wissen Sozialpolitik .... Best.-Nr. 94804
Abitur-Wissen Die Europäische Einigung .... Best.-Nr. 94805
Abitur-Wissen Politische Theorie .... Best.-Nr. 94806
Kompakt-Wissen Abitur Politik/Sozialkunde .... Best.-Nr. 948001
Lexikon Politik/Sozialkunde .... Best.-Nr. 94801

Biologie

Training Methoden Biologie .... Best.-Nr. 94710
Biologie 1 – Molekular- und Zellbiologie · Genetik
Neuro- und Immunbiologie .... Best.-Nr. 84701
Biologie 2 – Stammesgeschichtliche Entwicklung
des Lebens · Biotechnologie .... Best.-Nr. 84702
Chemie für den LK Biologie .... Best.-Nr. 54705
Abitur-Wissen Genetik .... Best.-Nr. 94703
Abitur-Wissen Neurobiologie .... Best.-Nr. 94705
Abitur-Wissen Verhaltensbiologie .... Best.-Nr. 94706
Abitur-Wissen Evolution .... Best.-Nr. 94707
Abitur-Wissen Ökologie .... Best.-Nr. 94708
Abitur-Wissen Zell- und Entwicklungsbiologie .. Best.-Nr. 94709
Kompakt-Wissen Biologie
Zellbiologie · Genetik · Neuro- und
Immunbiologie · Evolution .... Best.-Nr. 84712
Lexikon Biologie .... Best.-Nr. 94711
Abiturprüfung BW Mathematik .... Best.-Nr. 85001

Abitur-Prüfungsaufgaben

Vom Kultusministerium in Baden-Württemberg zentral gestellte Abituraufgaben, einschließlich des **aktuellen Jahrgangs**. Zusätzlich **Übungsaufgaben** im Stil des Abiturs. Alle Aufgaben mit **schülergerechten Lösungen**.

Abiturprüfung BW Mathematik .... Best.-Nr. 85001
Abiturprüfung BW Mathematik
Mündliche Prüfung .... Best.-Nr. 85101
Abiturprüfung BW Mathematik CAS .... Best.-Nr. 85002
Abiturprüfung BW Physik .... Best.-Nr. 85301
Abiturprüfung BW Deutsch .... Best.-Nr. 85401
Abiturprüfung BW Englisch .... Best.-Nr. 85461
Abiturprüfung BW Französisch .... Best.-Nr. 85501
Abiturprüfung BW Latein .... Best.-Nr. 85601
Abiturprüfung BW Geographie .... Best.-Nr. 85901
Abiturprüfung BW Geschichte .... Best.-Nr. 85761
Abiturprüfung BW Gemeinschaftskunde .... Best.-Nr. 85801
Abiturprüfung BW Biologie .... Best.-Nr. 85701
Abiturprüfung BW Chemie .... Best.-Nr. 85731
Abiturprüfung BW Kunst .... Best.-Nr. 85961
Abiturprüfung BW Religion r.-k. .... Best.-Nr. 85991
Abiturprüfung BW Religion ev. .... Best.-Nr. 85971
Abiturprüfung BW Sport .... Best.-Nr. 85980

Erdkunde

Training Methoden Erdkunde .... Best.-Nr. 94901
Geographie Atmosphäre Küstenlandschaften in Europa
Wirtschaftsprozesse und -strukturen .... Best.-Nr. 84902
Abitur-Wissen GUS-Staaten/Russland .... Best.-Nr. 94908
Abitur-Wissen Entwicklungsländer .... Best.-Nr. 94902
Abitur-Wissen USA .... Best.-Nr. 94903
Abitur-Wissen Europa .... Best.-Nr. 94905
Abitur-Wissen Asiatisch-pazifischer Raum .... Best.-Nr. 94906
Kompakt-Wissen Abitur Erdkunde
Allgemeine Geografie · Regionale Geografie ... Best.-Nr. 949010
Lexikon Erdkunde .... Best.-Nr. 94904

Fachübergreifend

Tipps und Lernstrategien – Oberstufe .... Best.-Nr. 10483
Referate und Facharbeiten – Oberstufe .... Best.-Nr. 10484
Training Methoden
Meinungen äußern, Ergebnisse präsentieren .... Best.-Nr. 10486

Natürlich führen wir noch mehr Titel für alle Schularten. Wir informieren Sie gerne!

Telefon: 0 81 61 / 179-0 Internet: www.stark-verlag.de
Telefax: 0 81 61 / 179-51 E-Mail: info@stark-verlag.de

Bestellungen bitte direkt an:
STARK Verlagsgesellschaft mbH & Co. KG · Postfach 1852 · 85318 Freising